EIGNUNGSPRÜFUNG BERUFSBERATUNG BERUFSFREUDE

EINE
KRITISCHE WÜRDIGUNG
VON

DR. OEC. PUBL. WERNER HORN
DIPLOM-KAUFMANN
DIPLOM-VOLKSWIRT

MÜNCHEN UND BERLIN 1930
VERLAG VON R. OLDENBOURG

Meinen Eltern!

Inhaltsverzeichnis.

Ueber Zweck und Sinn der Arbeit ist schon viel disputiert und geschrieben worden; aber erst der jüngsten Zeit blieb es vorbehalten, Mensch und Arbeit in die richtige Beziehung zu setzen, und mit wachen, psychologisch geschulten Augen Eignung und Neigung als die wichtigsten Faktoren wirklicher Berufsfreude und damit Lebensfreude heraus zu kristallisieren.

Vorliegendes Schriftchen will kein Bahnbrecher auf dem Gebiet der Berufsberatung und damit verwandter Disciplinen sein, sondern hat sich nur die Aufgabe gesetzt, den Leser über den augenblicklichen Stand dieser Einrichtungen zu orientieren und ihm Gelegenheit zu geben, sich selbst ein Urteil zu bilden. Absichtlich ist der Text allgemeinverständlich gehalten, um weitesten Kreisen Gelegenheit zu geben, sich mit der schwierigen Materie vertraut zu machen.

Man redet heute soviel von der Realität des Lebens! Sie darf aber nicht so weit gehen, daß die Seele friert und der Mensch sein Bestes, seine Arbeitskraft gedankenlos verkauft und so wider die göttliche Ordnung sündigt. — Wir, die wir im Leben stehen, sind verantwortlich für das Werden der jungen heranwachsenden Generation. Daß es ein Glückhaftes werde, zum Wohl des Einzelnen als auch unserer Nation, dazu möge vorliegendes Büchlein seinen bescheidenen Teil beitragen

München, im Januar 1930.

Der Verfasser.

I. Kapitel

Zweck und Sinn der Berufsberatung.

Berufsberatung ist ein Begriff, der erst um die Wende des letzten Jahrhunderts entstand, ein Problem, das bis heute noch nicht gelöst ist. — Die Volkswirtschaftslehre kennt drei große Produktionsfaktoren: Natur, Arbeit, Kapital. Alle Wirtschaft hat diese drei Elemente zur Voraussetzung. Jede Wirtschaftsepoche trägt ein charakteristisches Merkmal durch Bevorzugung und Ausgestaltung eines dieser Elemente. Unser Zeitalter ist durch das Kapital und die Technik bestimmt. Vermittels des Kapitals schuf der Mensch Maschinen, die als Kinder des Kapitals wieder dazu bestimmt sind, rastlos Güter zu erzeugen. Ursprünglicher Zweck der Maschine war, dem Menschen die Arbeit zu erleichtern und durch Ausspielen von Naturkraft gegen Naturkraft die menschlichen Kräfte zu ersetzen. Die Technik in ihrer vielgestaltigen Form ringt auch heute der Natur ihre Schätze ab, verfeinert sie, wie Menschenwille es verlangt, ist aber im Grunde ein Diener des Kapitals, ein Moloch geworden, der den Menschen nicht mehr aus seinen Klauen läßt. Ein Blick auf die hohen rauchenden Schlote, auf die glitzernden Schienen, in Räume, in denen rastlos schaffende Maschinen das menschliche Wort ersticken, zeigt, daß das Kapital angestrengt arbeitet, daß wir in einer Zeit des Hochkapitalismus leben. Alle die Hilfsmittel, die die Arbeit des Menschen erleichtern sollten, haben sich ihrer Eigenschaft, Hilfsmittel zu sein, entledigt und sich zum Subjekt der Wirtschaft emporgeschwungen und den Menschen zum Objekt herabgedrückt. — So muß der Mensch mehr denn je arbeiten, um den ganzen gewaltigen, komplizierten Wirtschaftsorganismus in Gang zu halten, um selbst nicht von ihm erdrückt zu werden. —

Der Mensch arbeitet — er geht seinem Beruf nach! Das Wort „Beruf" hängt innig zusammen mit dem Begriffsinhalt des Berufenseins für eine Arbeit. Die Berufung für eine Sache setzt Eignung hierfür voraus. Berufen wird nur — wer für das ihm zugedachte Amt geeignet ist"[1])

Wie die Natur verschiedene Eigenschaften aufweist (z. B. Gebirge, Tal, Steine und Erde, tropisches und arktisches Klima), so ist auch der Mensch in seinen Anlagen verschie-

[1]) Franz Weigl: Berufsanalysen, Verl. J. Kösel. München 26

den und es entspringt die eigentlich ganz selbstverständliche Forderung, daß jeder die Arbeit verrichtet, zu der er duch seine natürlichen Anlagen prädestiniert ist. — Ein Blick in das Berufsleben zeigt aber, daß mit dem edelsten Bestandteil der Wirtschaft, der menschlichen Arbeit, nicht so umgegangen wird, wie es ihrer Bedeutung nach zukommt, daß die meisten wahl- und planlos einen Beruf ergreifen — ohne dazu berufen zu sein.

Die wirtschaftlichen und sozialen Verhältnisse haben sich gegenüber früheren Wirtschaftsperioden völlig verändert. Die frühere Zeit kannte nicht diese Zusammenballung von Menschenmassen, wie wir sie heute in den Großstädten vorfinden. Das Leben spielte sich auf dem Land und in den Kleinstädten ab, wo jeder zwanglos in seinen späteren Beruf hineinwuchs. Man konnte jede Berufstätigkeit gründlich studieren, weil man täglich, im Elternhaus, in Bekanntenkreisen, auf der Straße usw. mit den verschiedensten Berufen in Berührung kam und damit vertraut wurde. Ein nicht zu unterschätzender Faktor war, daß durch das im alten Ständestaat herrschende System der Berufswahl enge Grenzen gezogen, ja der Beruf von Geburt an meist vorgezeichnet war. Durch diese Tradition, diese Forterbung des Berufes von Generation zu Generation wurden hohe Berufsfertigkeiten entwickelt und eine Berufsberatung entbehrlich gemacht. — Dies alles änderte sich mit der Einführung der Gewerbefreiheit und dem durch Einführung der Maschine bedingten industriellen Aufschwung.

Erfindung folgte auf Erfindung. Mit jeder Einführung neuer Maschinen ergaben sich neue Tätigkeiten, neue Berufsmöglichkeiten, die durch Zerlegung des Arbeitsprozesses sich vergrößerten. Der Zuzug vom Lande in die Stadt vergrößerte letztere, schuf die charakteristischen Merkmale der Industriestadt, diese oft kilometerweise Trennung von Wohnraum und Arbeitsstätte. Die Arbeit findet hinter hohen bewachten Mauern statt und der Sohn oder die Tochter können nicht mehr dem Vater bei der Arbeit zusehen. Und bringen sie dem Vater das Essen, so sehen sie nur dessen Müdigkeit, hören den lauten Sang der Fabriksirene, die wieder zur Arbeit ruft. Sie sehen das Aeußere des Berufes — einen rechten Begriff des Berufes erhalten sie jedoch nicht. Was nimmt es da Wunder, daß die Jugendlichen und besonders die Kinder der Arbeiter dem Berufsleben teilnahmlos gegenüberstehen!

Die menschliche Arbeit ist heute meist der teuerste Kostenbestandteil der betriebswirtschaftlichen Kalkulation. Man ist deshalb bestrebt, eine höchstmögliche Produktivität der einzelnen Arbeitskraft zu erzielen — immer im Hinblick auf eine Herabminderung der Lohnziffer. Ob mit Recht oder Unrecht soll erst an späterer Stelle erörtert werden. Fest steht die Tatsache, daß die Ansprüche der Wirtschaft sich immer mehr steigern, daß ein Arbeitstempo eingeschlagen wird, das „auf einen beschleunigteren Kräfteverbrauch geradezu bewußt hinarbeitet.“ [2]) Den größten Raum im menschlichen Leben nimmt nun einmal die berufliche Arbeit ein. Ob sie lediglich des Broterwerbs willen oder auch aus sittlichen Motiven geleistet wird, soll an anderer Stelle untersucht werden. Bei beiden Einstellungen ist aber die Produktivität einer Arbeit „abhängig von den äußeren Faktoren, aber nicht weniger von unserer eigenen Fähigkeit. Wahre Produktivität, auch jene auf sachlich einfachsten Gebieten entspringt seelischen Prozessen. Wir sind dann wahrhaft produktiv, wenn wir uns in seelischem Kontakt mit dem Gegenstand unserer Arbeit befinden. Dieser Kontakt läßt sich nie durch ein Machtgebot herstellen, eine Tatsache, die heute in weitesten Maße übersehen wird.”[3])

Da man heute eine Berufstradition nicht mehr kennt, der Vater dem Sohn den einzigsten negativen Rat erteilt, nicht den väterlichen Beruf zu ergreifen, die Berufsmöglichkeiten immer größer, dadurch aber auch unübersichtlicher werden, fühlt der junge Berufsanwärter sich dem Berufsleben ohnmächtig gegenüber und ist nicht in der Lage, sich einen Lebensweg zu zimmern, der seiner Eignung und Neigung entspricht. — So hat eine Planlosigkeit in der Berufswahl eingesetzt, die von humanem, als auch vom wirtschaftlichem Standpunkt, zu bekämpfen ist. Es ist nicht einfach, hier helfend einzugreifen, denn auf der einen Seite steht die Wirtschaft, die den Menschen nach ihren Willen, ihren Bedürfnissen formen will, auf der anderen Seite der Mensch als Persönlichkeit, der sich sträubt, seine Wesensart zugunsten einer einseitigen Forderung aufzugeben. „Aus der Erkenntnis dieser Jugendnot sind alle die Maßnahmen, die Berufstragik zu verhüten, geboren: Die praktische Betätigung der Berufsberatungsstellen, ebenso wie die wissenschaftliche Arbeit der Berufsanalysen und der psychologischen Eignungsprüfungen.” [4])

Eine verfehlte Berufswahl bedeutet für den Einzelnen meist ein verpfuschtes Leben. Das Leben scheint ihm ein Zuchthaus und der Beruf die lebenslängliche Zwangsarbeit darin. Und eine Wirtschaft mit schlechten d. h. für eine bestimmte Tätigkeit ungeeigneten Arbeitskräften gleicht einem Motor, der durch schlechten Betriebsstoff nicht das Maß von Leistung hergeben kann, das seiner Konstruktion entspricht. Prof. Wolff machte bereits 1914 auf die Gefahren einer fal-

[2]) Fr. Syrup: Handbuch des Arbeiterschutzes und der Betriebssicherheit. Berlin 26, R. Hobbing Verl. S. 398 I. Bd.

[3]) Hans Braun: Die Macht des Seelischen. Verl. Oldenbourg München-Berlin 1927, S. 154.

[4]) Zieschang: Die Jugend und die Berufsfrage. Leipziger Neueste Nachrichten Nr. 251, 1929, S. 5

schen Berufswahl für den Einzelnen und die Wirtschaft aufmerksam. „Beachtet der Volksfreund mehr die persönlichen Folgen einer unorganisierten Berufswahl, so treten für den Volkswirt mehr die allgemeinen Folgen in den Vordergrund. Solange nur gelegentlich ein Einzelner leidet, kann ihm der Volksfreund helfen: und es wird dem Einzelnen auch schon viel geholfen. Wenn aber die wilde Berufswahl Tausende und Abertausende auf den falschen Weg bringt, wenn nicht bloß die Stellensuchenden und die Berufsanfänger an die falsche Stelle im Leben kommen, sondern auch die Arbeitgeber unter dem falsch gerichteten Arbeitsangebot leiden, wenn die Arbeitsleistung im Ganzen gefährdet wird und das breite Publikum, das ganze Volk als Verbraucher der unter geminderten Leistungen hergestellten Waren zu leiden hat, dann stehen wir vor Aufgaben, die rein als Wohlfahrtspflege oder gar als Wohltätigkeitsunternehmen nicht mehr gelöst werden können. Dann muß die Volkswohlfahrt im Sinne einer zeitgemäßen Volkswirtschaft einstehen."[5])

Die Berufsberatung hat es mit der Einreihung von Kräften in die Wirtschaft zu tun. Es mag jetzt unerörtert bleiben, ob sie diese Eingliederung im Dienste der Wirtschaft oder des Berufsanwärters vornimmt. Volkswirtschaftlich gesehen, erfüllt sie damit eine Funktion der Arbeitsmarktpolitik. Auf dem Arbeitsmarkt treffen sich Nachfrage und Angebot von Arbeitskräften. Von den öffentlichen Einrichtungen, die Angebot und Nachfrage in ein richtiges Verhältnis zu bringen versuchen, sind Arbeitsvermittlung und Berufsberatung die wichtigsten. „Sollen aber Arbeitskräfte für die verschiedenen Zwecke vermittelt werden, so müssen sie überhaupt vorhanden sein. Daher muß die Berufswahl der Berufsanwärter in solche Bahnen gelenkt werden, daß das Angebot von Arbeitskräften und die Nachfrage danach wirklich befriedigt werden können. Berufsberatung, Lehrstellenvermittlung und Berufsausbildung sind demnach wichtige Aufgaben der Arbeitsmarktpolitik."[6])

Der Berufsberatung liegt also eine vorbeugende Wirkung ob. „Berufsberatung in engster Verbindung mit Lehrstellenvermittlung und Arbeitsnachweis verfolgen den Zweck, keine Kraft feiern, keinen Arbeitsplatz unbesetzt lassen. — Eine völlig ungeregelte Eingliederung des Nachwuchses ins Arbeitsleben eines Volkes führt notwendig zu Mißverhältnissen Zwischen Angebot und Nachfrage, zur Ueberfüllung in bestimmten Wirtschaftszweigen und zu Leutenot in anderen. (Landwirtschaft, Handwerk, Hausdienst)"[7]). Der Arbeits-

[5]) Altenrath und Wolff: Berufsberatung und Berufsvermittlung für die Volksschuljugend. Heymann Verl. Berlin 1914, S. 8

[6]) E. Berger: Arbeitsmarktpolitik. Göschen Band Nr. 928, 1926, S. 18/9

[7]) A. Fischer: Berufs-eratung als ökon., pädag., polit. Problem in „Beiträge zur Berufsberatung und Berufskunde in Württemberg. Kohlhammer Verlag Stuttgart 1920, S. 2

markt reagiert sehr leicht auf Veränderungen in der Bevölkerungsstruktur und es muß somit auch Aufgabe der Arbeitsmarktpolitik sein, sich mit dem Bevölkerungsproblem zu befassen, den Anteil der Bevölkerung am Erwerbsleben festzustellen, die Ergebnisse der landwirtschaftlichen und gewerblichen Produktions- und Betriebsstatistik sich nutzbar zu machen. Da es der Sozialpolitik obliegt, ein Interessenausgleich zwischen Arbeit und Kapital herzustellen, den Schwachen zu schützen, Klassengegensätze zu überbrücken, so kann man die Arbeitsmarktpolitik und damit auch die Berufsberatung als einen Teil der Sozialpolitik bezeichnen. Ein Hauptzweig der Sozialpolitik ist der Schutz der Arbeitskraft. Der Staat hat ein Interesse daran, „denn er kann die Arbeitsunfähigen nicht ausweisen oder verhungern lassen, sondern muß in unproduktiver Weise für sie sorgen".[8]) Wichtiger ist die Versorgung der Arbeitslosen. Arbeitslosigkeit, ein Hinauswerfen auf die Straße droht demjenigen zuerst, der einen Beruf widerwillig, ohne Eignung ausführt. Eine erneute Eingliederung ist dann meist nicht mehr möglich, weil die Wirtschaft in der Regel ein Ueberangebot von frischen, unverbrauchten Kräften empfängt. Volkswirtschaftliche Aufgabe der Berufsberatung ist es somit, der Arbeitslosigkeit durch Ungeeignetheit vorzubeugen und jeden an den ihm gebührenden Arbeitsplatz zu stellen — zu seinem und der Gesamtheit Wohl.

Die Berufsberatung ist eine verhältnismäßig junge Einrichtung, da sie erst aus der Arbeitsmarktpolitik entwickelt wurde. Denn erst mit dem Aufkommen des Arbeiterheeres traten sozialpolitische Probleme hervor, die eine baldige Lösung forderten. „Die kapitalkräftige Wirtschaft war bereits in einer vielseitigen Organisation des Warenmarktes, des Geldmarktes und anderer Märkte begriffen, als sie in den 80 und 90ger Jahren des vorigen Jahrhunderts an die Organisation des Arbeitsmarktes heranging. Die Wirtschaft glaubte bis dahin ohne eine Organisation des Arbeitsmarktes auskommen zu können. Nachwirkungen der Manchesterlichen Lehre vom freien Arbeitsvertrag mögen sich hier geltend gemacht haben. — Wenn auch in den Jahren vor dem Krieg das Interesse der Beteiligten und der öffentlichen Körperschaften, insbesondere der großen Städte, an der Arbeitsvermittlung als sozialpolitische und wirtschaftspolitische Einrichtung wuchs, so haben doch erst die Arbeitsmarktschwierigkeiten der Nachkriegszeit die Frage der Bewirtschaftung des Arbeitsmarktes energisch gefördert und auf neuen Boden gestellt."[9]) — Wenn der Verfasser obiger Ausführungen nur die Arbeitsvermittlung im Auge hatte, so gelten sie auch für die

---

[8]) L. Heyde: Abriss der Sozialpolitik. S. 8. Leipzig 23, Quelle und Meyer.

[9]) Völckers: 1 Jahr R. A. f. A. V. und Verm. in: Magazin für Arbeitsrecht Sozialpolitik und verwandte Gebiete. S. 455 8. Jahrg. Nr. 19 Berlin.

Berufsberatung. Denn eine Arbeitsvermittlung ist immer gezwungen, wenigstens eine oberflächliche Berufsberatung zu treiben, weil es stets Menschen gibt, die wegen Alter, Gebrechen, schlechte Zeugnisse von der Wirtschaft nicht wieder angenommen werden. Logisch genommen, müßte eine Berufsberatung stets vor einer Arbeitsvermittlung existieren; aber es ist im Leben ja immer so, daß man erst dann zu vorbeugenden Maßnahmen schreitet, wenn der gegenwärtige Zustand unerträglich geworden ist.

Zweck der Berufsberatung ist demnach, „soziale Funktion und psychische Persönlichkeit einander anzupassen".[10]) Die Wichtigkeit der Berufsberatung erweist schon ein Blick auf das öffentliche Leben. Familie, Gemeinde, Dorf, Stadt und Staat, alle sind sie dem Einfluß leitender Persönlichkeiten unterworfen. Sind diese Führer für eine ihnen gesetzte Aufgabe nicht geeignet, so müssen alle darunter leiden. Werden aber mehrere Führerposten wahllos besetzt, nur auf Tradition, Repräsentation sehend, dann muß die öffentliche Welt, der staatliche Organismus Schaden nehmen. Dasselbe ist analog auf die Wirtschaft anzuwenden. In diesem großen Triebwerk greift ein Rädchen ins andere und ein reibungsloser Lauf läßt sich nur ermöglichen, wenn Zahn auf Zahn abgestimmt und von gleich gutem Material ist.

Erkennt man unter diesen Umständen die Notwendigkeit der Berufsberatung an, so muß man noch zu folgenden Fragen Stellung nehmen: Wir haben festgestellt, daß der Mensch individuelle Unterschiede aufweist, die durch Anlage, Rasse, Vererbung, Erziehung usw. bestimmt sind. Sind die Unterschiede nun wirklich so groß, daß sie nicht durch Uebung und geschickte Schulung beseitigt werden können, daß erst ein großer Apparat wie die öffentliche Berufsberatung ins Leben gerufen werden muß? Das menschliche Leben spielt sich doch heute uniform ab. Gewohnheit und Mode, sei es in Kleidung, Essen und Trinken, in Sitten und Gebräuchen, gibt die Lebensführung des Menschen an. Dieselbe Gleichförmigkeit scheint auch im Berufsleben zu herrschen. Eine Maschinenhalle gleicht der anderen. Die kaufmännischen Betriebe scheinen sich in nichts zu unterscheiden, es sei höchstens der Handelsartikel unterscheidendes Merkmal. Die weitere Frage ist nun, ob die Berufe tatsächlich so grundverschieden betreffs Anforderung, Eigenart, Arbeitsmethode sind, daß man Werturteile wie fähig, tauglich, wertvoll, unfähig usw. über einen Berufsangehörigen fällen kann. Bei der Behandlung der Individual- und Gruppenpsychologie werden diese Fragen zu erörtern sein. Daß unter den Menschen große, wenn auch oft durch äußere Einwirkung wie Erziehung, Religion usw., bedingte Unterschiede bestehen, daß es unmöglich ist, diese völlig zu verwischen, ist gewiß. „Je höher die

[10]) Hugo Münsterberg: Grundzüge der Psychotechnik. S. 220 Leipzig 1920.

soziale Schicht —, um so stärker die Möglichkeit zu differenziertem Erleben und zu charakterologischer Auswirkung überhaupt. Die Proletarierjugend nimmt weniger Anteil, weniger stark Stellung zu Kunst und Wissenschaft, um desto kräftiger im Technischen, Sozialen und in der Politik unterzutauchen. Der einfache Mann wird zudem rein äußerlich früher vom Beruf erfaßt und gestempelt. Erhat nicht Zeit und Gelegenheit, voll auszugreifen."[11]) Ebenso ist fraglos, daß je qualifizierter ein Beruf ist, er auch qualifiziertere Anforderungen an den Einzelnen stellt. Es sei auch darauf hingewiesen, daß sich die Berufe mit ganz verschiedenen Materien befassen, die ihrerseits eine besondere Bearbeitung erfordern. Einmal wird Handfertigkeit, einmal geistige Beweglichkeit, oft auch beides verlangt. Diejenigen, die eine auffallende Anpassungsfähigkeit besitzen, die sogen. „Allerweltsmenschen" sind selten gesäet und weil sie alles können muß ihre Leistung auf jedem Gebiete eine geringere sein. Keine Physiognomie des Menschen gleicht der anderen. Sie zeigt aufs Beste die innere Wesensverschiedenheit der Menschen, die auch Anlage und Befähigung umfaßt. Die Berufsberatung fußt auf diesen Verschiedenheiten und ist bestrebt, die Wesensart des Einzelnen mit der des zu wählenden Berufes in Einklang zu bringen.

II. Kapitel.

Die geschichtliche Entwicklung der Berufsberatung.

Die Anfänge der deutschen Berufsberatung reichen bis um die Jahrhundertwende zurück. — Berufsberatung im allgemeinen Sinne gibt es, solange Menschen eine plänmäßige Tätigkeit ausführen. Der alte Germane wird seinen Sohn nicht zum Jagdhandwerk erzogen haben, wenn er schwächlicher Natur war. Der junge Römer wird, wenn ihn seine Neigung dazu trieb, lieber in Griechenland die schönen Künste gepflegt haben, als im Waffenhandwerk sich Lorbeeren zu ernten. Die Beispiele kann man beliebig vermehren. Die jedem Stande eigene Tradition gestattete nur in Ausnahmefällen ein Abweichen vom alten Brauch. Stand man aber vor einer Berufswahl, so geschah eine Beratung durch die Väter, die Sippe, den Geistlichen etc. Das mittelalterliche Epos vom Meier Helmbrecht, verf. von Wernher des Gartenäre veranschaulicht z. B. wie der Bauer den Sohn warnt, Raubritter zu werden und ihm die Vorzüge des Landlebens schildert. Natürlich sind dies nur ganz entfernte Anklänge an die Berufsberatung. Das Berufsleben war auf Tradition aufgebaut und konnte aller Beratung entbehren. Roffenstein be-

[11]) Fritz Giese: Psychotechnik S. 21. Ferd. Hirt, Breslau 1928.

merkt hierzu: „In der gebundenen Wirtschaft des Mittelalters ergab sich manches von selbst; nicht nur war darin der Mensch noch nicht am Arbeitserlebnis erkrankt, auch die Berufseignungsfragen fanden dort eine gleichsam organische Lösung. Die Berufswahl wurde durch Tradition geregelt, der Beruf vererbte sich in Familie und Stand durch Generationen hindurch. Das bedeutet aber bei der Erblichkeit intellektueller und manueller Arbeitsfähigkeiten eine Züchtung vorzüglicher Berufsanlagen. Je weiter aber die Entwicklung zum Großgewerbe schritt, desto häufiger wurde der zu eng gewordene Rahmen gesprengt."[1]) Durch die Einführung der Gewerbefreiheit, durch die Entwicklung der Industrie, des Großhandels entstand ein Bedürfnis nach einer geordneten Berufsberatung. Doch steht das ganze XIX. Jahrhundert im Zeichen rein privater berufsberatender Tätigkeit. Es beschäftigten sich vor allem die Kreise damit, die mit der Pflege der Jugend betraut waren, als Lehrer und Geistliche und die von ihnen geschaffenen, gemeinnützigen Verbände. Diese Berufsberatung war eine subjektive, erstreckte sich nicht gleichmäßig auf alle Schüler und Schutzbefohlenen, sondern auf die, welche den Pflegern ans Herz gewachsen waren. Es ist aber anzuerkennen, daß man die Bedeutung der Berufsfrage schon erfaßt hatte und für die Allgemeinheit Ratgeber zur Berufswahl von den Lehrervereinen herausgegeben wurden. Es ist selbstverständlich, daß diese Art von Berufsberatung vorwiegend vom pädagogisch-erzieherischen Gesichtspunkten ausging. — Die durch Erfindungen und Maschinen neugeschaffenen Produktionszweige hatten neue Berufskrankheiten zur Folge, denen sich mit der Zeit das Interesse der Aerzteschaft zuwandte, und so die Anfänge einer medizinischen Berufskunde gemacht wurden.

Den eigentlichen Anstoß zu einer öffentlichen Berufsberatung gab aber der „Bund Deutscher Frauenvereine". Er forderte in dem 1894 aufgestellten Programm die Erschließung aller Berufe, in denen sich Frauen zu angemessener Arbeitsleistung befähigt fühlen und forderte weiter die Erschließung aller für diese Berufe geschaffenen Bildungswege*). Diese Forderung ist aus der Entwicklung der Zeit heraus zu verstehen. Die Ansprüche an Wissen und Leistungsfähigkeit wurden immer größer. Die Schul- und Ausbildungszeit wurde in Anpassung an die gesteigerten Ansprüche verlängert und damit der Zeitpunkt, sich eine Familie zu gründen, immer weiter herausgeschoben, eine Erscheinung, die besonders heute wieder zu beobachten ist. Dazu kam, daß durch die fortschreitende Zivilisation die Ansprüche an die Befriedigung

---

[1]) Roffenstein: Das Für und Wider in der psycholog. Berufeignungsprüfung. Arbeit und Beruf, Heft 9, 6. Jahrg. S. 265. Grüner Verlag, Bernau b. Berlin.

*) siehe Joh. Riedel: Grundlagen, Bedingungen und Ziele der wirtschaftlichen Arbeit. S. 271. V. Teubner, Leipzig 1925.

entbehrlicher Bedürfnisse größer wurden, der Lohn nicht im Verhältnis zu diesen Ansprüchen stand und so die jungen unverheirateten Mädchen gezwungen wurden, einen Beruf zu ergreifen. Die Umschichtung in den Gesellschaftsklassen, die Verwischung des Unterschiedes von Arbeitgeber und Arbeitnehmer (denn auch der Direktor ist kaufm. Angestellter!) ließen die Frau aufmerken. Der Hunger nach einer neuen Ordnung, einer größeren Freiheitt und Unabhängigkeit äußerte sich naturgemäß in der Zuflucht zu irgendeiner einbringenden Tätigkeit, die der Frau die nicht mehr zeitgemäßen Fesseln sprengen half. Die Bestrebungen in der damaligen Zeit haben ihren Niederschlag in dem Buch: „Die Deutsche Frau im Beruf" gefunden. 1898 wurde eine „Kommission zur Förderung der beruflichen Erwerbstätigkeit und wirtschaftlichen Selbständigkeit der Frauen" eingesetzt, deren praktische Auswirkung die 1900 geschaffene Auskunftsstelle war. 1902 wurde letztere zu einer Beratungsstelle umgestaltet. — Die eifrigste Förderin der Frauenbewegung war Josefine Levy-Rathenau, eine Cousine des ehemaligen Reichsministers Walter Rathenau. Sie vereinigtte die im Laufe der Zeit hinzugekommenen Beratungsstellen im Jahre 1911 zum „Kartell der Auskunftsstellen für Frauenberufe". Es gab u. a. Merkblätter zur richtigen Berufswahl heraus und richtete auch die ersten Ausbildungskurse für Berufsberaterinnen ein. Das Kartell bestand bis 1921. Als das Ziel, das es sich gesteckt, — die Errichtung öffentlicher Berufsämter —, erreicht war, löste es sich freiwillig auf. Ein Ueberbleibsel ist das Frauenberufsamt Berlin, das aber weniger praktische Beratung, sondern mehr allgemeine volkswirtschaftliche Forschungen zum Nutzen der weiblichen Berufsberatung treibt. —

Eine weitere Förderung erfuhr die Berufsberatung durch das Handwerk, das zu Beginn des XX. Jahrhunderts gewaltig die Werbetrommel für den Eintritt in seine Reihen schlug. Das Handwerk litt damals unter großem Mangel an Arbeitskräften. Der Gründe waren zwei. Die Leute rannten einmal der besseren Löhne wegen in die Fabriken und auf der anderen Seite besaß die Industrie zu jener Zeit noch keine Lehrwerkstätten, war überhaupt zu einer Ausbildung von Lehrlingen nicht befugt. Sie hatte auch kein Interesse daran — denn Lehrlingsausbildung kostet Geld. Sie machte es sich bequemer, indem sie ihre benötigten qualifizierten Arbeiter und Meister sich aus den Reihen des Handwerks holte. So trieben die Innungen, später auch die Handwerkskammern*) in Gestalt von Flugblättern, Inseraten, Sprechstunden usw. Propoganda für ihren Stand. Sie setzten sich auch mit der

*) Besonders tätig war „die Handelskammer zu Breslau, die wohl als erste den Gedanken der Dezentralisation durchführte und in Anlehnung an die Innungsausschüsse in fast allen Kreisstädten des Bezirks Ortsstellen einrichtete". Siehe Handwörterbuch der Staatswissenschaften. II. Bd. S. 584 Jena 1924.

Lehrerschaft in Verbindung, die besonderes Interesse für die Bekämpfung der Industriearbeit zeigte.

Diese Bestrebungen des Handwerks sind rein privatwirtschaftlicher auf eigenen Vorteil bedachter Natur und zeigen deutlich den Mangel eines Systems, bei dem ein Stand, sei es nun Handwerk oder Lehrerschaft, sich für allein berechtigt fühlt, Berufspolitik zu treiben. Es sei an dieser Stelle auch gleich der Arbeitnehmerverbände gedacht, besonders der Gewerkschaften und Handlungsgehilfenverbände, die eine negative Berufsberatung in der Gestalt ausübten, daß sie vor Zugang warnten und die Aussichtslosigkeit des Fortkommens in dem betreffenden Gewerbezweig recht drastisch schilderten. Sie befolgten somit ein „Abschreckungssystem", eine Politik, die heute noch vielfach befolgt wird. Um die Zeit der Schulentlassungen erscheinen immer wieder Artikel in den Zeitungen, in denen in meist rein subjektiver Form die Nöte eines Berufsstandes geschildert und demgemäß vor diesem Beruf gewarnt wird. —

Außer den Handwerkskammern gingen auch einige Handelskammern dazu über, sich eine Lehrstellenvermittlung anzugliedern, so in Köln, Düsseldorf, Münster, Essen und Hannover. — Die Jugendpflege nahm sich der Berufsberatung intensiver an und rief ausschließlich für Zwecke der Berufsberatung und Berufsvermittlung gedachte Einrichtungen ins Leben, u. a. den Jugendfürsorgeverband in Stralsund, Würzburg und Stuttgart, den Verein Jugendwohl in Frankfurt a. M., die Zentrale für Jugendfürsorge in Dresden.

„Zwei Organisationen haben die Berufsberatung in die heutigen Bahnen gelenkt: Die Zentrale für Volkswohlfahrt und der Verband Deutscher Arbeitsnachweise." [2]) Die Zentrale für Volkswohlfahrt versuchte, alle an der Berufsberatung interessierten Kreise zu gemeinsamer Arbeit zu gewinnen. Auf die „Elberfelder Konferenz" von 1911 folgte die Charlottenburger 1913. Hier wurde der „Deutsche Ausschuß für Berufsberatung" gegründet. „Das weite Gebiet der Berufsberatung wurde dann an drei Unterausschüsse verteilt. Vorwiegend der Arbeit dieses Ausschusses ist es zu verdanken, daß die Berufsberatung besonders vom Jahre 1917 an, durch behördliche Erlasse und Verordnungen der Bundesstaaten in einheitliche Wege gelenkt wurde." [3]) Schon vor den Bestrebungen der Zentrale für Volkswohlfahrt sprachen sich die Arbeitsämter für eine Angliederung der Berufsberatung aus. — Die ersten öffentlichen Arbeitsnachweise wurden in der Schweiz gegründet, zum ersten Mal 1888 in Bern. Von der Schweiz gelangte diese Einrichtung zuerst nach Süddeutschland. Schon gegen Ende des XIX. Jahrhunderts bestanden in

---

[2]) Joh. Riedel: Grundlagen, Bedingungen und Ziele der wirtschaftl. Arbeit. S. 271. Teubner — Leipzig 1925.

[3]) ebenda S. 272.

München, Stuttgart, Nürnberg und Straßburg öffentliche Arbeitsnachweise. Dem Beispiel dieser Städte folgten bald alle größeren Gemeinden. Da der Arbeitsnachweis in Süddeutschland ganz anders als in Norddeutschland eingebürgert war, so gliederten sich auch hier die Arbeitsämter München 1902, Nürnberg 1903, Straßburg 1905 die Lehrstellenvermittlung und Berufsberatung erstmalig an. — 1910 erfuhren die Arbeitsämter durch das Stellenvermittlungsgesetz v. 2. VI. reichsgesetzliche Regelung. — Zwecks Vereinfachung des Geschäftsbetriebes und Vervollkommnung des Arbeitsnachweiswesens schlossen sich diese zu provinzialen Verbänden und letztere wieder zum „Verband Deutscher Arbeitsnachweise — Berlin" zusammen. Einer der provinzialen Verbände, der „Verband märkischer Arbeitsnachweise" gründete 1912 die „Zentralstelle für Lehrstellenvermittlung in Berlin, die sich auch mit Berufsberatung befaßte. Letztere Zentralstelle fand bald Nachahmung in der 1916 gegründeten „Zentralstelle für Berufsberatung und Lehrstellenvermittlung" in Hamburg*). Mitglieder waren alle an der Berufsberatung interessierten Hamburger Verbände, Einzelpersonen und Behörden. Weitere Zentralstellen wurden in Frankfurt a. M., Stettin, Görlitz geschaffen. „In anderen Städten ist die Berufsberatung auf anderer Grundlage ins Leben gerufen worden; in Halle gliederte sie sich an das Städt. Statistische Amt an, das seine Tätigkeit in Verbindung mit den Arbeitsnachweisen und den Organen des Gewerbes ausübt; in Düsseldorf ist ein Städt. Berufsberatungsamt mit Lehrstellennachweis als organischer Teil der städt. Schulverwaltung ins Leben gerufen, das in Verbindung mit der Handels- und Handwerkskammer und dem Innungsausschuß der Vereinigten Innungen arbeitet; in Lüdenscheid erfolgt die Berufsberatung durch die städt. Schulverwaltung, in Chemnitz befaßt sich der Verein zur Bekämpfung der Schwindsucht mit der Berufsberatung."[4])

Der Gedanke, daß einer guten Berufsausbildung eine Berufsberatung vorauszugehen habe, faßte auch in Kreisen der Wirtschaft Fuß. So beschäftigte sich der 18. Deutsche Handwerks- und Gewerbekammertag — Hannover 1917 mit der Berufberatungsfrage. Auch die Gewerkschaften sprachen sich auf der Nürnberger Tagung 1919 und der Kasseler Konferenz des gewerkschaftlichen Jugendkartells 1921 für die Notwendigkeit einer Berufsberatung aus. — Wenn eine Organisation der Berufsberatung erst nach dem Krieg erfolgte, so lag es nicht an mangelndem Interesse, sondern an den verworrenen Verhältnissen des Arbeitsnachweiswesens. „Das wüste Durcheinander im Arbeitsnachweiswesen steht im umgekehrten Verhältnis zu seiner volkswirtschaftlichen Bedeutung. Da gibt es öffentliche paritätisch geleitete Arbeitsnach-

*) s. van den Wyenbergh: Schule u. Berufsberatung. S. 22, 154 Paderborn 27.
[4]) Wolff: Berufsberatung und Berufsvermittlung. S. 37. Berlin 1914.

weise, öffentliche Arbeitsnachweise mit bureaukratischer Verwaltung, Arbeitsnachweise von Wohlfahrtsvereinen eingerichtet und verwaltet, solche, die von Vereinigungen der Unternehmer und Arbeiter gemeinsam errichtet und verwaltet werden, dann Nachweise der Unternehmerorganisationen und solche der Gewerkschaften, Nachweise von Vereinen, die zum Zweck der Arbeitsvermittlung gegründet wurden und nur wenig über der gewerbsmäßigen Stellenvermittlung stehen."[5]) Einheitliche Richtlinien wurden erstmalig durch das Hilfsdienstgesetz vom 29. 1. 1917 aufgestellt. — Bedeutungsvoll für die Berufsberatung ist die Verordnung vom 18. 7. 1917, in der Bayern als erstes Land darauf hinwies, daß die Arbeitsämter die Berufsberatung als besonderes Ressort anzugliedern hätten.

Die besonderen Verhältnisse der Nachkriegszeit forderten eine baldige Lösung der Berufsfrage. Die heimkehrenden Soldaten waren wieder in die Wirtschaft einzugliedern, die Entlassung der Kriegsarbeiter und Kriegsarbeiterinnen bereitete Schwierigkeiten, dieKriegsverletzten mußten in den meisten Fällen umgeschult werden. So erfolgte am 9. 7. 1918 eine Verordnung des Reichsamtes für wirtschaftliche Demobilmachung (RGBl. 1918 S. 1421), welche die Landeszentralbehörden ermächtigte, Gemeinden und Gemeindeverbände zu Einrichtungen für gemeinnützige Berufsberatung zu verpflichten. Die Länder erließen entsprechende Verordnungen, deren bekannteste der preußische Erlaß vom 18. 3. 1919 ist. Er verpflichtete die Stadt- und Landkreise zur Errichtung von Berufsämtern. Im übrigen ließ er den Gemeinden betr. Art der Einrichtung freie Hand. Daneben wurden sogen. Provinzialberufsämter eingerichtet, die unseren heutigen Landesberufsämtern entsprechen. — Für dieBerufsberatung für höhere Berufe wurde eine besondere Klausel vorgesehen. — Nach dem Vorbild Preußens richteten die anderen Länder Berufsberatungsstellen ein und gliederten sie allgemein, schon aus finanziellen Gründen — den Arbeitsnachweisen an. „Die rasende Entwicklung unseres Wirtschafts- und Berufslebens setzte mehr und mehr gründliche wirtschaftliche und berufliche Kenntnisse voraus, so daß eine Anlehnung der Berufsberatung an die Schule und wesensverwandte Einrichtungen nicht mehr zweckmäßig war. Dagegen kann durch die Anlehnung an den Arbeitsnachweis wirklich nachhaltig auf die Gestaltung des Arbeitsmarktes eingewirkt werden."[6]) — Durch das Arbeitsnachweis-Gesetz vom 22. 7. 22 erfuhr das Arbeitsnachweiswesen eine reichsgesetzliche Regelung und es trat eine allgemeine Planmäßigkeit in Geschäftsführung und Verwaltung der

[5]) C. Legien: Die Arbeitsvermittlung nach dem Kriege. S. 887, Archiv für Sozialwissenschaft und Sozialpolitik 43. Bd. 1916/17 Mohr-Verlag, Tübingen.

[6]) Busold: Berufsberatung und Berufsauslese, S. 25. Max Hueber-Verlag München 1928.

Arbeitsnachweise ein, die auch der Berufsberatung in höchstem Maße förderlich war. — Das Reichsamt für Arbeitsvermittlung erließ am 12.5.1923 Ausführungsbestimmungen über die Berufsberatung und zwar: „Allgemeine Bestimmungen für die Berufsberatung und Lehrstellen-Vermittlung bei den Arbeitsämtern“ und „Allgemeine Grundsätze für die Berufsberatung und Lehrstellen-Vermittlung außerhalb der Arbeitsnachweisämter“ (s. Reichsarbeitsblatt v. 16.5.1923). Es ist aber die Einschränkung zu machen, daß diese beiden Erlasse nur die Landesarbeitsämter für Arbeitsvermittlung verpflichtete Preußen erließ deshalb eine Verordnung vom 15.5.1923 und dehnte die Vorschriften des Reichsamtes auch auf die örtlichen Arbeitsnachweise aus. —

Das Arbeitsnachweisgesetz bedeutete in der Entwicklung der Arbeitsnachweise und Berufsämter einen guten Schritt vorwärts. Nachteilig war aber, daß es ohne Rücksicht auf wirtschaftliche Notwendigkeit und Zweckmäßigkeit jedem Bezirk einer unteren Verwaltungsbehörde die Errichtung eines Arbeitsnachweises auferlegte. Die Folge war ein ungenügender Ausgleich von Angebot und Nachfrage. Auf die Schwerfälligkeit des Zusammenarbeitens zweier benachbarter schematisch-bürokratisch aufgezogener Betriebe braucht wohl kaum hingewiesen zu werden. — Deshalb trat auch „bei den Beratungen über die Umwandlung der Erwerbslosenfürsorge in eineArbeitslosen-Versicherung im Reichstag die Absicht hervor, die Arbeitsfürsorge von Grund aus umzugestalten und in den Gesetzentwurf auch die Arbeitsvermittlung hineinzuarbeiten“.[7]) Im Arbeitsnachweisgesetz von 1922 war den Landesarbeitsämtern schon die Verpflichtung auferlegt worden, sich die Berufsberatung anzugliedern. So konnte es nicht ausbleiben, daß die Berufsberatung auch in das neue Gesetz einbezogen wurde. —

III. Kapitel.

Am 16.7.1927 (s. RGBl. I S. 187) erschien das neue Gesetz über Arbeitsvermittlung und Arbeitslosen-Versicherung, das am 1.10. in Kraft trat. Alle kommunalen Arbeitsnachweise werden der neugebildeten Reichsanstalt für Arbeitsvermittlung und Arbeitslosenversicherung eingegliedert. Sie sind somit Glieder der neuen Reichsanstalt, nicht mehr wie früher Organe der Reichsanstalt für Arbeits-Vermittlung. Entgegen den Wünschen des Deutschen Städte- und Landkreistages, die einen neuen „Reichsbürokratismus“ befürchteten, hielt der sozialpolitische Ausschuß des Reichstages an einer

[7]) Fr. Kleeis: Arbeitsvermittlung und Berufsberatung. S. 5/6. Verlag Fr. Wordel — Leipzig 1928.

einheitlichen Organisation fest *). Man konnte nicht die Gemeinden zum alleinigen Träger der Arbeitsämter machen, denn es handelt sich um wirtschaftliche und soziale Aufgaben, die weit über den Interessenkreis der einzelnen Gemeinde hinausgehen. Durch die Errichtung der Reichsanstalt tritt keine unmittelbare Verstaatlichung der Arbeitsvermittlung und Berufsberatung ein, sondern die praktische Durchführung obliegt einer Selbstverwaltungsorganisation. Die Staatsgewalt behält aber Fühlung „erstens durch die direkte Einschaltung von Vertretern politischer Verwaltungskörperschaften in die Organe (Verwaltungsausschüsse, Vorstand, Verwaltungsrat) der Reichsanstalt und zweitens durch die Unterstellung der gesamten Organisation unter die Aufsicht der zuständigen Reichsbehörde, des Reichsarbeitsministeriums", Abtlg. 4 [1]).

Die neugebildete Reichsanstalt befaßt sich mit der Arbeitsvermittlung, Berufsbberatung, Lehrstellenvermittlung und der Durchführung der Arbeitslosen-Versicherung. Weitere Aufgaben zur Regelung des Arbeitsmarktes kann sie übernehmen oder übertragen bekommen. § 57 des G. über A.V.A.V. besagt: Die Berufsberatung ist Aufgabe der Reichsanstalt. Damit ist die Berufsberatung eine Pflichteinrichtung der Arbeitsämter geworden und hat dadurch dem Streit, welche Einrichtung, ob Schule, Jugendamt usw. am besten für die Angliederung der Berufsberatung geeignet sei, ein Ende bereitet. Die jetzige Lage bildet die Bestlösung, denn zwischen Arbeitsvermittlung und Berufsamt besteht ein enger Zusammenhang. Beide beschäftigen sich mit einer zweckmäßigen Gestaltung des Arbeitsmarktes. Während die Arbeitsvermittlung eine Augenblicksmaßnahme zur Regulierung von Angebot und Nachfrage darstellt, wirkt die Berufsberatung vorbeugend, indem sie auf das zukünftige Angebot von Arbeitskräften einzuwirken versucht. Die Tatsache, daß sich alle Maßnahmen der Berufsberatung erst in der Zukunft auswirken, bedingt eine Sonderstellung, erfordert dementsprechend auch eine gesonderte Behandlung, die keine mechanischen Regeln und bürokratischen Formen kennt, und deren Leitern weitgehende Freiheit in ihrer Amtsführung einzuräumen ist. Letzteres bedingt, daß die Leiter ganze, erprobte Persönlichkeiten sein müssen. — Die Angliederung an das Arbeitsamt gestattet der Berufsberatung, tiefer in die einzelnen Berufe und persönlichen Verhältnisse Einblick nehmen zu können, eine Tatsache, die wegen Angliederung der Lehrstellenvermittlung an das Berufsamt von besonderer Wichtigkeit ist. Die Lehrstellenvermittlung erlaubt der Berufsberatung erst, ihre Ratschläge in die Tat umgesetzt zu sehen und das Ergebnis zu

*) S. Schlederer: Die Arbeitsnachweistagung des Deutschen Städtetages und Landkreistages in „Arbeit und Beruf" 12. Heft, 6. Jahrgang.

[1]) Brocker: Das Gesetz über A. V. und A. Vers. in „Die Arbeit" 4. Jahrgang S. 571, Berlin 1927, Verl. des Allg. D. Gew.-Bd.

kontrollieren. Durch Angliederung der Lehrstellenvermittlung steigt auch das Interesse der Arbeitgeber an der Berufsberatung da die Lehrstellenvermittlung ein enges Zusammenarbeiten erfordert. Wie die eventuelle Angliederung des Berufsamtes an das Jugendamt oder an die Handelskammer das erzieherische oder ständische Moment bei der einzuschlagenden Berufspolitik die ausschlaggebende Rolle spielen würde, so ist auch das Berufsamt in seiner jetzigen Form in Gefahr, die Berufspolitik allzusehr auf wirtschaftliche Momente aufzubauen. Denn „die wirtschaftlichen Notwendigkeiten unserer Zeit haben dazu geführt, die Berufsberatung organisch mit der Stelle zu verbinden, der die Bewirtschaftung des Arbeitsmarktes obliegt — dem öffentlichen Arbeitsnachweis. Eine Regulierung des Arbeitsnachweises der Erwachsenen ist schlechterdings unmöglich ohne Einbeziehung des gesamten Nachwuchses. Erst dadurch kann nachhaltig auf die Gestaltung des Arbeitsmarktes eingewirkt werden.„ [2])

Der Titel des Gesetzes als auch der Titel der neuen Reichsanstalt trägt der Bedeutung der Berufsberatung leider keine Rechnung. Hierdurch wird der Anschein der Nebensächlichkeit der Berufsberatung erweckt; dies ist ein Mangel, welcher der Popularität der Berufsberatung Abbruch tun muß. Weiter heißt es in § 1, Abs. I des G. über AV. und A. Vers. im Abschnitt über Berufsberatung und Lehrstellenvermittlung: „Der Reichsanstalt liegt a u c h die öffentliche Berufsberatung und Lehrstellenvermittlung ob." List bemerkt hierzu: „Der vorurteilslose Ausleger wird dagegen aus dieser Fassung nur lesen können, daß die Berufsberatung und Lehrstellenvermittlung nicht als Nebenaufgabe, sondern mit Bewußtsein als eine gleichwertige Pflichtaufgabe besonderer Art gekennzeichnet worden ist und auf Grund mancher erfreulicher Erscheinungen — siehe die Verordnung zur Arbeitsaufnahme — davon überzeugt sein, daß die Berufsberatung und Lehrstellenvermittlung auch innerhalb der Reichsanstalt Luft zum Atmen und zur freien Entfaltung erhält." [3]) Dieser Ansicht ist zu entsprechen, zumal in Ergänzung des Gesetzes die Verordnung vom 28. 9. 1927 (Reichsarbeitsblatt I, S. 441) ergangen ist, wonach die „Allgemeinen Bestimmungen für die Berufsberatung und Lehrstellenvermittlung bei den Arbeitsnachweisämtern" vom 12. 5. 1923 erneute Legalität erhalten haben und für alle Arbeitsämter rechtsverbindlich sind.

Außer dieser Verordnung folgte in weiterer Ergänzung die „Verordnung über die Weitergeltung von Bestimmungen über statistische Berichterstattung auf dem Gebiet des Arbeitsmarktes" vom 29. 9. 1927 (Reichsarbeitsblatt I, S. 449).

---

²) Van den Wyenbergh: Schule u. Berufsberatung. S. 34/35. Paderborn 27.
³) List: Zur Neugestaltung der öffentl. Berufsberatung. „Arbeit u. Beruf" A, VI. Jahrg. Heft 21. S. 661.

Die öffentliche Berufsberatung trägt umfassenden Charakter. Die Tätigkeit der Beratungsstellen hat sich zu erstrecken auf:

...die Erteilung von Rat und Auskunft an ratsuchende Personen beiderlei Geschlechts in allen Fällen, welche die Berufswahl sowohl beim Eintritt in das Berufsleben wie beim Berufswechsel und die Berufsausbildung und Fortbildung betreffen." (S. Allgemeine Bestimmungen.) Die Beratung erstreckt sich auf alle Personen, nicht nur auf die unter die Arbeitslosen-Versicherung fallenden Personen.

Durch die Neuregelung trat eine völlige Umgestaltung und Rationalisierung der Arbeitsämter ein. Während das Gesetz vom 22. 7. 1922 für jeden unteren Verwaltungsbezirk das Vorhandensein eines Arbeitsnachweises forderte, ging das Gesetz von 1927 von rein wirtschaftlichen Erwägungen aus. Die vorhandenen 22 Landesarbeitsämter und 900 Arbeitsämter wurden nach wirtschaftlich-geographischen Gesichtspunkten zusammengelegt und damit die Zahl auf 13 Landesarbeitsämter und 361 Arbeitsämter — von welchen letzteren Bayern 41 besitzt — reduziert. Es war der erste Schritt zu einer großzügigen kostenersparenden Verwaltungsreform. die im Hinblick auf die wirtschaftliche Bedeutung sich über kleinliche partikularistische Bedenken hinwegsetzte. Die Umorganisation vollzog sich unter großen Schwierigkeiten und fand am 1. Oktober 1928 ihren Abschluß. Die Gemeinden waren mit der neuen Regelung nicht einverstanden und keine wollte ihre mit vielen Mühen geschaffenen Arbeitsämter aufgeben. „Es bedurfte erst der Entscheidung durch eine von staats- und gemeindepolitischen Erwägungen freie und ungehemmte Verwaltung, wie solche die Organe der Reichsanstalt sind. Nur durch sie konnte z. B. zum erstenmal eine Körperschaft gebildet werden, die Hamburg mit den benachbarten preußischen Orten Altona, Wandsbeck und Harburg einheitlich umfaßte, wie es für das für den dortigen Bezirk neu geschaffene Arbeitsamt tut. Es ist auch kein Zufall, daß gerade um die Grenzen dieses Amtes am erbittersten gerungen wurde."[4]) In dieser Zeit der Neuorganisierung wurde die Berufsberatung stiefmütterlich behandelt, weil die notwendige fortlaufende Arbeitsvermittlung alle Kräfte in Anspruch nahm. Nur die Arbeitsämter, die von der Umgestaltung am wenigsten getroffen waren, besonders diejenigen der mittleren und Großstädte, pflegten den jungen Zweig der Berufsberatung. — Diese Hintenansetzung der Berufsberatung wird aber reichlich aufgewogen, durch die durch die Neugestaltung bedingten Vorteile. Ich habe hier besonders die Lehrstellenvermittlung im Auge. Eine Einbürgerung der Berufsberatung, deren Inanspruchnahme auf Freiwilligkeit beruht, geschieht um so rascher, je besser und reibungsloser die Lehrstellen-Vermittlung funktioniert. Letztere ist bei einem Aufbau der

[4]) „Die Arbeit". 10. Heft. 5. Jahrg. Art.: Sozialpolit. Chronik S. 654.

Arbeitsämter nach wirtschaftlichen Gesichtspunkten eher gewährleistet, weil eben durch Berücksichtigung der wirtschaftlichen Eigenart eines Arbeitsamtsbezirkes Angebot und Nachfrage sich leichter die Wage halten.

Die Reichsanstalt

gliedert sich in die Hauptstelle Berlin, die Landesarbeitsämter und Arbeitsämter. Da die Berufsberatung den Landes- und Arbeitsämtern angegliedert ist, kann man ebenso „Landesberufsämter“ und „Berufsämter” unterscheiden. —

Die Hauptstelle hat — abgesehen von der Leitung der Geldwirtschaft der Reichsanstalt — den Arbeitsmarkt zu beobachten und Richtlinien für die Tätigkeit der Landesarbeitsämter zu erlassen. Diese Richtlinien können sich auch auf die Handhabung der Berufsberatung beziehen, wie ja überhaupt die Hauptstelle die oberste Aufsichtsbehörde für die Berufsberatung darstellt. „Das Reichsamt, (jetzt die Hauptstelle) greift auch dann ein, wenn nicht für örtliche, sondern für sachliche Gebiete der Ausgleich mangelt, wenn also einzelne Berufe dauernd überfüllt, andere unzulänglich damit versorgt sind.“ [5]) Dieses Eingreifen von höherer Stelle ist für die praktische Berufsberatung insofern bedeutsam, als bei Versagen des natürlichen Ausgleichs eine Umschulung, ein Berufswechsel in Erwägung gezogen werden muß und die Reichanstalt für diesen Zweck besondere Mittel zur Verfügung stellt.

Die Berufsberatung ist eine Einrichtung, die den Berufsanwärtern und der Wirtschaft zugute kommen soll. Das Wirtschaftsleben befindet sich in stetem Fluß. Neue Erfindungen eröffnen neue Berufsmöglichkeiten, lassen bestehende. bisher als Lebensfähig anerkannte Berufe aussterben. Die Berufsberatung steht so mitten in der Wirklichkeit, und darf deshalb den Kontakt mit dem pulsenden Leben nicht verlieren. Eine enge Zusammenarbeit mit allen an der Berufsberatung interessierten Kreisen wie Schule, Elternschaft, Arbeitgebern und Arbeitnehmern ist notwendige Voraussetzung hierzu. Aus diesem Grunde hat man den in den Allgem. Bestimmungen schon vorgesehenen „Beirat“ beibehalten. Dieser fungiert ehrenamtlich und setzt sich aus sachkundigen, an der Berufsberatung beteiligten Personen zusammen. (Arzt, Psychologe, Vertreter der Lehrerschaft, des Handels, des Handwerks, der Industrie). Der Beirat wählt seinerseits wieder Fachausschüsse für die verschiedenen Fachabteilungen, die sich wieder nach der Größe des betr. Arbeits- bzw. Berufsamtes richten. Da aber die einheitliche Zielsetzung unter der Zersplitterung in Fachabteilungen leidet, der Beirat keine Rechte besitzt, sondern nur beratende Tätigkeit ausübt, spielt er in seiner jetzigen Form eine nebensächliche Rolle.

---

[5]) Berger: Arbeitsmarktpolitik, S. 67, Göschen Nr. 928, 1926.

Eigentliche Bedeutung kommt den „Verwaltungsausschüssen“ zu. Bei jedem Landesarbeitsamt und Arbeitsamt besteht ein solcher. Er setzt sich aus dem Vorsitzenden des Amtes und aus Beisitzern — die eine Vertretung der Arbeitgeber, Arbeitnehmer und öffentliche nKörperschaften repräsentieren — zusammen. Auf diese Weise sind auch die Gemeinden beteiligt und können ihren Einfluß, ihre Wünsche geltend machen. Die Zahl der Beisitzer ist keine bestimmte; sie muß aber für alle Gruppen die gleiche sein und beträgt in der Regel bei den Landesarbeitsämtern je 7, bei den Arbeitsämtern je 5 (AVAVG. § 5). Die Vorsitzenden der Arbeitsämter werden von dem Vorstand der Reichsanstalt, die Vorsitzenden der Landesarbeitsämter im Benehmen mit ihm ernannt (§ 34 2 u. 3). Die Vertreter der Verwaltungsausschüsse bestellt der Vorsitzende des Landesarbeitsamtes. Er ist aber an die ihm eingereichte Vorschlagsliste der Arbeitgeber und Arbeitnehmer gebunden. —

Der Verwaltungsausschuß bildet seinerseits wieder einen „Geschäftsführenden Ausschuß“, der aus dem Vorsitzenden des Amtes und aus Vertretern des Verwaltungsausschusses. Die angeführte Organisation ist für das Berufsamt von großer Wichtigkeit, da es von der Einstellung des Verwaltungsausschusses abhängt, ob der Zweig der Berufsberatung mehr oder weniger gepflegt wird. Um das Interesse der Beisitzer an einem Ausbau der Berufsberatung zu heben, ist der persönliche Einfluß des Berufsberaters bedeutsam.

Ein einsichtiger Verwaltungsausschuß wird schon aus finanziellen Gründen ein Interesse an dem Ausbau der Berufsberatung haben; denn die von der Reichsanstalt benötigten Mittel bringen zum Hauptteil Arbeitgeber und Arbeitnehmer je zur Hälfte auf. Oeffentliche Mittel stehen nur in besonderen Fällen zur Verfügung. Gelingt es, durch die Hilfe der Berufsberatung die Arbeitslosigkeit zu verringern, so erfährt das Reich und die Wirtschaft eine geldliche Entlastung durch Herabsetzung der Beiträge. — Es muß das Bestreben der Berufsberatung sein, ihre Unentbehrlichkeit den maßgebenden Stellen in der Reichsanstalt immer mehr zu beweisen, um so den Hilfsbedürftigen nicht nur mit Rat, sondern auch mit Tat zur Seite stehen zu können. Dies ist besonders wichtig, wenn es sich um Anschaffung von Arbeitsausrüsrüstung, um Fortbildung, wie Besuch von Fachschulen usw. und um Umschulung handelt. Die Reichsanstalt stellt für derartige Zwecke Mittel bereit (§ 135—37). Je höher diese Mittel sind, um so besser kann die Berufsberatung wirklich produktive Arbeit leisten.

Die Berufsberatungsstellen werden meist als *„Berufsberatungsämter“* oder kürzer als *„Berufsämter“* bezeichnet. Der Name hat sich eingebürgert und ist aus Zweckmäßigkeitsgründen beizubehalten. In ihm kommt so gleichzeitig die Sonderstellung, welche die Berufsberatung genießt, zum Ausdruck. Trotzdem muß man immer eingedenk sein, daß die Berufsämter nur besondere Abteilungen der Arbeitsämter bilden. — Daß die Lehrstellen-Vermittlung von der allgemeinen Arbeitsvermittlung abgesondert und der Abteilung für Berufsberatung angegliedert wurde, entspringt ihrer besonderen Eigenart. „Ein Lehrverhältnis wird auf Jahre eingegangen. Es ist kein reines Arbeitsverhältnis, sondern ein ausgesprochenes Erziehungsverhältnis, das zum Zweck der beruflichen Ausbildung abgeschlossen wird.“ [6])

Die Angliederung der Berufsämter an die Arbeitsämter erweist sich insofern noch als günstig, weil die Arbeitsämter neuerdings allgemeine Kurse über Stenographie, Maschinenschreiben, Geld-—Bankwesen, Lackschrift, Schaufensterdekoration usw. abhalten, um die Arbeitslosen fortzubilden und in Fühlung mit ihrem Beruf zu halten. Die Berufsberatung kann sich diese Einrichtung zunutze machen, um besonders Begabte zu fördern oder leichter einen Berufswechsel durchführen zu können.

Eine weitere enge Zusammenarbeit mit Wohlfahrtsämtern. Jugendämtern und Gewerbeaufsichtsamt ergibt sich aus der Betreuung des meist gleichen Menschenkreises. Das Gewerbeaufsichtsamt ermöglicht es gleichzeitig, genauen Einblick in das Lehrlingswesen, überhaupt in die tatsächlichen Verhältnisse im Handwerk und Industrie nehmen zu können. Dies ist jedoch vorläufig von sekundärer Bedeutung. Die Berufsberatungsstelle muß sich erst innerhalb des Arbeitsamtes und der Reichsanstalt die Stellung erobern, die ihr zukommt. Bis jetzt wird die Berufsberatung noch zu sehr als akademische und theoretische Angelegenheit betrachtet. Kraft seiner Persönlichkeit muß der Berufsberater sich den nötigen Einfluß in der Geschäftsführung des Arbeitsamtes verschaffen. Dies ist nur möglich, wenn er an allen Sitzungen des Verwaltungsausschusses, die für die Berufsberatung von Wichtigkeit sind, teilnehmen kann.“ Er muß weiter Stellvertreter des Vorsitzenden sein, um den Vorsitz in allen Berufsberatungsangelegenheiten führen und die Besonderheiten seiner Arbeit zur Geltung bringen zu können. Dabei wird er auf ein besonderes Verständnis bei den Vertretern der Gemeinden im Verwaltungsausschuß rechnen können, wenn dafür Sorge getragen wird, daß die beteiligten Gemeindedezernate (Schul-, Berufsschulwesen, Wohlfahrtspflege, Jugendamt, Gesundheitsamt) im Verwaltungsausschuß vertreten sind.“ [7])

Alle Bestrebungen der Berufsberatung sind erfolglos. wenn nicht schon auf der Schule eine planmäßige Vorbereitung

---

[6]) List: Zur Neugestaltung der Berufsberatung. „Arbeit und Beruf“ Heft 21 S. 664. 6. Jahrgang.

[7]) List: Zur Neugest. der Berufsberatung. S. 662. Arbeit und Beruf. 6. Jahrg. Heft 21.

auf die Berufswahl erfolgt und auf das Bestehen der Berufsämter hingewiesen wird. — Die Zusammenarbeit der Schulen mit der Beratungsstelle ist meist durch Erlasse der Kultusministerien der einzelnen Länder geregelt. So heißt es in einem Erlaß des Bayerischen Kultusministeriums vom 21. Juli 1925: „Das Bedürfnis nach einer gut geleiteten Berufsberatung und Lehrstellenvermittlung ist bei den schwierigen Verhältnissen der Nachkriegszeit immer dringender hervorgetreten. — Die Arbeit der Berufsberatungsstellen läßt sich ohne die tätige Mitarbeit der Schulen nicht sachgemäß durchführen. In Ausnahmefällen kann sogar das Bedürfnis nach einer eigenen schulischen Einrichtung zur Berufsberatung und Lehrstellen-Vermittlung für die anvertrauten Schüler hervortreten." — In zutreffender Form kennzeichnet ein preußischer Erlaß der Preußischen Ministerien für Wissenschaft, Kunst und Volksbildung vom 26. 2. 1920 die Wichtigkeit der schulischen Mitwirkung: „Ich weise die Schulen nachdrücklich darauf hin, mit den Berufsämtern auf's engste zusammen zu arbeiten. Das wird am besten in folgender Weise geschehen: Die eigentliche fachliche Beratung ist den Berufsämtern zu überlassen. Die zur Entlassung kommenden Schüler und Schülerinnen sind bei jeder passenden Gelegenheit zum Besuch dieser Beratungsstellen anzuhalten. Soweit der Schule von den Berufsämtern Fragebogen überwiesen werden, ist deren sorgfältige Ausführung durch den Leiter der Anstalt zu überwachen und etwa gewünschte Auskunft über die vermeintliche Berufseignung der Schühler nach bestem Wissen und Gewissen zu erteilen. —

Daneben verbleibt der Schule nach wie vor als besondere Aufgabe die Erziehung zur rechten Berufswahl. Sie hat in Erfüllung dieser Pflicht den Schülern sowohl im Rahmen des Unterrichts wie durch besondere Veranstaltungen, z. B. Lichtbildvorführungen, Vorträge, Besichtigungen usw. so oft wie möglich Einblick in das Berufs- und Wirtschaftsleben zu gewähren. Auch die Schulbüchereien sind für diese Zwecke zu ergänzen und den Schülern zur Benutzung zu empfehlen."

Die Berufsberatung ist eine Einrichtung, die allen Bevölkerungskreisen zugute kommen soll. Deshalb schreibt das Gesetz in § 58 den Grundsatz der individuellen Beratung, in § 59 den Grundsatz der Unparteiischkeit und in § 60 den der Gemeinnützigkeit vor.

Der Grundsatz der individuellen Beratung ist wohl selbstverständlich, denn jedes Kind, das den ersten großen Schritt ins Leben wagen will und die Berufungsberatungsstelle aufsucht, vertraut ihr auch gläubig. Individuelle Behandlung ist nötig, um ein tieferes Eindringen in des Ratsuchenden Eigenart zu ermöglichen und seiner Veranlagung gerecht zu werden. Die individuelle Beratung nimmt bei der Vielheit der Fälle viel Zeit in Anspruch. Deshalb muß es Aufgabe des Arbeitsamtes sein, die Zahl der Berufsberater zu vergrößern. Städte von nahezu 100 000 Einwohnern besitzen heute meist nur einen hauptamtlichen Berufsberater. Daß der Berufsberatung durch eine derartige Handhabung aufs schwerste geschadet wird, bedarf wohl keiner weiteren Erörterung.

Sehr wichtig ist der Grundsatz der Unparteiischkeit. Die Oeffentlichkeit der Berufsberatung macht ihn zur Voraussetzung. Nun liegt der Fall aber so, daß sich die Interessen der Wirtschaft mit denen des Einzelnen meist nicht decken. Von Arbeitgeberschaft und Arbeitnehmerschaft wird die Berufsberatung finanziell erhalten und es wäre nicht natürlich, wenn nicht jede Seite Vorteil aus der Berufsberatung ziehen möchte. So ergibt sich eine beinahe tragisch zu nennende Stellung des Berufsberaters. Beiden Interessen möchte er gerecht werden und doch muß völlige Unparteiischkeit gewahrt bleiben. Das Problem, ob die Berufsberatung mehr die Interessen der Wirtschaft oder die des Einzelnen wahrzunehmen hat, ob eine Unparteiischkeit überhaupt möglich ist, soll in einem besonderen Kapitel V behandelt werden. —

Der letzte Grundsatz endlich, der der Gemeinnützigkeit, ergibt sich aus der Aufgabe der Berufsberatung, nämlich alle Bevölkerungskreise zu erfassen. Nur eine unentgeltliche Beratung kann gerade die ärmeren Schichten der Bevölkerung heranziehen. Da der Berufsberatung auch die Lehrstellen-Vermittlung angegliedert ist, könnte ein besonderes Entgeld zu Bestechungen und unlauterer Geschäftshandhabung führen. Ein altes Sprichwort sagt schon: „Bezahlter Rat ist oft Verrat!". — Die Unentgeltlichkeit schließt natürlich den Ersatz solcher Auslagen nicht aus, die über das Durchschnittliche hinausgehen, wie Inserate, Porti, Telefongebühren usw.

Auch das neue Gesetz räumt sowohl der öfftl. Arbeitsvermittlung als auch der öfftl. Berufsberatung kein unbeschränktes Monopol ein. Die gewerbsmäßige Stellenvermittlung ist vom 1. 1. 1931 ab verboten. (§ 55 AVAVG.). Unentgeltliche Berufsberatung ist Einzelpersonen, Personen-Vereinigungen und wirtschaftlichen Berufsverbänden gestattet, doch mit der Einschränkung, daß Berufsberatung ebenso die Lehrstellenvermittlung nicht zur Werbung von Mitgliedern für wirtschaftliche, religiöse und politische Vereine benutzt werden darf. (Lt. Verordn. v. 12. 5. 1923 enth. in V. v. 29. 9. 1927.) Auch den Gemeinden steht es somit frei, besondere Beratungsstellen zu schaffen. Da aber die öffentlichen Berufsämter ausreichend sind, nehmen die Gemeinden davon Abstand. Somit kommt eine außerbehördliche Berufsberatung nur noch für nicht politisch eingestellte Organisationen der Arbeitgeber und Arbeitnehmer in Frage, evtl. noch für karikative Verbände. — Es ist kein Schade, daß die öffentliche Berufsberatung kein Monopol genießt; denn so ist sie für Anregungen von dritter Seite empfänglicher und erhält ihre notwendige Lebensfrische. Andererseits ist eine alleinige öffentliche Berufsberatung vorzuziehen, denn ihr behördlicher Charakter ermöglicht ein besseres Zusammenarbeiten mit anderen in Betracht kommenden Behörden. Als Behörde steht sie auch den Ratsuchenden wirklich unparteiisch und unabhängig gegenüber — eine Tatsache, die bei einer privaten Berufsberatung nie durchzuführen ist. Die Angliederung der Lehrstellenvermittlung ermöglicht eine bessere, umfassendere Fühlungnahme mit den maßgebenden Wirtschaftskreisen als dies bei privater Lehrstellen-Vermittlung und Berufsberatung der Fall sein kann. Auf Verbesserungen irgendwelcher Art in der Praxis zu dringen wird Einrichtungen privater Natur fast unmöglich sein. — Damit die mit großer Mühe herbeigeführte einheitliche Berufspolitik, die ihre Grundlage in dem Anschluß der Berufsberatung an die Arbeitsämter hat, nicht gefährdet wird, hat sich die Reichsanstalt das Aufsichtsrecht über die privaten Einrichtungen vorbehalten. Das Verhältnis der Reichsanstalt zu privater Berufsberatung regelt die „Verordnung über Geschäftsführung, Gebühren und Beaufsichtigung nichtgewerbsmäßiger Einrichtungen zur Arbeitsvermittlung und Berufsberatung außerhalb der R.A.f.A.V. u. A.V. vom 29. 9. 1927 (Reichsarbeitsbl. S. 437 27). Die Verordnung bestimmt, daß mit der Ausübung nur die Personen beauftragt werden dürfen, welche auf dem Gebiete der Berufsberatung, der Berufs- und Jugendkunde die erforderliche Sachkenntnis besitzen. Diese Sachkenntnis ist nicht näher gekennzeichnet. Doch darf man annehmen, daß sie sich nach den Kenntnissen eines öffentlichen Berufsberaters zu bemessen hat. Analog der Verordnung vom 29. 9. 1927 (Reichsarbeitsbl. S. 449) über Berichterstattung der Arbeitsämter über Berufsberatung und Lehrstellenvermittlung obliegt diese auch den nichtgewerbsmäßigen Einrichtungen außerhalb der R.A. Sie haben weiterhin in Fühlungnahme mit den öffentlichen Beratungsstellen zu bleiben und überzählige freie Lehrstellen dem Berufsamt zu melden. — Die Aufsicht der Reichsanstalt erstreckt sich auf Gesetzmäßigkeit und Zweckmäßigkeit der privaten Einrichtungen.

IV. Kapitel.

Der Aufgabenkreis der Landesberufsämter.

Um in Zusammenhang mit dem III. Kapitel zu bleiben, sei vorweg genommen, daß die Landesberufsämter (innerhalb der Landesarbeitsämter) die Aufsicht über private Berufsberatung und Lehrstellenvermittlung führen. Errichtung und Auflösung obliegt der Zustimmung der Landesberufsämter. Letztere können auch eine zwangsweise Auflösung oder eine Ueberführung in die Reichsanstalt herbeiführen, wenn die betr. Einrichtung zwecklos für den Arbeitsmarkt ist oder den öffentlichen Interessen zuwider läuft (s. § 50, 51 AVAVG.). Besonderes Augenmerk hat das Landesberufsamt auf die sogen. Berufsfänger zu richten. In den bekannten Inseraten, z. B. „Wollen Sie zur See“ oder „Wollen Sie zum Film” usw. wird an die Abenteurerlust und den Leichtsinn junger Leute appelliert und so eine oft recht dunkle Stellenvermittlung getrieben. Auch hat es allen Auswüchsen entgegenzutreten, z. B. die Geschäftshandhabung der zahlreichen privaten Fortbildungsanstalten zu prüfen, die sich hochtönende Titel beilegen und in sogen. „Schnellkursen” und „Fernunterrricht” den Gläubigen für die höchsten Stellen heranzubilden versprechen. — Derlei Geschäftspolitik widerläuft gerade dem Ziel der Berufsberatung, die eine gründliche Berufsausbildung anstrebt. M. E. wird dem Treiben dieser Schwindelinstitute viel zu wenig Beachtung geschenkt.

Die Landesberufsämter führen die Fachaufsicht über die Berufsämter; sie sind ihnen übergeordnet, während die Hauptstelle den Landesberufsämtern nebengeordnet ist. „Die Entstehung einer R.A.f.A.V.A.V. hat einen streng zentralistischen Zug in die Organisation gebracht. Nunmehr sind für die Landesberufsämter die Weisungen des Vorstandes, für die Arbeitsämter die Anweisungen des Vorstandes und der Landesarbeitsämter maßgebend. Unter diesen Umständen wird man die oft wiederholte und unbestrittene Tatsache, daß der Erfolg der Berufsberatungsarbeit letzten Endes von der Person des Berufsberaters und die weitere Entwicklung von den örtlichen Stellen abhänge, nicht mehr als unbedingt gelten lassen dürfen. In Zukunft wird das Schwergewicht in den Landesstellen ruhen. Deshalb wird es von äußerster Wichtigkeit sein, daß diese Stellen von den besten Sachkennern besetzt werden.“ [1])

Weiter oben wurde schon darauf hingewiesen, daß die Neueinteilung der Landes- und Arbeitsämter nach wirtschaftsgeographischen Merkmalen erfolgte. Besondere Sorgfalt wurde bei der Neueinrichtung der Landesämter darauf gelegt, daß jeder Amtsbezirk eine bestimmte Industriegruppe z. B. Braunkohlen, Spielwaren, Seidenherstellung, Korbweidenflechterei usw. umfaßt. Nur so ist es möglich, auf den lokalisierten Arbeitsmarkt einwirken zu können.

Die ehemaligen 22 Landesarbeitsämter sind zu 13 zusammengelegt worden. Die folgende Aufstellung zeigt deutlich, daß bei der Neueinteilung politische Gesichtspunkte außer Acht gelassen wurden. Wir besitzen:

[1]) List: Zur Neugest. der Berufsber. innerhalb der R. A. S. 662 „Arbeit und Beruf“ Heft 21, 6. Jahrg.

1. Das Landesarbeitsamt **Ostpreußen. Sitz Königsberg.** (Umfaßt die Prov. Ostpr.)

2. " " " **Schlesien. Sitz Breslau.** (Provinz Ober- und Niederschlesien und Kr. Fraustadt.)

3. " " " **Brandenburg. Sitz Berlin.** (Berlin, Prov. Brandenburg, Prov. Grenzmark, Posen, Westpreußen ohne Fraustadt.)

4. " " " **Pommern. Sitz Stettin.** (Freistaat Mecklenburg-Strehlitz ohne Ratzeburg).

5. " " " **Nordmark. Sitz Hamburg.** (Pr. Schleswig-Holstein, Fr. St. Hamburg, Mecklenburg-Schwerin, Lübeck, Grafschaft Lauenburg u. die oldenburgischen Landesteile Lübeck, die hannov. Kr. Hadeln, Neuhaus, Vehdingen, Stade, York u. Harburg.)

6. " " " **Niedersachsen. Sitz Hannover.** (Pr. Hannover ohne Kr. Hadeln, Neuhaus, Vehdingen, Stade, York u. Harburg, Fr. Oldenburg ohne die Landkreise Lübeck u. Birkenfeld, Fr. St. Bremen, Fr. St. Braunschweig, Schaumburg-Lippe u. Kr. Rinteln.)

7. " " " **Westfalen. Sitz Dortmund.** (Pr. Westfalen u. Lippe-Detmold.)

8. " " " **Rheinland. Sitz Köln.** (Rheinprov. ohne Kr. Wetzlar u. den Oldenbg. Landest. Birkenfeld)

9. " " " **Hessen. Sitz Frankfurt.** (Pr. Hessen-Nassau, ohne Kr. Rinteln, Schmalkalden, den Freistaat Hessen und Waldeck.)

10. " " " **Mitteldeutschland. Sitz Erfurt.** (Pr. Sachsen, Fr. St. Thüringen, Fr. St. Anhalt, Kreis Schmalkalden.)

11. " " " **Sachsen. Sitz Dresden.** (Freistaat Sachsen)

12. " " " **Bayern. Sitz München.** (Freistaat Bayern ohne Pfalz.)

13. " " " **Südwestdeutschland Sitz Stuttgart.** (Württemb., Baden, Reg.-Bez. Pfalz u. Sigmaringen).

Besonderheiten einzelner Gebiete wird durch die Errichtung von Fachabteilungen Rechnung getragen, z. B. die Errichtung von Fachabteilungen für Angestellte, für Heimarbeiter, für Land- und Forstwirtschaft (s. § 28[1]). Für die Fachabteilungen sind Fachausschüsse zu bilden, die aus dem Vorsitzenden des Verwaltungsausschusses und Vertretern der Arbeitnehmer und Arbeitgeber bestehen (§ 27) —

Dem Landesberufsamt obliegt neben der Fachaufsicht die Aufgabe, die Arbeitsverhältnisse und die Bedürfnisse der Wirtschaft für ihren Amtsbezirk zu prüfen, um so arbeitsmarktpolitische Richtlinien aufstellen zu können, die immer den benötigten Nachwuchs in die richtigen Bahnen zu lenken versuchen. Der Berufsberater, der im Berufsamt praktische Tätigkeit ausübt, hat nicht die Zeit dazu, sich selbst um die Bedürfnisse auf dem Arbeitsmarkt zu kümmern. Es bedarf zu dieser Forschung umfangreicher statistischer Unterlagen, hervorragend geschulter volkswirtschaftlicher Kräfte, um wirklich vorbeugende Arbeitsmarktpolitik treiben zu können. - Da alle Wirtschaftszweige in organischem Zusammenhang stehen, ist ein reger Meinungsaustausch mit Handelskammern, Handwerkskammern, den anderen Landesämtern, den Wirtschaftsverbänden, den verschiedenen statistischen Aemtern und Ministerien usw. nötig. Die Bearbeitung der Unterlagen, die Erledigung des Schriftenverkehrs kann darum nur von einer auf arbeitsmarktpolitische Forschung eingestellte Behörde, wie sie das Landesarbeitsamt und Landesberufsamt darstellt, vorgenommen werden. Das ist ja der große Vorteil der Angliederung der Berufsberatung in die Reichsanstalt, daß ihr im reichsten Maße alle Hilfsmittel zur Verfügung stehen, um eine wirklich nutzbringende Berufspolitik treiben zu können. Das Landesamt bereitet das notwendige Fundament vor, auf dem dann der Berufsberater versucht, die Brücke zwischen Arbeit und Beruf zu schlagen. „Das ist aber nur möglich, wenn der Bedarf der Volkswirtschaft an Arbeitskräften und Berufsanwärtern sowohl hinsichtlich der Zahl als auch der Art und Güte der Ausbildung wenigstens einigermaßen bekannt ist und sich für eine Reihe von Jahren überblicken läßt. Diesen Bedarf festzustellen und im Rahmen der Volkswirtschaft planmäßig auszugleichen, ist eben Aufgabe der Berufspolitik." [1]) Die berufskundlichen Unterlagen bietet die Wirtschaftsstatistik, insbesondere die Arbeitsmarktstatistik, Betriebs- und Berufsstatistik. Dem Landesberufsamt liegt vornehmlich die Auswertung der Berufsstatistik für die Berufsberatung ob. „Aufgabe der Berufsstatistik ist die Feststellung und Klarlegung des Ausmaßes und Umfanges der beruflichen Tätigkeit der Bevölkerung. Die Berufsstatistik hat somit festzustellen: 1. die Zahl der beruflich tätigen Perso-

[1]) Liebenberg: Berufsberatung, Methode u. Technik. S. 78. Verl. Quelle u. Meyer, Leipzig 1925

nen, 2. die Gliederung der Berufstätigen nach der Art ihres Berufes, 3. die Scheidung der Berufstätigen nach ihrer Stellung im Beruf." [2])

Die Berufsstatistik bietet so ein Bild von dem Aufgang und Niedergang eines Gewerbezweiges, sie zeigt, welche Berufe überlaufen sind und welche unter Nachwuchsmangel leiden. — Wir leben in einer Zeit, in der der Rückgang land- und forstwirtschaftlichen Nachwuchses im Steigen begriffen ist; wir sehen, daß der Prozentsatz ungelernter Arbeit zunimmt, daß gelernte Arbeiter die Stellung von angelernten Arbeitern einnehmen, wir konstatieren weiter, daß die Geschlechtsgliederung der erwerbstätigen Bevölkerung immer unnatürlicher wird. Morgenroth betonte in einer Rede anläßlich der Tagung des Bayer. Städtebundes die unnatürliche Struktur der erwerbstätigen Bevölkerung. „Die in der heutigen deutschen Volkswirtschaft überaus stark vertretenen produktiven Altersklassen der Bevölkerung werden zunächst immer noch eine starke Besetzung erfahren; später wird sich aber auch dies ändern. Die Ueberalterung des Deutschen Volkes wird sich noch verschärfen. Die nicht mehr voll erwerbsfähige Masse der mehr als 65 Jahre alten Bevölkerung wird fortgesetzt steigen und nach der jetzigen Altersgliederung bis 1975 zu 8,3 Mill. Menschen über 65 Jahre oder 13% der Bevölkerung führen. Gleichzeitig werden die jungen Kräfte immer mehr zurückgehen. In den Großstädten treten diese „anderen Züge einer wenig normalen Bevölkerungsentwicklung noch stärker hervor." [3]) Berufsstatistik und Bevölkerungsstatistik ergeben somit ein anschauliches Bild künftiger Entwicklung auf dem Arbeitsmarkt. — Die Aufgabe, die der Berufsberatung aus dieser unnatürlichen Verschiebung der Altersklassen erwächst, soll im letzten Kapitel behandelt werden.

Eine weitere Grundlage zur Beobachtung und Regulierung des Arbeitsmarktes bietet die Arbeitsmarktstatistik. Sie wird aus den Berichten der Arbeitsämtern und Landesarbeitsämtern gebildet. „Die systematische Arbeitsmarktbeobachtung ist ein verhältnismäßig junger Spezialzweig der Konjunkturforschung. Insbesondere hat sich um den Ausbau der Arbeitsmarktstatistik in der Vorkriegszeit der Berliner Nationalökonom Prof. Jastrow, sehr verdient gemacht. Obwohl ihm nur geringe Hilfsmittel zur Verfügung standen, ist es ihm gelungen, eine vorbildliche Arbeitsmarktstatistik zu organisieren. Diese verheißungsvollen Ansätze sind leider durch die Kriegszeit unterbrochen worden. Erst in der Nachkriegszeit kam die Arbeitsmarktbeobachtung zu neuer Bedeutung; sie wurde als eine behördliche Aufgabe der Reichsar-

---

[2]) Tyszka: Statistik. II. S. 5. Verl. G. Fischer — Jena 1924

[3]) Münchner N. N. Nr. 329, 1928, S. 20. „Tagung des Bayr. Städtebundes in Nürnberg".

beitsverwaltung, den Landesarbeitsämtern und öffentlichen Arbeitsnachweisen im Zusammenhang mit der Neuordnung des Arbeitsnachweiswesens übergeben."[4]) Sie ist für die Berufsberatung unentbehrlich. Die Arbeitsmarktstatistik ist auf der einen Seite ein ausgezeichnetes Barometer der allgemeinen wirtschaftlichen Lage, auf der anderen Seite gibt sie laufende Kenntnis von der wechselnden Zahl der beschäftigten Personen in den einzelnen Berufszweigen, zeigt einen Nachfrage oder ein Angebot von Arbeitskräften in diesen Berufen an. Die Arbeitsmarktstatistik gibt allerdings nur ein Augenblicksbild von der Lage auf dem Arbeitsmarkt. Durch Vergleich der monatlichen Statistiken ergibt sich unter Hinzuziehung der Veröffentlichungen des Instituts für Konjunkturkunde aber doch ein symptomatischer Befund über die Lage und zukünftige Entwicklung der einzelnen Berufszweige. Aufgabe der Berufsberatung ist es, Prophylaxe zu treiben, nachdem das Landesberufsamt und Landesarbeitsamt sich bemüht haben: „die soziologischen Ursachen der Ueberfüllung und Nachwuchsarmut aufzudecken, festzustellen, inwieweit Einflüsse der Konjunktur, der Mode, des örtlichen Zufalls, der Aufnahme und Ausbildungsbedingungen usw. für einen bestimmten Berufszweig sich auf die Stärke des Zustroms auswirken.[5]) Sehr interessant ist die Wahrnehmung, daß Gewerbe, die eine Krise überstanden haben, sich häufig über Nachwuchsmangel beklagen. Eine plötzliche Reduzierung der Arbeiterschaft, eine Entlassung von einer größeren Anzahl Lehrlinge nach Beendigung der Lehrzeit, Aussperrungen usw. sprechen sich herum und wirken somit als „negative" Berufsberatung. Denn jede Familie, die davon betroffen wurde, wird ihren Kindern abraten, diesen Beruf zu ergreifen. Die Berufswahl darf sich von solchen subjektiven Momenten nicht beeinflussen lassen. Aufgabe des Landesberufsamt ist es, den Dingen auf den Grund zu gehen und das Ergebnis den Berufsberatern zur Verfügung zu stellen. — An der Arbeitsmarktstatistik ist die Berufsberatungsstelle insofern aktiv beteiligt, als sie eine monatliche Erfolgsstatistik über Zahl der Ratsuchenden, Zahl der Berufswechsel dem Landesberufsamt einzuliefern hat. Weiteren Stoff für die Arbeitsmarktstatistik geben die „Meldungen der K. K., die sich regelmäßig auf etwa 12,5 Millionen Mitglieder erstrecken, 3. die Meldungen der Gewerkschaften, die regelmäßig etwa 4 Millionen Mitglieder erfassen. 4. Die Meldungen der Arbeitslosen-Versicherung. 5. Die regelmäßige Berichterstattung von Handels- und Gewerbekammern, Industrieverbänden, sowie von etwa 3500 einzelnen größeren

---

[4]) Henninger: Kritik der deutschen Arbeitsmarktstatistik, in „Arbeit und Beruf" Heft 10. 6. J. S. 301.

[5]) Hische: Der Wirtschaftliche Effekt der Berufsberatung. „Arbeit u. Beruf" Nr. 10. 6. J. S. 306.

und typischen Industriewerken." [6]) Das Landesberufsamt hat somit leicht Gelegenheit, sich des Urmateriales zu bedienen und damit tiefer Einblick in die Verhältnisse des Arbeitsmarktes nehmen zu können.

Den Landesberufsämtern liegt als weitere Aufgabe die Fortbildung der Methoden für zweckmäßige Berufsberatung ob. Da alle Berufsberatung auf psychologischer Grundlage beruht, (die arbeitsmarktpolitischen Erwägungen rangieren an zweiter Stelle, s. Kap. V) bedarf es einer Zusammenarbeit mit den Stellen, die psychologische Forschung und Arbeit treiben. Es kommen da in Betracht: Wissenschaftliche Institute für Arbeitspsychologie an Universitäten und Technischen Hochschulen, städtische psychologische Institute, Industriewerke, die über psychotechnische Laboratorien verfügen usw. Daneben gilt es mit Vertretern der Schulen, der Berufs- und Arbeitsschulen, mit Arbeitgeber- und Nehmer-Verbänden usw. Verhandlungen zu pflegen, um die Methoden der Berufsberatung der Entwicklung der Zeit anzupassen.

Der Zeitschriften über Pädagogik und angewandte Psychologie sind sehr viele. Auch diese gilt es zu sichten und der praktischen Berufsberatung nutzbar zu machen. — Ueberaus wichtig ist die Entwicklung der Berufskunde. Eine Berufsberatung ist praktisch unmöglich, wenn man nicht weiß, welche Elemente das Wesen eines Berufes bestimmen. Erst wenn man diese und daraus die Anforderungen, die der Beruf an den Berufsanwärter stellt, genau kennt, kann man über die Eignung des Anwärters für diesen Beruf ein Urteil fällen. Das Landesberufsamt hat nicht nur Berufsanalysen durchzuführen, sondern diese auch so zusammenzustellen, daß der Berufsberater praktisch daraus Nutzen ziehen kann. „Wir können nicht von dem Berufsberater verlangen, wenn sich herausstellt, daß der Berufsanwärter für einen bestimmten Beruf nicht geeignet ist, nun alle vielleicht bloß nach Fachgruppen oder nach Alphabeth geordnete Berufsanalysen einzeln durchzugehen und mit den Eigenschaften der Berufsanwärter zu vergleichen. Das wäre eine unendlich mühselige und zeitraubende Arbeit.[7]) Darum muß dahin gestrebt werden, „daß in dem System der Berufe der eine Beruf direkt neben den ihm in psychologischer Hinsicht am nächsten liegenden Beruf zu stehen kommt und zwar soweit es für die einzelnen Berufe wichtigen Haupteigenschaften ankommt."[8]) — In dieser Hinsicht ein System in die Berufskunde zu bringen, ist noch recht wenig geschehen — aus dem einfachen Grunde, weil es noch an Berufsanalysen überhaupt mangelt, ein Mißstand,

---

[6]) Gleitze: Die Deutsche Arbeitsmarktstatistik in „Die Arbeit" 5. Jahrg. 3. Heft. S. 172.

[7]) Busold: Berufsberatung und Berufsauslese. S. 32. München 28.

[8]) Wilb. Weber: Praktische Psychologie im Wirtschaftsleben S. 29. Verl. J. Ambr. Barth. Leipzig 1927.

von dem noch des öfters die Rede sein wird. — Besonders verdient hat sich das Landesarbeitsamt Sachsen-Anhalt in Magdeburg um die Berufskunde gemacht; es hat im Auftrag der Reichsarbeitsverwaltung das bekannte „Handbuch der Berufe" I und II herausgegeben.

Eng mit der Fortbildung der Berufsberatung ist die Ausbildung und Fortbildung der Berufsberater verbunden. Die Berufsberater rekrutieren sich aus den verschiedensten Berufen. Eine bestimmte Vorbildung, eine akademische oder Verwaltungsprüfung ist noch nicht vorgesehen. Die Allgemeinen Bestimmungen vom 12. V. 23 geben nur den heute noch gültigen Rahmen; sie fordern ein Mindestalter von 28 Jahren, eine mindestens fünfjährige erfolgreiche Tätigkeit im Berufsleben, auf die jedoch ein einschlägiges Hochschulstudium in Anrechnung gebracht werden kann, Sachkenntnis auf dem Gebiete der Berufsberatung, der Berufs- und Jugendkunde und Erfahrung in der Behandlung Jugendlicher. Der Berufsberater ist kein Beamter, sondern auf Grund eines Privatdienstvertrages angestellt. Das A. N. G. bestimmte schon in § 13, daß ein Berufsberater auf Grund privatrechtlichen Dienstvertrages anzustellen sei. Das AVAVG. hat diese Bestimmung aus psychologisch wohl durchdachten Gründen aufrechterhalten (s. § 33, Abs. 3). Menne kennzeichnet mit treffenden Worten die Jdealgestalt des Berufsberaters: „Persönlichkeiten, von guter Allgemeinbildung, umfassender Berufserfahrung und anerkannten Berufsleistungen, ausgestattet mit klarem Kopf und warmen Herzen, mit wirtschaftlichen Blick und sozialen Verständnis, mit Menschenkenntnis, persönlicher Initiative und ausgesprochenem Problembewußtsein, mit tadellosem kultivierten Auftreten und gewinnender Verhandlungstechnik"[9]) sind allein für den verantwortungsvollen Posten eines Berufsberaters geeignet. Die Aufgaben, die der Berufsberater zu bewältigen hat, sind außerodentlich umfassend. Es gilt nicht nur Eignung und Neigung des Ratsuchenden zu prüfen, sondern auch dessen häusliche Verhältnisse, finanzielle Lage, Dauer der Lehrzeit, Ausbildungsmöglichkeiten, allgemeine wirtschaftliche Lage des Berufszweiges, Zukunfts- und Aufstiegsmöglichkeiten zu berücksichtigen. Deshalb ist der Ausspruch Mennes: „Mit den tragenden Persönlichkeiten steht und fällt die ganze Institution",[10]) nur allzu berechtigt. Angehende Berufsberater werden meist zuvor als wissenschaftliche Hilfsarbeiter beim Arbeitsamt angestellt, um sich mit den verschiedenen Zweigen der Arbeitsvermittlung und Berufsberatung vertraut zu machen. Um aber doch eine gewisse Einheitlichkeit in die Ausübung der Berufsberatung und in das Können der Berufsberater zu bringen, veranstalten die Landesberufsämter Lehr-

[9]) Menne: Berufsberatung als Aufgabe der Staats- u. Wirtschaftspolitik „Arbeit und Beruf" Heft 10. 6. Jg. S. 314.

[10]) Menne: ebenda.

gänge für angehende Berufsberater, die einen Zeitraum von 2 bis 3 Monaten einnehmen. Auch das Zentralinstitut für Erziehung und Unterricht veranstaltet derartige Lehrgänge, in denen jedoch das pädagogische Moment besonders berücksichtigt wird. Seit Bestehen der öffentlichen Berufsberatung sind erst vier Lehrgänge abgehalten worden, so 1925 in Berlin für Nordostdeutschland, Mitteldeutschland, im selben Jahre in Düsseldorf für Westdeutschland, 1926 in Frankfurt für Südwestdeutschland und in Hannover für Norddeutschland. Zur besseren Kennzeichnung des in einem solchen Lehrgang behandelten Stoffs, entnehme ich einem Bericht über den 4. Lehrgang in Hannover folgenden Abschnitt: Entsprechend der Doppelstellung der Berufsberatung zwischen Mensch und Arbeit gliederte sich der behandelte Stoff in diejenigen Wissenschaften, deren Gegenstand der Mensch ist und in diejenigen, die sich auf die Arten und Formen der menschlichen Arbeit erstrecken. Zu beiden Gebieten trat als verbindend und regelnd die Rechtswissenschaft. Dementsprechend wurde als grundlegend für die Berufsberatung behandelt: als Wissenschaften vom Menschen: Unterrichts- und Bildungswesen, die verschiedenen Schulformen, Gewerbehygiene und Berufskrankheiten, Jugendkunde, Berufspsychologie, Menschenwirtschaft und Menschenführung, Wohlfahrts- und Fürsorgeeinrichtungen, als Wissenschaften von der Arbeit: Volkswirtschaftslehre, Wirtschaftsgeographie, Berufskunde der wichtigsten männlichen und weiblichen Berufe, Arbeitsnachweiswesen, Erwerbslosenfürsorge, und schließlich die einschlägigen Gebiete der Gesetzeskunde. Den weitesten Raum nahm naturgemäß die Anwendung der genannten Gebiete auf die Praxis und Technik der Berufsberatung ein." [11]) Die Kursteilnehmer nahmen weiterhin an den Untersuchungen des städt. psychologischen Instituts teil, machten sich mit den Untersuchungsmethoden vertraut und sahen die praktische Wertung aller Unterlagen für die Eignungsfeststellung.

Wenn man sich aber überlegt, wie unendlich schwierig es ist, zur Eignungsprüfung (s. Kap. VIII) Stellung zu nehmen, wie verantwortungsvoll es ist, auf Grund der vorhandenen Unterlagen wie Schulzeugnis, Beobachtungsbogen usw. (s. Kap. VII) ein Urteil über den Ratsuchenden zu fällen, wie problematisch überhaupt die Stellung der Berufsberatung zu Wirtschaft und Einzelnen ist, (s. Kap. V, X und XI), so muß — zumal in Anbetracht der großen Stoffülle — ein Lehrgang von einem Vierteljahr als zu kurz bezeichnet werden. Jeder Kursteilnehmer fühlt sich wohl auf Grund besonderer Fähigkeiten auf wirtschaftlichem, jugendkundlichem oder pädagogischem Gebiete für den Posten eines Berufsberaters prädestiniert; die Berufsberatung hat es aber nicht mit einem

[11]) Hische: IV. Lehrgang für Berufsberater in Hannover. S. 275 in Arbeit und Beruf. Heft 9, 6. J.

Gebiet zu tun, sondern mit dem Leben selbst und dieses kennt keine Grenzen der Anforderungen. Gerade, weil in der Berufsberatung der Leiter als Persönlichkeit die erste Rolle spielt, ist ein geregelter Ausbildungsgang zu fordern. Es tut nicht gut, wenn man z. B. einen Arbeitsnachweisbeamten nach Absolvierung eines solchen Lehrganges zum Berufsberater einsetzt. Im Interesse der Berufsberatung, die nur auf Grund eingehender wissenschaftlicher Studien ausgeübt werden kann, muß ein Ausbildungsgang angestrebt werden, der nach gründlichem Studium der Volkswirtschaftslehre und verwandter Disziplinen, der Pädagogik und Psychologie eine Art Referendarzeit als wissenschaftlicher Hilfsarbeiter vorsieht. Hierauf empfiehlt sich ein nochmaliger kurzer Ausbildungsgang zur Vertiefung und glücklichen Vereinigung der theoretischen und praktischen Kenntnisse. So schreibt auch einmal Naumann in den „Volkswirtschaftlichen Blättern": „Es ist darum an der Zeit, daß man die Ausbildung des Berufsberaters weiter treibt. Nicht, daß man die oben erwähnten Kurse noch weiter ausdehnt. Das wird seine Grenzen in der Berufstätigkeit haben. Man muß vielmehr zusehen, daß der Berufsberater eine Laufbahn erhält. — Aber die Vorteile, die die Berufsberatung jetzt hat, brauchen durchaus nicht verloren zu gehen, wenn man eine genau geregelte Vorbildung schafft. Es werden sich auch trotzdem für hervorragend geeignete Persönlichkeiten Mittel und Wege finden lassen. Es wird aber vermieden werden, daß man durch irgendwelche Umstände ungeeignete Elemente in das Amt bringt, die sich nachher schwer wieder abstoßen lassen. Jeder Berufsberater bringt dann wenigstens eine ganz bestimmte theoretische und praktische Schulung mit.[12]) Eine gewisse Schablone, ein genau vorgezeichneter Weg ist allemal einem sich leicht einschleichenden Dilettantismus vorzuziehen, der alles „weiß" und doch nichts „kann". Und gerade letztere Gefahr ist bei den kleineren Berufsämtern ziemlich groß. Die Berufsberatung ist noch ein junges oberflächlich gepflügtes Gebiet. Darum soll man den Berufsberater wenigstens mit allem Wissen versehen, das einer bestmöglichen Beratung dienlich ist. Da es sich um die Eingliederung des wichtigsten Bestandteiles des Volkes, — der Arbeitskraft — in den Produktionsprozeß handelt, ist es besser, man beugt einer Erhärtung der Berufsberatung durch „Wasser und Feuer" durch mildere Maßnahmen vor.

---

[12]) Naumann: Zur Vor- und Ausbildung der Berufsberater. „Volkswirtschaftl. Blätter", 22. Jahrg. Nr. 5/6, S. 168.

V. Kapitel

Prinzipielle Einstellung der Berufsberatung zur Berufspolitik

Die Richtlinien für die Handhabung der Berufsberatung gibt § 58, Abs. 2 AVAVG.: „Die Berufsberatung hat einerseits die körperliche und geistige Eignung, die Neigung und die wirtschaftlichen und Familienverhältnisse des Ratsuchenden, andererseits die Lage des Arbeitsmarktes und die Berufsaussichten angemessen zu berücksichtigen." — Menschliche und wirtschaftliche Belange sind demnach in gleichem Maße zu berücksichtigen. Auch Artikel 163 der RV. bestimmt: Jeder Deutsche hat unbeschadet seiner persönlichen Freiheit die sittliche Pflicht, seine geistigen und körperlichen Kräftc so zu betätigen, wie es das Wohl der Gesamtheit erfordert."

Die Berufsberatung ist nun eine menschliche Einrichtung, die aus dem Bewußtsein heraus geschaffen ist, daß der Einzelne dem großen Räderwerk der Wirtschaft ohnmächtig gegenübersteht und daß es einer leitenden Hand bedarf, die alle vermeintlichen Hemmungen hinwegräumt und den Menschen an dem Platz im Wirtschaftsleben eingliedert, der seiner Neigung entspricht. In dem Augenblick, in dem diese Eingliederung vorgenommen wird, muß sich der Berufsberater über die Frage klar sein: Habe ich damit dem Einzelnen gedient oder aber einseitig die Wirtschaft gefördert? Die Berufsberatung bildet die Brücke zwischen Mensch und Beruf. In der Mitte liegt aber die Spannung, die Gefahr für die Berufsberatung, „denn die notwendige Reglementierung wird nicht immer von beiden Seiten einmütig beurteilt werden. Es kann der Fall eintreten, daß die eine Seite eine starke Nachwuchswerbung für notwendig hält, während die andere Seite die Notwendigkeit verneint. Lohnpolitik kann volkswirtschaftliche Gesichtspunkte zurückdrängen."[1]) — Die Berufsberatung wird finanziell von Arbeitgebern und Arbeitnehmern getragen. Beide blicken in Zweifelsfällen auf die Berufsberatung und beide erwarten die Vertretung ihrer Interessen. Hält sich die Berufsberatung zurück, so wird sie von der Unternehmerschaft als wirtschaftlich unproduktiv angesehen. Vertritt sie die Interessen der Arbeitgeber, so ist es um die so nötige Popularität, um das notwendige Vertrauen geschehen — denn dann ist die Berufsberatung in den Augen der Menge lediglich eine Einrichtung, die dem Kapitalismus neue Kulis zujagt. Letztere Gefahr wird verstärkt durch die Einfügung in das Arbeitsamt. So nützlich dies auch erscheint, in diesem Punkt wirkt sie nachteilig, weil das Arbeitsamt wirtschaftlich ein-

---

[1]) List: Zur Neugest. der Berufsberatucg. S. 662. Arbeit und Beruf 21. Heft, 6. J.

gestellt ist und trotz Berücksichtigung der Vorbildung und Eignung bestrebt ist, die Massen der Arbeitslosen dorthin zu stopfen, wo eine Lücke in der Wirtschaft herrscht. Die Politik mag für das Arbeitsamt richtig sein, um jedes Brachliegen menschlicher Arbeitskraft zu verhindern. Für die Berufsberatung ist sie jedoch grundfalsch. Nie darf sie eine Berufsberatung zur Regelung eines Augenblicksbedarf vornehmen. — Die Berufsberatung soll ein neutrales Institut sein, das den Interessen des Einzelnen und der Allgemeinheit gleichermaßen dient. Obwohl es ersichtlich ist, daß, wenn man jeden auf den ihm zusagenden und seinen Anlagen entsprechenden Platz stellt, die Einzelleistungen gesteigert, und diese zusammen eine Höchstleistung der Wirtschaft ergeben müssen, läßt man doch ein Hintertürchen zwecks Erhaltung der Gunst der Wirtschaft offen und argumentiert damit, daß die Interessen des Einzelnen bei schwierigen Lagen der Wirtschaft zurückzutreten haben. So bemerkt Fischer: „In unserer Lage kann sich der Mensch nur selten den Luxus leisten, nur das treiben zu wollen, was ihm gerade liegt oder wofür er eine persönliche Liebhaberei mitbringt. Wir gehören als Arbeitskräfte heute weniger wie je uns selbst."[2]) Und Höhn spricht ganz offen aus: „Denn es darf nicht verkannt werden, daß schließlich die Bedürfnisse der Wirtschaft eine ausschließliche Rolle spielen. Einem etwa infolge Umstellung gewisser Produktionsgruppen eintretender Bedarf an Arbeitskräften, der durch die Vermittlungsämter nichtgedeckt werden kann, werden die Berufsberatungsämter Rechnung tragen müssen, indem sie neu in das Berufsleben Eintretende diesem Berufe zuführen, wobei das pädagogisch-kulturelle Moment ganz zwangsläufig in den Hintergrund treten wird, weil bessere Verdienstmöglichkeiten bis zu einem gewissen Grad für den Stellensuchenden für den Augenblick wichtiger sind, als persönliche Veranlagung und Ambition.[3]) Besonders letzteres Zitat zeigt deutlich, welche Verkennung über den Zweck der Berufsberatung noch in Berufsberaterkreisen herrscht. Es soll ja gerade der Zweck der Berufsberatung sein, dem Einzelnen bei der Berufswahl beizustehen. Bis jetzt war der Einzelne ja meist ein Spielball wirtschaftlicher Interessen. Er glaubte aus eigenem Entschluß einen Beruf erkürt zu haben, und doch mußte er sich den Wünschen der Wirtschaft fügen. Es ist klar: Wenn die Wirtschaft notwendiger Arbeitskräfte bedarf, so deckt sie diesen Bedarf auf allen verfügbaren Wegen, zieht z. B. wie die Landwirtschaft auch fremde Arbeiter ins Land. Hierdurch wird wohl der Berufsberatung geschadet, da diese ja notwendiges Interesse daran haben muß, daß die

---

[2]) Fischer: Berufsamt und Schule. „Pädagogische Post", IV. Jahrg. Nr. 26 S. 331.

[3]) Höhn: Die Bedeutung der Berufsberatung für die Wirtschaft. „Arbeit u. Beruf" Heft 10, 6. Jahrg. S. 311.

Wirtschaft die auf ihre Eignung für den besten Beruf Geprüften und Beratenen auch aufnimmt. Die Berufsberatung ist noch eine junge Einrichtung; daß sich hier Schwierigkeiten ergeben müssen, ist selbstverständlich. Eine gesunde Entwicklung geht nie ohne Kämpfe und Krisen ab. Der Entwicklung der Berufsberatung wird aber geschadet, wenn man von vornherein den Wünschen irgendeines Berufszweiges nachgibt. Denn dann ist die Berufsberatung keine Einrichtung mehr, die den für den Ratsuchenden geeignetsten Beruf heraussucht, und ihm behilflich ist, ihn auch tatsächlich ausüben zu können, sondern dann ist sie ein bloßes Instrument der Wirtschaft, das mit der Arbeitsvermittlung verschmolzen werden kann. Man tröstet sich in Berufsberaterkreisen, daß es dem Einzelnen oft gleich ist, auf welchen Platz man ihn stellt. Ausgesprochene Begabung und Neigung sind bei den Einzelnen meist nur schwach betont. Der Wirtschaft ist gedient und der Beratene ist zufrieden, daß er ohne Anstrengung einen auskömmlichen Beruf gefunden hat. Dieser Argumentation ist wohl beizustimmen. Woher kommt aber diese Gleichgültigkeit des Einzelnen? Sie ist doch nur durch das heutige Wirtschaftssystem entstanden, das den Menschen zum Objekt stempelt. Und Aufgabe der Berufsberatung muß es sein, diese Gleichgültigkeit in der Berufswahl zu bekämpfen, dem Menschen Selbstbewußtsein und Berufsfreude zu geben. Dies sei im Folgenden noch näher erläutert.

Die Uneinheitlichkeit der Berufspolitik zeigt sich in der vorherrschenden Zweiteilung: in quantitative und qualitative Berufspolitik. Erstere berücksichtigt die Bedürfnisse der Wirtschaft, leitet den Berufsanwärter den „richtigen" Berufen zu (von Angebot und Nachfrage aus gesehen), die letztere nimmt auf die Eigenart des Ratsuchenden Rücksicht. Bei der letzteren herrscht wieder insofern Unsicherheit, weil nicht die Eigenart allein ausschlaggebend sein kann und nur zu oft finanzielle Lage und andere häusliche Verhältnisse berücksichtigt werden müssen. Dies anerkennt auch Petersen, wenn er sagt: „Die Problematik der Berufsberatung liegt nun aber nicht nur in der Unsicherheit der beiden Ausgangspunkte ihrer Tätigkeit (Wirtschaft und Mensch), sondern in besonderem Maße auch gerade in der Tatsache, daß es mehrere Gesichtspunkte gibt, deren Priorität in jedem Beratungsfall entschieden werden muß.[4]) Um zu einer Einheitlichkeit in der Politik der Berufsberatung zu kommen, ist es nötig, einen Blick auf die heutigen Verhältnisse in Bezug auf den arbeitenden Menschen zu werfen.

Wir leben in einer Zeit des Hochkapitalismus, einer Zeit, in der das Kapital der erste Träger der Wirtschaft ist. Kapital über dem Menschen — Kapital gegen den Menschen — ja

[4]) Petersen: Monographie eines deutschen Arbeitsamtes S. 81, Verl. Kohlhammer, Stuttgart. 1927.

Kapital gegen Kapital! Ebenso wenig wir heute die Maschine entbehren können, ist auch das Kapital zu entbehren. Der Kapitalismus wird bleiben, mag er auch sein Kleid ändern." Man frage sich doch, wodurch sich ein großes Genossenschaftshaus und ein kapitalistisches Warenhaus, ein kommunistisches und ein kapitalistisches Hochofenwerk, eine städtische oder eine kapitalstische Straßenbahn voneinander unterscheischeiden — und man wird nichts Wesentliches finden."[5]) — Es kommt aber darauf an, den Mammonismus auszuschalten, jenen exzentrischen Kapitalismus, der den Menschen zum Sklaven stempelt, jenen Materialismus, der unser ganzes Wirtschaftsleben durchseucht, und Arbeitgeber wie Arbeitnehmer ergriffen hat. So wird auch die Berufsfrage materialistisch behandelt. Man verkennt den göttlichen, sittlichen Kern des Berufes. Man arbeitet, um leben zu können. Arbeit auf Grund einer inneren, sittlichen Ueberzeugung ist ein dünn besätes Gebiet. „Großmächte des Lebens haben sich durchgesetzt und regieren: Das Kapital, die industrielle Produktion, die Presse, die politische Organisation. In Körperpflege und Sport ist der Kunst und dem wissenschaftlichen Buch ein starker Konkurrent erwachsen. Der Verbrauch der Kräfte durch die Berufstätigkeit hat an die Stelle einer reifen Innenkultur die vielen Erscheinungen eines raschen, grellen Vergnügungslebens gesetzt."[6]) — So arbeitet man, um Geld zu verdienen, um Mittel für die Ausübung eines „Nebenberufes" wie Sport, Politik, Vereinstätigkeit usw. zu gewinnen. Die Arbeitsfrage ist ein reines Problem der Lohnfrage geworden. Und der Lohn ist nicht mehr redliches Entgelt für eine Leistung, sondern eine Rechengröße im Kostenplan des Unternehmers. Der Unternehmer fragt nicht nach dem Trieb, der den Arbeitenden zu seinem Beruf treibt, ihn interessieren keine individuellen Verhältnisse. Er fragt nur: Was kostet Deine Arbeitskraft? Der Mensch sinkt so zur Nummer herab. Er selbst ist eine zwangsmäßig einkalkulierte Größe, die mit der Arbeitsleistung in Kauf zu nehmen ist. So sucht man für den Lohn, den man zahlt, das Menschenmöglichste an Arbeitsleistung aus dem Arbeitenden herauszupressen. „Die heutige Wirtschaftsorganisation ist auf der vollen Kraft des gesunden Menschen der verhältnismäßig kurzen „besten" Jahre aufgebaut, mit der Tendenz, die Arbeitskraft frühzeitig zu nutzen und auch frühzeitig wegzuwerfen, also eine Art Raubbau zu treiben." Das große Heer der Arbeiter fühlt instinktiv, worum es sich handelt und versucht, seine Arbeitsleistung so teuer wie nur möglich zu verkaufen; nur vergißt es dabei, daß der Arbeitgeber auch nur ein Diener des Kapitals ist. So zieht

[5]) Sombart: Das Wirtschaftsleben i. Zeitalter des Hochkapitalismus S. 1016. Verl. Duncker u. Humboldt. München-Leipzig 1927.

[6]) Braun: Die Macht des Seelischen. S. 129. V. Oldenbourg, München-Berlin 1927.

es die Lohnschraube unentwegt an — auf Kosten der Kapitalbildung — und gestaltet durch die künstlich gesteigerten Löhne das Wirtschafts- und damit auch das Berufsleben immer schwieriger. — Da der Mensch die Arbeit nur nach dem gezahlten Lohn einschätzt, erniedrigt er sich selbst und darf sich nicht wundern, daß auch der Arbeitgeber ihn nur als Kostenfaktor behandelt. Diese Feststellungen haben besondere Wichtigkeit für die Berufswahl. Dort, wo das Entgelt für geleistete Arbeit den höchsten Satz erreicht, dorthin streben die Massen. Da die Wirtschaft aber heute auf dem Lohn basiert, darf uns diese Gleichgültigkeit in der Berufswahl nicht Wunder nehmen. Will man hier eine Wandlung schaffen, so ist der Hebel beim Menschen anzusetzen. Das Ziel muß sein, ihn wieder zum Mittelpunkt, zum Träger der Wirtschaft zu erheben. Nur als Subjekt der Arbeitsleistung kann er Arbeitsfreude empfinden und den Beruf als Lebensinhalt schätzen lernen, nicht als einen Nebenberuf, den man nach Feierabend so rasch wie möglich von sich abschüttelt. So paradox es klingt: Als ersten Versuch in dieser Richtung kann man die Rationalisierungsbestrebungen werten. Sie bedeuten ein Loslösen vom ausschließlichen Kapitaldenken. Wenn man auch nicht aus Humanitätsgründen rationalisiert, so ist der Fortschritt doch darin zu sehen, daß man wieder auf den „Faktor Mensch" aufmerksam geworden ist und seine Wichtigkeit im Produktionsprozeß wieder erkannt hat. So nimmt man auf seine Eigenart Rücksicht. Man sorgt z. B. für bessere Arbeitsstätten, hellere Beleuchtung, zweckmäßigere Zeiteinteilung wie Pausen usw. Alles geschieht aber nur, um seine Arbeitsleistung zu erhöhen. Nur vom kalkulatorischen Standpunkt werden diese Maßnahmen gerechtfertigt. Aber doch sind schon einige Betriebe darüber hinausgegangen und versuchen, zwischen Leitung und Arbeiterschaft den Gedanken einer Arbeitsgemeinschaft zu pflegen. Jedoch sind dies alles noch Ansätze. Erst wenn der Mensch von vornherein mit Lust und Liebe an seinen Beruf herangeht, können sich derartige Gedanken verwirklichen lassen. Diese Liebe zur Arbeit zu wecken, muß das Ziel der Berufsberatung sein. Dann hat die Wirtschaft viele weitere Aufgaben zu erfüllen, „um den Maschinenmenschen den öden Lebensweg zu umfrieden mit Licht, Luft und Grün, d. h. die Wirtschaft wird einsehen lernen müssen, daß neben den wirtschaftlichen Belangen auch menschlich-kulturelle zu erfüllen sind."[7]) — Einen scheinbaren Vorsprung in der Auffassung, daß der Arbeiter auch Mensch sei, hat Amerika. Auch dies mag paradox klingen, denn gerade in Amerika ist die äußerste Verflachung in der Anschauung vom Beruf eingetreten. Mehr noch als in Deutschland wird dort um

[7]) Langenberg: Grundsätzliches zur Arbeit der Berufsämter. „Arbeit und Beruf" 6. Jahrgang und Heft S. 151.

des Geldes willen gearbeitet. Die Arbeit ist nur eine Zwischenlösung, mit der man notgedrungen vorlieb nehmen muß. Krasser als bei uns wird dort der Arbeiter als Arbeitsnummer behandelt. In dem Augenblick aber, in dem die Sirene Feierabend heult, zieht der Arbeiter mit der Arbeitskleidung seine Bedeutung als Arbeitsnummer aus und wird wieder Mensch, wie die anderen auch. Direktor und Arbeiter, — dieser Unterschied ist dann verwischt. Beide sind Gentlemen, die allerdings auch einander als Gentlemen behandeln. Bei uns — der krasse Gegensatz! Der Arbeiter bleibt Arbeiter, der Angestellte bleibt Angestellte. Der Buchhalter soll sich wohl als Buchhalter weiter fühlen. Er soll von seinem Beruf auch während der Nichtarbeitszeit durchdrungen sein und von seinem Beruf aus sich die Welt anschauen und eine Lebensanschauung zimmern. So wünscht es die moderne Berufsberatung. Sie wünscht aber nicht, daß der Buchhalter in seiner Freizeit als simpler Angestellter behandelt wird. Der Buchhalter bleibt in den Augen des Prokuristen auch nach Geschäftsschluß nur Untergebener, aber auch der Prokurist ist in den Augen des Direktors nur eine Gehaltsziffer, eine Betriebsgröße. Wer praktisch, sei es in einer Fabrik oder auf einer Bank, schon gearbeitet hat, wird sich vielleicht erinnern, daß er bei zufälligem Zusammentreffen mit seinem Vorgesetzten in Lokalen, bei Festlichkeiten usw. durch gnädige Blicke nur geduldet wurde. Es wäre ungerecht, der Unternehmerschaft hieraus einen Vorwurf zu machen. Solange Unternehmer und Arbeiter die Arbeit nur nach dem Entgelt beurteilen, solange wird auch der Mensch nach seinem Einkommen gewertet. Diese Kluft kann nur durch völlige Umwandlung der Ansicht vom Wesen des Berufes und der Arbeit überbrückt werden. — Die Erreichung dieses Zieles ist die fundamentalste Aufgabe, welche der Berufsberatung obliegt. — Eine weitere Propagierung des Gedankens der Werkgemeinschaft, der Arbeitsgemeinschaft muß damit Hand in Hand gehen. Ein Arbeiter darf sich nicht mehr als Arbeitsnummer, sondern muß sich als „Mitarbeiter" fühlen. Das Streben der Berufsberatung muß es sein, den Menschen wieder zum Mittelpunkt der Wirtschaft zu machen, dem Beruf vom Menschentum und nicht von der Lohnseite aus, auf den Leib zu rücken. — Eine Freude am eigenen Werk, der schöpferische Gedanke der Arbeit kann aber nur in die Massen getragen werden, wenn jeder weiß, daß er an dem Platz steht, der seinen Anlagen und Fähigkeiten entspricht. Dies Ziel ist nicht von heute auf morgen zu erreichen. Es bedarf dazu erst einer Umstellung der Berufsberatung, einer Abkehr von der wirtschaftlichen Einstellung. „Alle Fürsorge muß dem Einzelnen dienen um seiner selbst willen. Auch die Berufsfürsorge (Berufsberatung, Berufsausbildung) darf nicht zur Sanierung der Volkswirtschaft oder zum Schutze des

Staates gehandhabt werden. Dennoch muß sie die großen gesellschaftlichen Zusammenhänge berücksichtigen und zwar im Interesse des einzelnen Jugendlichen." [8]) Als eine soziale Einrichtung, die doch die Berufsberatung darstellt, müssen alle Maßnahmen für den Schutz und das Fortkommen des Einzelnen, des Schwachen getroffen werden. Jeden an den Platz stellen, der seinen Fähigkeiten am besten entspricht, muß die Parole des Berufsamtes sein. Allein kann es die Berufsberatung nicht zwingen. Es bedarf eines großen Teiles Mitarbeit der Wirtschaft. Letztere besteht vorerst darin, daß sie dem Berufsamt Vertrauen entgegen bringt und vor allem den Arbeiter als Menschen anerkennt, der nicht seinen Wert verliert, wenn die Feierabendstunde herangekommen ist. Die Menschen sind in ihren Eignungen und Neigungen so differenziert und verschieden, daß sich auch die Belange der Wirtschaft mit denen des Einzelnen decken werden. Gerechte Berufsberatung heißt, den Beruf zum Lebensinhalt und nicht zu einer Angelegenheit der Lohntüte stempeln, heißt Freude an Stelle von Freudlosigkeit, heißt Gemeinschaft an Stelle der Isolierung setzen. Wenn die Berufsberatung auch nur ein schwaches Werkzeug im Vergleich zu den Mächten der Wirtschaft bedeutet, so ist das Wichtigste, daß ein Bedürfnis darnach besteht, angesichts fortschreitender hochgradiger Mechanisierung der Arbeit, diese Arbeit wieder zum Beruf zu erheben. Harwey Firestone gebraucht einmal die Worte: „Ein Geschäft, für das kein Bedürfnis besteht, ist einem frühen Tod geweiht. Der einzige Grund für das Bestehen jeden Geschäftes muß es sein, daß ein menschliches Bedürfnis oder einen Wunsch befriedigt. Und wenn alle meine Erfahrungen überhaupt etwas wert sind, so muß ein Geschäft, das auf den genannten Grundlagen aufgebaut ist, schließlich doch gedeihen, wenn Gedanken darauf verwandt werden. — Und wenn Du genau weißt, daß das, was Du tust, recht ist, so mußt Du zur rechten Zeit damit durchdringen." [9]) Auf die letzten Worte scheint es mir in Bezug auf die Berufsberatung besonders anzukommen. Denn die augenblickliche Wirtschaftslage erfordert für die Berufsberatung einen Kompromiß, ein Zugeständnis an die quantitative Berufspolitik. Deutschland bildet auf Jahre hinaus eine einzige große Arbeitskaserne, in der jeder seinen Strang ziehen muß. Die deutsche Wirtschaft muß unter erschwerten Bedingungen um eine Geltung auf dem Weltmarkt ringen. Erhöhte soziale Lasten, die Reparationslasten, die dadurch bedingte Verschuldung an das Ausland, der erhöhte Zinsendienst, schließlich die künstlich gesteigerten Löhne bedingen einen rastlosen Fluß erhöhter Arbeitsleistung und erschweren ein Eingehen auf besondere Wünsche. Die Berufs-

---

[8]) Feld: Zur Frage der ungelernten Jugendlichen, Jahrb. für Nationalökonomie und Statistik. 129. Bd. III. Folge 74. Bd. Oktob. 28.

[9]) Firestone: Mein Kampf um den Erfolg, S. 5. Poeschel-Verl. Stuttgart 1928

beratung ist noch jung und darum noch keine unfehlbare Einrichtung. Jede Umgestaltung, so auch das Voranstellen des Menschen in der Wirtschaft, kostet Nachsinnen, damit Zeit und Geld. Beides ist jetzt nicht vorhanden. Leistung und Arbeitstempo müssen gesteigert werden. Wie jeder im Krieg für sein Vaterland einzustehen hat, so heißt es auch jetzt als dienende Glieder für die nationale Wirtschaft einzustehen. Das bedeutet ein Zurückstellen persönlicher Wünsche. So ist die Berufsberatung heute noch gezwungen, sowohl qualitative als auch quantitative Berufspolitik zu treiben. Aber über dem „Heute" darf das „Morgen" nicht vergessen werden. Der Berufsberatung bleibt heute trotzdem ein großes Betätigungsfeld. Der Planlosigkeit gilt es zu steuern, die Arbeit im guten Sinne heißt es zu beeinflussen, den Eltern muß die Sorge um die Zukunft ihrer Kinder, um das Suchen nach Ausbildungsgelegenheiten usw. vermindert werden. So gilt es das Feld vorzubereiten, die Bevölkerung für den Gedanken der Berufsberatung zu interessieren und nicht zuletzt an der Vervollkommnung der Beratungsmethoden zu arbeiten, die in einem besonderen Kapitel zu besprechen sind. — Wenn es jetzt auch noch nicht möglich ist, den Einzelnen nicht nur zu beraten, sondern auch an dem auf seine Eignung abgestimmten Platz in der Wirtschaft unterzubringen, so muß doch heute schon, zumal in Berufsberaterkreisen, völlige Klarheit über den Zweck der Berufsberatung — nämlich qualitative Berufspolitik zu treiben — herrschen.

VI. Kapitel

Der Arbeitsbereich der Berufsberatungsämter

Die Berufsberatung möchte vor allen Dingen den Jugendlichen, die den ersten großen Schritt ins werktätige Leben wagen, ein Helfer sein, ihnen mit Rat und Tat zur Seite stehen. Und zwar will die Berufsberatung alle Kreise erfassen. Erfahrungsgemäß stellen die Entlaßschüler der Volksschulen das größte Kontingent der Ratsuchenden, weist die Volksschule ja auch die höchste Schülerzahl auf. Will die Berufsberatung alle Kreise erfassen, so muß sie auch alle Schulentlassenen erfassen. Die Berufsberatung „ist ihrem Wesen nach auf die freiwillige Inanspruchnahme durch die Ratsuchenden angewiesen. Dadurch ist die Grundeinstellung der öffentlichen Berufsberatung zu der höheren Schule festgelegt; eine systematische berufspolitische Wirksamkeit ist nämlich ohne Mitwirkung sämtlicher Schularten nicht denkbar, denn nur durch sie läßt sich die Gesamtheit des beruflichen Nachwuchses aller Schichten und Bevölkerungskreise rechtzeitig erfassen, führen und leiten."[1]) — Noch ist die Berufsberatung weit davon entfernt, alle Berufsanwärter in ihren Bereich zu ziehen, aber es ist immerhin ein erfreuliches Ergebnis, wenn das Statistische Jahrbuch die Zahl derer, die das Berufsamt in der Zeit vom 1. 7. 26—30. 6. 27 aufgesucht haben, mit 252 931 männlichen und 173 161 weiblichen Ratsuchenden angibt. (Statistisches Jahrbuch für das Deutsche Reich 1928 S. 385.) Man darf diese Zahlen allerdings nicht allein auf die Schulentlassenen beziehen, denn die Berufsberatung hat es auch mit erwachsenen Personen zu tun. Allgemein teilt man die Ratsuchenden in folgende Gruppen ein:

1. Die Entlaßschüler und -innen (regulär beendigte Schullaufbahn).
2. Schüler mit vorzeitig abgebrochener Schullaufbahn.
3. Lehrlinge und Erwachsene, die den Beruf wechseln wollen.
4. Erwerbsbeschränkte.

Wie schon erwähnt, stellen die Volksschüler den Hauptbesuchssatz. Das bedeutet, daß die Berufsberatung es in der Hauptsache mit Vierzehnjährigen zu tun hat, die einer besonderen Fürsorge bedürfen. Der Berufsberater leistet hier in erster Linie erzieherische Arbeit.

Die Eltern der Volksschüler leben meist in sehr beschränkten Verhältnissen. Die Familien sind meist sehr kinderreich und das schulentlassene Kind wird in der Regel einer Arbeit zugeführt, die sofortigen Verdienst gewährt. So muß der Jugendliche zum Unterhalt der Familie beitragen. Eine solche Arbeit bietet somit wohl sofortige Vorteile, aber für die Zukunft keine Entwicklungsmöglichkeiten. Aus diesen Kindern, die das Opfer besonderer Verhältnisse sind, rekrutiert sich das große Heer der Ungelernten, das unstet in seiner Arbeit, seine Dienste dem anbietet, der sie am besten entlohnt. Auch die Mädchen müssen meist sofort eine lohnbringende Stellung annehmen und gehen meist in die Fabrik. Haben sie dies nicht nötig, so lockt doch das äußere Leben, der Schmuck, die Freiheit. Sofortiger Verdienst entzieht sie dem Einfluß des Elternhauses. An die Zukunft denken sie nicht! So wichtig die Berufsberatung gerade für die Volksschuljugend in erzieherischer Hinsicht ist, um so betrüblicher ist gerade die Tatsache, daß viele Ratschläge illusorisch bleiben, weil die Mittel fehlen, die Ratschläge in die Tat umzusetzen. Hier muß sich die Berufsberatung die Schweiz zum Vorbild nehmen, die für derartige Zwecke zahlreiche Stipendien zur Verfügung hat, die nicht nur Besuch von Fachschulen usw. ermöglichen, sondern auch kostenfreies Wohnen in Lehrlingsheimen usw. gestatten. Natürlich können derartige Vergünstigungen nur

[1]) Klopfer: Berufserziehung, Berufsberatung und höhere Schule. „Der öffentliche Arbeitsnachweis" Abtlg. Berufsamt, S. 358, 5. Jahrg. Nr. 7b.

für wirklich Befähigte geschaffen werden. — An und für sich hält Verfasser aber diesen Mangel für unbeachtlich, denn der Staat soll schließlich kein Versicherungsinstitut für seine Bürger bilden. Die Folge wäre, daß persönliche Initiative mehr und mehr zurückging und alles erwartungsvoll auf den Staat schaute. Schon heute weist man auf gewisse Nachteile der Arbeitslosenversicherung und Krisenunterstützung hin. — Arbeiter und Angestellte stehen heute volkswirtschaftlichen Problemen und dem schweren Kampf der deutschen Wirtschaft meist teilnahmslos gegenüber. Man vertraut ganz einfach auf die Hilfe des Staates. Diese Einstellung hat sogar schon auf führende Wirtschaftskreise abfärbend gewirkt. Gerät ein Betrieb in Schwierigkeiten, so versucht man die Aktienpakete an den Staat loszuschlagen. Erst, wenn ein solcher Plan fehlschlägt, bemüht man sich selbst um eine Sanierung. So muß eine allgemeine finanzielle Staatshilfe abgelehnt werden. Die sozialen Lasten würden damit ins Ungeheuerliche steigen und würden ein Proletariat in allen Berufsständen fördern. Die Volksschuljugend ist deshalb in der Hauptsache auf angelernte Arbeit zu verweisen. Außerdem muß auf eine angemessene Lehrlings-Entlohnung hingearbeiet werden, die auch dem Unbemittelten bei äußerster Einschränkung die Absolvierung einer Lehre gestatten würde (s. auch Kap. X).

Die Beratung der Mittelschuljugend verläuft einfach und bietet finanziell wenig Schwierigkeiten. Die Eltern bilden das eigentliche Bürgertum und haben immer das Bestreben, ihre Kinder „etwas Rechtes" werden zu lassen. Eine Gefahr liegt darin, daß die Eltern ihr Kind meist etwas „Besseres" werden lassen wollen. Hier ist es Aufgabe des Berufsberaters, auf die Eltern überzeugend einzuwirken, wenn die Eignung des Ratsuchenden nicht den Anforderungen des gewünschten Berufes entspricht.

Besonderer Behandlung erfordern die Schüler höherer Lehranstalten, die aus irgend einem Grunde ihren Bildungsgang abgebrochen haben. Die wenigsten hören auf einen Berufsrat, Eltern wie Schüler dünken sich zu vornehm, auf den Rat des Berufsberaters, z. B. ein Handwerk zu erlernen, zu hören. Sie begreifen nicht, daß eine abgebrochene Schullaufbahn so gut wie keine Anwartschaften auf Berufe, die bei abgeschlossener Schulbildung offen ständen, gibt. Drum ist es die einzig richtige Politik, auf eine Fortsetzung des Bildungsganges zu dringen." Es leuchtet ohne weiteres ein, daß abgebrochener Besuch einer höheren Lehranstalt nicht bloß für den Betroffenen ein nutzloser Geld- und Zeitaufwand ist, sondern auch eine zwecklose Inanspruchnahme öffentlicher Bildungsmittel."

Das frühere „Einjährige", die heutige Obersekundareife hat nur noch wenig zu bedeuten. Sie ist noch vorteilhaft bei Einschlagen der mittleren Beamtenlaufbahn. Sonst hat sie wenig Sinn, verlangen doch heute alle großen Betriebe von neu einzustellenden Lehrlingen die Reifeprüfung. Eignet sich der Ratsuchende nicht für einen Beruf, der Inhabern der Obersekundareife offensteht, so ist auch hier auf Fortsetzung der Schullaufbahn zu dringen; bei entsprechender Eignung kann auch zu dem Besuch einer höheren Handelsschule, eines Technikums, einer Optikerschule usw. geraten werden.

Auf die Notwendigkeit einer Berufsberatung für Abiturienten braucht wohl nur kurz hingewiesen werden. Das frühere Reichsamt für Arbeitsvermittlung hat damals schon entsprechende Richtlinien aufgestellt: „Die Berufsberatung muß anstreben, alle Schüler und -innen höherer Lehranstalten vor der Berufswahl zu erfassen, gleichviel, ob sie sich praktischen oder akademischen oder ähnlichen Berufen zuwenden wollen, ferner Studierende, wie Akademiker, die eines Berufsrates bedürfen." Die Bestimmungen schreiben weiter vor: „Die Ausübung dieser Berufsberatung muß eine Persönlichkeit im Haupt-, Neben- oder Ehrenamt übertragen werden, die akademisch gebildet ist und die persönliche und sachliche Eignung für die besondere Aufgabe besitzt." Diese Grundsätze, die von der neuen Reichsanstalt mit übernommen wurden, zeigen die Besonderheit der Berufsberatung höherer Schüler. Die kleinen Berufsämter können sich eine besondere akademisch gebildete Kraft nicht leisten. Die Angliederung der Berufsberatung für höhere Schüler an die Landesberufsämter ist nur für größere Städte vorteilhaft. Durch größeren Zuspruch seitens der höheren Schulen gliedern sich jedoch die großen Berufsämter besondere Abteilungen hierfür an. Für kleinere Gemeinden wird eine Zwischenlösung in Gestalt eines Vertrauensmannes gefunden. Dieser, ein Mitglied des Lehrerkollegiums, übt die Berufsberatung aus. Wenn das Lehrerkollegium auch als Vertrauensmann denjenigen wählt, der psychologisch geschult, am besten die Beratungstätigkeit auszuüben versteht, so ist doch zu fordern, daß derselbe durch Teilnahme an einem Fortbildungskurs für Berufsberater sich tiefere berufsberaterische Kenntnisse aneignet. — Die Einrichtung des Vertrauensmannes kann nur als Notbehelf betrachtet werden. Die Wichtigkeit der Berufsberatung der Abiturienten und -innen, der Lycealschülerinnen usw. fordert einheitliche Angliederung an das Berufsamt. Diese kann aber erst stattfinden, wenn die Ausbildung der Berufsberater eine geregelte ist und aller Stoff erschöpfend behandelt werden kann. Die Einrichtung des Vertrauensmannes kann trotzdem beibehalten werden. Ein bayerischer von den Staatsministerien für Soziale Fürsorge, des Innern, des Unterrichts und Kultus, sowie für Handel, Industrie und Gewerbe unterzeichneter Erlaß vom 21. 7. 25 bestimmt hierzu: „An allen höheren Unterrichtsanstalten, auf die sich die Berufsberatung und Lehrstellen-Vermittlung des öffentlichen Arbeitsnachweises erstreckt, ist vom Direktorat nach Anhörung des Lehrerrates eine Lehrkraft als Vertrauensperson für die Berufsberatung aufzustellen. — Die Vertrauenspersonen haben im Einvernehmen mit dem Direktorium für die richtige Durchführung der der Schule obliegenden vorbereitenden Arbeiten sowie für eine rege Verbindung zwischen ihrer Schule und der Berufsberatungsstelle zu sorgen."

Eine Berufsberatung der Schüler höherer Lehranstalten versagt, wie wir im Kap. VII und X sehen werden, wegen mangelnder Methoden und fehlender Berufskunde der höheren Berufe. Die Berufsberatung hat hier demnach Aufklärungsarbeit zu leisten, einen Ueberblick über die großen Berufsgruppen zu geben und speziell auf praktische Berufe hinzuweisen, die durch Besuch von Sonderanstalten mehr Zukunftsmöglichkeiten bieten als der weitaus größere Teil der akademischen Berufe. Das Bestreben muß sein, dem zunehmenden Zulauf zu den Universitäten und Technischen Hochschulen Einhalt zu gebieten, um die Heranbildung eines dauernden akademischen Proletariats zu verhüten.

Die dritte Gruppe der ratsuchenden Personen umfaßt alle die, welche schon im Erwerbsleben stehend, ihren Beruf aus irgend einem Grunde wechseln möchten. — Bei der augenblicklichen schlechten Arbeitsmarktlage, bei der das Angebot die Nachfrage bei weitem überwiegt, bei der heutigen Einstellung der Wirtschaft, in dem Menschen nur eine Arbeitsmaschine zu erblicken, die man bei Ausnutzung wieder abstößt, bei der Krisis, in der sich einzelne Wirtschaftszweige befinden, nimmt es kein Wunder, daß die Zahl der mit ihrem Beruf Unzufriedenen rapid zunimmt. In normalen Wirtschaftsperioden stellen den Hauptprozentsatz der Berufswechselnden die Lehrlinge, welche meist wegen mangelnder Eignung nach der Probezeit entlassen wurden. Hier vollzieht sich im Prinzip nur eine zweite Berufsberatung, die sich von einem normalen Berufsberatungsvorgang nicht unterscheidet. — Nach der Inflation setzte jedoch der große „Reinigungsprozeß" in der Wirtschaft ein, dem der bekannte Abbau der Angestellten und Beamten folgte. Die allgemeine schlechte wirtschaftliche Lage verschlimmerte die Folgen dieser Rationalisierungsmaßnahmen und so stehen heute noch Offiziere, Beamte, Angestellte, Künstler, Kleinrentner vor dem Nichts. Besonders sind die älteren Jahrgänge betroffen. Bei dem großen Angebot junger unverbrauchter Arbeitskräfte stehen sowohl Arbeitsvermittlung und Berufsberatung vor einer kaum zu lösenden Aufgabe. Hier ist nicht damit gedient, einen Rat zu geben. Hier hilft die schönste Eignungsuntersuchung nichts, sondern nur wirkliche tatkräftige Hilfe. Der Art. 137 des neuen Gesetzes sieht wohl Reichszuschüsse vor, die im Verein mit Mitteln der Reichsanstalt für Fortbildungs- und Umschulungszwecke den den Arbeitsämtern zur Verfügung stehen. Die Landesarbeitsämter haben im Verein mit den Landesberufsämtern meist besondere Umschulungsarbeiten eingerichtet. Alle diese Maßnahmen eignen sich wohl für eine Fortbildung von jungen Angestellten, Lehrlingen und Handwerkern, für die Umschulung ungelernter Arbeiter zu angelernten und gelernten Arbeitern, — für die älteren Angestellten versagt jedoch diese Einrichtung. Für diese kann das Berufsamt nur helfen, indem es auf die wenigen vorhandenen Fonds verweist, die eine Selbstständigkeitmachung ermöglichen wollen und sich zwecks Erlangung von Mitteln dafür einsetzt. Im Uebrigen kann es nur durch seine Beziehungen zur Arbeitsvermittlung und zu der Wirtschaft versuchen, den älteren Arbeitslosen irgendeine Beschäftigung zu verschaffen. Not kennt kein Gebot. Die eigentlichen berufsberaterischen Grundsätze müssen hier zurückstehen. So verfehlt die Berufsberatung für ältere Ratsuchende ihren Zweck. Sie kann wohl eine neue Richtung weisen, Empfehlungen an andere Aemter und Stellen mitgeben, aber auch nicht mehr. Die Wirtschaft ist mitleidlos. Nur der kann sich im großen Konkurrenzkampf halten, der im Besitz seiner unverbrauchten körperlichen und geistigen Kräfte sich befindet, — eine Tatsache —, der sich auch die Berufsberatung nicht verschließen kann.

Eine vierte Gruppe bilden die „Erwerbsbeschränkten". Sie umfaßt alle die Personen, die infolge einer Störung geistiger oder körperlicher Art dem Existenzkampf allein nicht gewachsen sind. Diese Gruppe nimmt eine Sonderstellung ein, da sie die Hilfe des Staates und caritativer Einrichtungen erfordert und besonderer Sachverständiger bedarf. Es sei auf den Abschnitt „Sonderberatung" verwiesen. —

Die Berufsberatung umfaßt alle Personen beiderlei Geschlechts. Das Gesetz hat dem Rechnung getragen, indem es bestimmt, daß Arbeitsvermittlung und Berufsberatung für Frauen „in der Regel" auch durch Frauen auszuüben sind. Nach Möglichkeit sind besondere Abteilungen für Frauen unter weiblicher Leitung zu errichten. (§ 61). Es ist sicher, daß die weibliche Berufsberatung eine besondere Behandlung erfahren muß; aber doch hält Verfasser eine so scharfe Trennung nicht für richtig. Es gibt gute Aerztinnen mit umfangreicher Praxis, aber doch werden sie im Allgemeinen nie den Arzt ersetzen können. Denn der Gegensatz der Geschlechter erzeugt immer eine Spannung, die auf das Gefühls- und Seelenleben des Weibes anregend wirkt, seelische Kräfte freimacht, die sowohl dem Arzt als auch dem Berufsberater erwünscht sind. — Eine Frau wird niemals auf eine andere so suggestiv wirken, daß sie sich ihrem Willen fügt. Das Leben zeigt zur Genüge, daß alle Handlungen der Frau, wenn sie nicht gerade aus Not geboren sind, rein gefühlsmäßigen Empfindungen entspringen; diese wird eine Artgenossin wohl besser als der Mann empfinden und nachfühlen können, aber nur ein Mann ist im allgemeinen in der Lage, diese Kraft seines autoritativen Einflusses in andre Bahnen zu lenken und zu korrigieren. Dieses psychologische Moment scheint mir in der Berufsberatung außer Acht gelassen zu sein. Das soll nun nicht bedeuten, daß eine Berufsberaterin unangebracht ist. Nein, aber der Berufsberater sollte an der Berufsberatung der Mädchen beteiligt werden z.B. in Gestalt einer Nachprüfung des Beratungsergebnisses. — Die Lösung der Frage, in welche Berufe die Mädchen unterzubringen sind, bereitet keine Schwierigkeit. Das Geschlecht, die Körperkonstitution geben von vornherein die nötigen Grenzen. Berufe, die schwere Muskelarbeit erfordern, scheiden aus, ebenso solche, die speziell männliches Arbeitsgebiet sind, wie Politik und alle Wissenschaften, die scharfes Nachdenken und Logik erfordern, so z. B. die technischen Wissenschaften, weiter alle schöpferische Betätigung wie Kunst, Architektur, alle Verkehrsberufe wie Chauffeur, Lokomotivführer, Straßenbahner etc. — Außer den ureigensten Gebieten der Frau, den hauswirtschaftlichen und Sozialen Berufen (Schwester, Wohlfahrtspflegerin) bleiben nur solche Berufe übrig, die eine gut ausgebildete kleine Muskulatur und Fingergewandtheit erfordern (z. B. Stenotypistin, Friseuse, Schneiderin, Weberin, Sortiererin) oder Berufe, für die Beobachtungsgabe, Anpassungsfähigkeit, Geschmack, feines Einfühlungsverständnis, Gepflegtheit Grundbedingung ist. (Verkäuferin, Kassiererin, Kunstgewerblerin). Wichtig für die Berufsberatung ist, „daß Lipmann zugleich ein gewisses" Intervariations-Gesetz" der Geschlechter fand. Das männliche Geschlecht hat eine große Intervariation der Leistung, es ist Träger der Spitzenleistungen nach oben wie unten. Die Frau arbeitet viel einheitlicher in ihrer Art, der Mann kennt ebensoviel sehr gute wie sehr minderwertige Arbeitsleistungen. Der „Durchschnitt" ist typisch für die Frau." [2]) Für die Frau eignen sich darum die Berufe, die wenig eigene Initiative, aber eine Gleichmäßigkeit der Arbeitsleistung erfordern.

Die Frau bildet insofern eine Gefahr für den Arbeitsmarkt, als sie gern den Lohn unterbietet. Dies rührt aus ihrer Einstellung zur Arbeit her. Sie betrachtet einen Beruf meist als Spielerei, als „Nebenberuf." Diese Einstellung ist nicht mit Oberflächlichkeit identisch; ist es doch für jedes Mädchen der Wunsch, einmal „Hausfrau und Mutter" zu werden. So wird der Beruf als etwas Vorübergehendes, Einstweiliges betrachtet und man gibt sich leicht mit solchen Berufen zufrieden, die sofort Geld bringen und keine lange Lehrzeit erfordern. Aufgabe der Berufsberatung muß es darum sein, das weibliche Geschlecht von dieser Einstellung abzulenken und darauf einzuwirken, einen richtigen gelernten Beruf zu ergreifen, indem sie auf die größer werdenden Schwierigkei-

[2]) Giese: Psychotechnik. S. 77/78. Verl. Hirt — Breslau 1928.

ten des Heiratsproblems hinweist. Ist der Berufsberater eine wirkliche Persönlichkeit, so wird er nachhaltigeren Erfolg erzielen als eine Berufsberaterin. Hat doch den Rat ein Mann gegeben, einer, der es am besten wissen muß! — Eine ernstere Gefahr tritt noch hinzu — die Erotisierung des Berufslebens. An die Stelle reifer Innenkultur ist ein grelles Vergnügungsleben getreten und die Frau unterliegt nur allzu leicht den Lockungen des Lebens. Es klingt vielleicht etwas übertrieben, aber in bezug auf die Berufsberatung darf man nie außer Acht lassen, daß die, welche die Beratungsstelle aufsuchen, meist Arbeiterkreisen entstammen, deren Angehörige keine Zeit und oft keinen Sinn dafür haben, auf eine innerliche gefestigte Gestaltung der jungen Mädchen einzuwirken. — Hier ist m. E. gerade ein gut geschulter und feinempfindender Berufsberater am Platze, um zu erkennen, ob die betreffende Ratsuchende mehr oder weniger stark erotisch veranlagt ist und den von sich aus vorgeschlagenen Beruf nur aus erotischen Gründen wählen will. Durch Anführung warnender Beispiele, Aufdeckung der drohenden Gefahren, Besprechung mit den Eltern gelingt es in der Regel rasch, ein Mädchen von ihrem Vorsatz abzubringen. Berufe, die — auch aus erotischen Gründen — nur junge, schöne Menschen brauchen, lassen sich nicht vermeiden. Es muß dann Aufgabe des Berufsamtes sein — wie Giese einmal sagt — auf einen derartigen Beruf so einzuwirken, daß der Anwärter nicht auf der Straße liegt, wenn er steril ist."[3])

Eine Berufsberaterin ist dann angebracht, wenn es sich um die Beratung der Lycealschülerinnen etc. handelt. Leider ist heute die wirtschaftliche Lage der gebildeten Stände so, daß die Töchter nach Beendigung der Schulzeit sich dem Erwerb zuwenden müssen. Sie sollen aber einen Beruf ergreifen, der „standesgemäß" ist. Hier kann die Berufsberatung keine Hilfe bieten. Sie macht wohl auf Berufe aufmerksam, die nach Absolvierung einer Fachschule, eines Seminars, einer regelrechten Lehrzeit etc. gute Entwicklungsmöglichkeiten bieten, aber sie kann nur in geringem Maße zu Berufen verhelfen, die sofort einträglich — und doch standesgemäß sind. Auf Grund ihrer höheren Schulbildung erhoffen die jungen Mädchen meist Großes und es gelingt oft nur mit vieler Mühe, ihnen klar zu machen, daß eine höhere Schulbildung für das Erwerbsleben nur dann Zweck hat, wenn eine weitere gute Ausbildung darauf folgt. Hier hilft nur gütiges, mütterliches Zureden und Einwirkung auf die Eltern. Der Berufsberater ist aber dann wieder heranzuziehen, wenn die Berufsberaterin z. B. einen Beruf vorgeschlagen hat, der nicht als „vornehm" gilt, z. B. die Verkäuferin. Hier ist der Berufsberater dazu geeignet, darauf hinzuweisen, daß in einen feinen Rahmen nur ein gebildetes

[3]) Giese: Psychotechnik, S. . . . . Verl. Hirt — Breslau 1928.

und liebenswürdiges Menschenkind mit den besten Umgangsformen paßt und der Ratsuchenden die Vorzüge eines Postens in einem feinen Modegeschäft, einer guten Buchhandlung oder Kunstgewerbehandlung überzeugend erklärt.

Die weibliche Berufsberatung bietet so mancherlei Schwierigkeiten. Außer rein sachlichen Erwägungen wie die Eignung, Lage des Arbeitsmarktes erfordert das außerordentlich fein differenzierte Gefühlsempfinden des weiblichen Geschlechts besondere Behandlung. Man wird evtl. einwenden können, daß ein Mädchen, wenn es aus der Schule kommt, noch unreif ist, seelisch noch im Werden ist. Dem ist aber entgegenzuhalten, daß die meisten Eltern doch noch so vernünftig sind und ihr Kind noch einige Zeit zu Haus behalten. Bei den Mädchen mit höherer Schulbildung wird der Zeitpunkt des Eintritts in das Berufsleben durch die längere Schuldauer sowieso weiter herausgeschoben. Die Mädchen sind auch an und für sich früher reifer und nehmen schon zum Leben und sie interessierenden Problemen Stellung. Sie bilden sich so frühzeitig eine Meinung und lassen sich demgemäß schwerer als die Jungen überzeugen.

„Der Grundsatz, Vermittlung der Frau durch die Frau, den der Gesetzgeber in § 61 AVAVG verankert hat, hat sich in allen weiblichen Fachabteilungen, so auch in der kaufm. Stellenvermittlung als das Zweckmäßigste erwiesen; es wird daher immer daran festgehalten sein, daß der Eigenart der Arbeitsvermittlung und Berufsberatung der Frau am ehesten und am besten durch die Frau wird entsprochen werden können."[4]) Dieser Ueberzeugung, die M. Bukofzer ausspricht, möchte ich mich abschließend mit der Einschränkung anschließen, daß in der Berufsberatung der Berufsberater dort am Platze ist, wo es gilt, bei Hartnäckigkeit der Ratsuchenden, überzeugend zu wirken. Eine Frau wird nie einer Artgenossin so zum Herzen reden können, wie es der Mann vermag. Es fehlt die Spannung der Geschlechter, eine Spannung, die das ganze Leben durchzieht und mit Erotik nicht das Geringste zu tun hat. — Andererseits sei auch nicht verkannt, daß gerade die weibliche Berufsberatung eine größere Portion Geduld, Beharrlichkeit und Mitgefühl erfordert — eine Aufgabe, der am besten die Frau entspricht.

Sondereinrichtungen.

Die Berufsberatung ist wie jede Einrichtung, die für die Allgemeinheit bestimmt ist, für den Durchschnitt berechnet. Ihr ganzes Arbeitsprogramm ist auf eine normale wirtschaftliche Lage, auf durchschnittlich gleich gute geistige u. körperliche Beschaffenheit der Ratsuchenden aufgebaut. Auf das Normale im Menschen, auf die volle Gebrauchsfähigkeit aller Glie-

---

[4]) Bukofzer: Die kaufmännische Arbeitsvermittlung. „Der öffentl. Arbeitsnachweis" Jahrg. 5, Nr. 8, S. 402. Stuttgart.

der und Sinnesorgane sind auch die Untersuchungsmethoden aufgebaut. — Menschen, die sich irgendwie über den Durchschnitt der Allgemeinheit erheben, Menschen mit ausgesprochener Begabung oder Talent, brauchen keine Berufsberatung. Ihnen hat die Natur den Lebensweg schon vorgezeichnet. — Diesen Auserwählten stehen als Gegenpol diejenigen gegenüber, denen das Schicksal die Arbeitskraft geschmälert hat, und welche die Wirtschaft als unbrauchbar abstößt. Diese sind die *„Erwerbsbeschränkten"*. Sie können von Natur aus erwerbsbeschränkt oder es auch als Opfer ihres Berufes geworden sein. In beiden Fällen ist es soziale Pflicht, diesen Benachteiligten zu helfen. Die Art und Weise kann verschieden sein. Humaner und volkswirtschaftlich wertvoller ist es, diesen Menschen nicht das Gnadenbrot zu geben und sie der Allgemeinheit zur Last fallen zu lassen, sondern ihnen dazu helfen, sich einen ihrer Lage angepaßten Beruf zu schaffen. Die Wirtschaft wehrt sich gegen die Einstellung Schwerbeschädigter und es bedarf oft staatlichen Eingriffs, wie es z. B. das Schwerbeschädigten-Gesetz darstellt. Man argumentiert gern gegen die Einreihung Schwerbeschädigter, daß dadurch vollwertige Arbeitskräfte feiern müßten, daß also ein grober Verstoß gegen das ökonomische Gesetz vorliege. Dem kann man entgegenhalten, daß Arbeitslosigkeit und Wirtschaftskrisen nicht dauernder Natur sind. Die Berufe sind auch nicht aus der Eigenart der Menschen, sondern aus der Notwendigkeit des Lebens geboren worden; das will sagen, daß ein Beruf nicht das Vorrecht bestimmter Menschen ist. Bei der heute herrschenden Arbeitsteilung, bei der der Arbeitende nur noch Teilfunktionen verrichtet, kommt es nicht darauf an, ob jeder einzelne Teil des menschlichen Organismus intakt ist, sondern ob eine bestimmte Muskelpartie den an sie gestellten Anforderungen gerecht wird. Verfasser möchte hier an das bekannte Beispiel Fords erinnern, der in seinen Werken Blinde und Lahme beschäftigt. Bei richtiger Anlernung ist auch der Erwerbsbeschränkte durch größte Willensanspannung in der Lage, seine Erwerbsbeschränktheit auszugleichen. Die Adlersche Schule stützt sich auf diesen Arbeitswillen. Um den Interessen der Erwerbsbeschränkten gerecht zu werden, sind Sonderabteilungen geschaffen worden, die in der Regel den Landesberufsämtern angegliedert sind. Die praktische Vermittlung und Unterbringung in die Wirtschaft übernehmen sie selbst oder auch besondere Stellen, wie z. B. die Berliner Vermittlungsstelle für Schwerbeschädigte oder besondere Anstalten, welche Blinde, Taubstumme, Psychopathen etc. für eine Erwerbstätigkeit vorbereiten. Bei den Erwerbsbeschränkten unterscheidet man: Nervenkranke wie Psychopathen, Epileptiker, Idioten, Geistesschwache etc. Sinnesorganerkrankte wie Blinde, Taubstumme, Farbenblinde, Augenleidende. 3. Krüppel wie Verwachsene,

Zwerge, Verstümmelte. 4. Die große Schar der an verschiedensten Krankheiten Leidenden z. B. Kehlkopfleidende, Herzleidende, Kopfleidende, Lupuskranke, Tuberkulöse. Eine andere Art Erwerbsbeschränkter bilden auch die „Gefährdeten" wie Fürsorgezöglinge. Das Problem der Erwerbsbeschränktenarbeit wurde durch die Riesenschar der Kriegsverletzten bedeutend und erheischte schnelle Lösung. Der Staat half mit einer umfassenden Arbeitsfürsorge, schuf amtliche Fürsorgestellen für die Kriegsbeschädigten, gründete im Verein mit den Berufsgenossenschaften Krüppelfürsorgestellen, erließen endlich das „Schwerbeschädigtengesetz vom 22. X. 20. " Es umfaßt alle um 50% in der Erwerbsfähigkeit Geminderte. Die Erwerbsbeschränktheit muß durch Dienstbeschädigung oder Unfall zustande gekommen sein. Die Fürsorge kann aber auch auf andere Personen, z. B. Blinde, Unfallbeschädigte von 30% Erwerbsbeschränktheit auf Grund eines besonderen Verwaltungsaktes der Hauptfürsorgestelle ausgedehnt werden. Nach dem Gesetz sind die Arbeitgeber verpflichtet, bei 30—69 Arbeitern einen Schwerbeschädigten einzustellen und auf weitere 50 Arbeitnehmer einen weiteren. Diese Sonderregelung bedeutet für die Berufsberatung eine große Hilfe. Dem Rat kann auch die Tat folgen. Doch ist hier leider eine Einschränkung zu machen. Die Wirtschaft betrachtet den vom Gesetz aufgezwungenen Schwerbeschädigten als notwendiges Uebel, setzt dessen Lohn sozus. auf das Verlustkonto und weist ihm eine Tätigkeit zu, die sonst nebenbei oder überhaupt unterblieben wäre. Die Erwerbsbeschränkten dienen so als Lückenbüßer. In der einen Stunde haben sie den Hof zu kehren, in einer anderen holen sie das Bier aus der Fabrikkantine etc. Er muß Arbeiten verrichten, die ihn so recht fühlen lassen, daß er nur geduldet wird. Es seien viele gute Bestrebungen nicht unerwähnt geblieben. Aber sie bedeuten angesichts der Handlungsweise der meisten Unternehmer nur einen Tropfen auf den heißen Stein. Von einer Humanisierung des Arbeitsgedankens ist die Wirtschaft noch recht weit entfernt. Will die Berufsberatung hier wirkliche Erfolge erzielen, so muß sie auch die Macht eingeräumt erhalten, den Schwerbeschädigten die vom Berufsamt für die geeignetst befundene Tätigkeit zu garantieren. — Damit die großen Mittel, die der Staat, die Gemeinden etc. für Hilfseinrichtungen und Anstalten aller Art aufwendet, nicht verloren gehen, wird auch von verschiedenen Seiten der Vorschlag gemacht, die Erwerbsbeschränkten in öffentlichen Betrieben unterzubringen. Vorteile sind unverkennbar.

Der Erwerbsbeschränkte fühlt sich nicht als ein unbrauchbares Glied der Gesellschaft, die Berufsberatung braucht nur auf die Eignung des Erwerbsbeschränkten Rücksicht zu nehmen, die Erziehung in den Anstalten und Heimen kann auf die spätere Tätigkeit zugeschnitten werden.

Eine solche Regelung wird aber nicht durchführbar sein, da die öffentlichen Betriebe genau wie die anderen vollwertige Arbeitskräfte gebrauchen und die Zahl der Stellen, die derartige Erwerbsbeschränkte ausfüllen können eine begrenzte ist. Der anderen Erwerbsbeschränkten, die nicht unter das Schwerbeschädigten-Gesetz fallen, nimmt sich in anerkennenswertem Umfang die Caritas an. Aber auch hier müssen erst viele Aemter wie Arbeitsvermittlung, Berufsberatung, Beschäftigungswerkstatt, Wohlfahrtsamt etc. durchlaufen werden, ehe es gelingt, den Behinderten am rechten Platz unterzubringen. —

Unter die Erwerbsbeschränkten fallen auch die Fürsorgezöglinge, Vorbestrafte, Straffällige, Alkoholiker. Sie bilden meist ein vorzügliches Menschenmaterial, was Intelligenz, Auffassungsgabe, Tüchtigkeit und Ausdauer angeht. Auch hier macht sich meist eine Berufsumberatung nötig, um den Betreffenden in andere Gesellschaft und Umgebung zu bringen. Die Berufsberatung hat hier von rein erzieherischem Standpunkt an die Beratung heranzugehen. Es kommt oft weniger darauf an, der Eignung des Betreffenden gerecht zu werden, als eine Beschäftigung auszusuchen, die auf Charakter, und Triebe begünstigend, veredelnd wirkt. Da diese Wahl gute psychologische Erfahrung fordert, ist die Berufsberatung dieser Erwerbsbeschränkten ureigenstes Gebiet der Berufsämter. — Neben dieser praktischen Beratung müssen die Berufsberater durch Wort und Schrift aufklärend wirken und die Voreingenommenheit gegen Erwerbsbeschränkte bekämpfen. Da sich auch andere Stellen damit beschäftigen, empfiehlt sich eine Zusammenarbeit, mit diesen. —

Eine weitere Sondereinrichtung ist die „Akademische" Berufsberatung. Sie bildet keine Berufsberatung im eigentlichen Sinn. Sie bedeutet eine Erweiterung der vorangegangenen Berufsberatung der Schüler höherer Lehranstalten. Beide sind zu trennen. Schindler bemerkt hierzu im Handwörterbuch der Staatswissenschaften: „Jedoch ist die Berufsberatung an höheren Schulen und an Universitäten nicht ganz dasselbe. Der Abiturient der höheren Schule steht *vor* der Berufswahl; es bedarf keiner besonderen Erörterung, daß zur Wahl durchaus nicht nur akademische Berufe stehen. Die Berufsberatung bei den höheren Schulen hat ja gerade in hohem Maße den Zweck, den Zudrang zu den Universitäten einzudämmen und den Schülern andere, also nicht akademische Berufe nahe zu bringen. — Der Student aber hat die Berufswahl bereits hinter sich; für ihn handelt es sich also vorzugsweise um Laufbahnberatung und um Auskunfterteilung. Daß daneben vielfach Fälle von Berufswechsel vorkommen, und zwar sowohl von Wechsel innerhalb der Fakultäten als von nachträglichen Abänderungen des ganzen Berufsschicksals, Uebergang zu nichtakademischen Berufen u. ä., versteht sich von selbst."[5]) Trotzdem bilden Berufsberatung und akademische Beratung ein zusammenhängendes Ganzes, denn auch die Berufsämter treiben Laufbahnberatung in großem Maße. Daß die akademische Auskunftsstelle meist örtlich getrennt und den Universitäten angegliedert ist, hat lediglich organisatorische Bedeutung. Die Zahl der akademischen Auskunftsstellen ist äußerst gering und die Landesberufsämter müßten sich mit den Universitäten zwecks Vermehrung der Auskunftsämter in Verbindung setzen. Die bestehenden Auskunftsstellen haben sich in der „Vereinigung akademischer Auskunfts- und Berufsämter" zusammengeschlossen. Zwecks Vertiefung der Berufskunde für die akademischen Berufe hat sich eine „Deutsche Arbeitsgemeinschaft für akademische Berufskunde" gebildet, die unter anderem auch „Merkblätter" für die einzelnen akademischen Berufe herausgibt. Bedauerlicherweise sind diese Einrichtungen in der deutschen Studentenschaft kaum bekannt. Der Erfolg ist, daß ein großer Prozentsatz der Studierenden wahl- und planlos zu einem bestimmten Studium greift, ohne sich über die späteren Anforderungen im Beruf zu erkundigen und seine eigene Veranlagung darauf zu prüfen. Diese Studenten bilden die große Gefahr für die akademische Würde. Sie bilden jenes Gros Akademiker, das überall verhaßt ist, weil es Kenntnisse mechanisch aufgespeichert hat, sie an der falschen Stelle anbringt, von einer Verbundenheit von Wissenschaft und Wirtschaft, von einem „Berufensein" des Akademikers nichts weiß. Die akademische Berufsberatung ist vorläufig ein voller Mißerfolg. Es kann nicht scharf genug betont werden. Die Schuld liegt aber weniger an den Studierenden sondern an der Interesselosigkeit, welche die maßgebenden und einflußreichen Organe der akademischen Berufsberatung entgegenbringen.

Von weiteren Sondereinrichtungen sei noch die „Berawehr" genannt. Diese Beratungsstelle für die Wehrmacht beruht auf § 6 und 62 des Wehrmachtgesetzes. Sie sollen den nach Ablauf der 12jährigen Dienstzeit ausscheidenden Angehörigen der Reichswehr und Landespolizei den Uebertritt in das bürgerliche Leben erleichtern. Diese Beratungsstellen sind den Landesämtern angegliedert. Zur Erleichterung des Ueberganges sind Heeresfachschulen eingerichtet, in denen Angehörige der R. W. vom 4.—7. Dienstjahr auf einen bürgerlichen Beruf vorbereitet werden, so für Landwirtschaft, Verwaltung usw. Zweckmäßigerweise wird eine Berufsberatung vor Teilnahme an diesen Kursen zu erfolgen haben. —

Eine Erscheinung unserer Zeit, der von der Berufsberatung noch keine Beachtung geschenkt wird, ist die des Nebenerwerbs. Die schlechte Arbeitsmarktlage, Arbeitslo-

[5]) Schindler: Berufsberatung. „Handwörterbuch der Staatswissenschaften". 2. Bd. 1924. S. 595. Verl. G. Fischer-Jena.

sigkeit, niedrige Entlohnung der Angestellten machten einen Nebenerwerb notwendig, sei es zur Aufbesserung des Gehaltes, sei es um die dringendsten Bedürfnisse zu befriedigen. Eine Frau findet leichter einen Nebenerwerb als der Mann. Sie kann als Zugehfrau, Wäscherin, Näherin fungieren, sich mit der Herstellung feinerer Handarbeiten befassen, auch Sprachunterricht geben usw. Der Mann dagegen steht ratlos da. Er hat nur seinen Beruf gelernt und eine, wenn auch stundenweise Beschäftigung in diesem, ist aussichtslos. So versucht er, sich durch Vertretungen meist minderwertiger Firmen einen Nebenerwerb zu schaffen, läuft sich seine Schuhsohlen ab und setzt dabei noch manchmal zu. Das Berufsamt kann natürlich nicht allmächtig sein und neue Erwerbsmöglichkeiten aus dem Boden stampfen. Aber der Berufsberater hat einen umfassenden Ueberblick über den Arbeitsmarkt, über Verdienstmöglichkeiten. Er kommt mit den verschiedensten Berufsvertretern zusammen und kann so manchmal hören, wo eine stundenweise Kraft gebraucht wird. Durch Zusammenarbeit mit dem Arbeitsamt ergeben sich auch Arbeitsmöglichkeiten. Aufklärung der Arbeitgeberkreise, daß sie bei Bedarf sich an das Arbeitsamt bezw. Berufsamt wenden sollen, trägt viel zur Schaffung neuer Verdienstmöglichkeiten bei. Es kommt hier weniger auf Prüfung der Eignung an, als auf tatkräftige Hilfe. Das Berufsamt wird auf diese Weise immer unentbehrlicher und treibt damit eine Werbung, die in höchstem Maße als produktiv anzusprechen ist. Gleichzeitig erfüllt es damit eine soziale Funktion, den Menschen Freude an der Arbeit zu verschaffen. Nebenerwerb läßt den Menschen im Kontakt mit dem Wirtschaftsleben, hebt gesunkene Lebenskraft und trägt als ein kleiner Teil dazu bei, die Härten, die das heutige Wirtschaftssystem mit sich bringt, zu lindern.

Lehrstellen-Vermittlung

Die Berufsberatung hat die Aufgabe, jeden Ratsuchenden einem seinen Anlagen entsprechenden Beruf zu zuführen. Ein Beruf ist immer eine gelernte Tätigkeit, deren Kenntnis man sich in einer Lehrzeit aneignet. — Die Berufsberatung wäre gegenstandslos, wenn sie nicht im Anschluß an die Beratung den geeigneten Weg zeigt. So ist durch das neue Gesetz der Berufsberatung die Lehrstellenvermittlung angegliedert worden, in der Erkenntnis, daß die Berufsberatung erst vermittels der Lehrstellen-Vermittlung nachhaltige Erfolge erzielen kann. Heute, wo die Berufsberatung noch um ihre Popularität kämpft, kann man die Lehrstellenvermittlung gleichsam als Lockspeise betrachten, die die Berufsanwärter zwecks Erlangung einer guten Lehrstelle zum Berufsamt zieht. Die industriellen und kaufmännischen Großunternehmen haben den

Vorteil des Zusammenhanges zwischen Berufsamt und Lehrstellenvermittlung längst erkannt und decken ihren Lehrlingsbedarf allgemein beim Berufsamt. Allerdings darf man nicht zu optimistisch sein; denn die betreffenden Wirtschaftskreise betrachten die Berufsberatung vom privatwirtschaftlichen Standpunkt. Werden ihnen irgendwie besser geeignete Lehrlinge angeboten, so würden sie der Berufsberatung treubrüchig werden. Das Berufsamt kann aber nicht nur auserlesenes Material stellen. Dieses sucht sich meist von selbst seinen Weg. Es gilt gerade, die schwachen Elemente an den richtigen Platz zu stellen. — Die Handwerksmeister arbeiten mit dem Berufsamt noch nicht so zusammen, wie es zwecks Ausdehnung der Berufsberatung erwünscht wäre. Hier spielen noch viele Gefälligkeitsmomente herein, die der Meister seinem Kunden- und Bekanntenkreis erweist. Auch findet er nicht das richtige Vertrauen zum Berufsamt, da er in ihm noch zusehr die „Behörde" wittert. Diesem Uebelstand abzuhelfen, ist persönliche Aufgabe des Leiters, der sich mit den Handwerksmeistern bekannt machen muß. Ist das Vertrauensverhältnis erst hergestellt, so gilt es, mit den Innungen, Handwerks- und Handelskammern Vereinbarungen zu treffen, daß jeder Betrieb wenigstens einen Teil seines Lehrlingsbedarfes beim Berufsamt deckt. Vereinbarungen zu treffen, — wie es schon vielerorts geschieht — daß der Lehrlingsbedarf nur beim Berufsamt gedeckt wird, hält Verfasser für falsch. Denn diese rigorose Monopolpolitik würde praktisch auf eine Zwangsbenutzung des Berufsamtes hinauslaufen. Damit würde jedes Vertrauensverhältnis zwischen Berufsberatung und Bevölkerung zerstört. Trotz dieser Monopolbestrebungen wird es aber nicht dazu kommen, weil zu viele persönliche Momente bei der Lehrlingseinstellung mit hereinspielen. In größeren Betrieben erhält meist der Sohn eines dort beschäftigten Arbeitnehmers den Vorzug. Bei den Handwerkern spielen die schon erwähnten Beziehungen zu Kunden, Bekannten und Verwandten eine Rolle, die nie zu beseitigen sein wird. Im Allgemeinen ist aber die tatkräftige Politik der Berufsämter anzuerkennen, denn nur auf diese Weise gewinnt der Berufsberater rechtzeitig einen Ueberblick über den Lehrstellenmarkt und kann versuchen, bei zu geringem Angebot an Lehrstellen die Berufswünsche in andere Bahnen zu drängen. Dem Berufsberater wird dem Prinzip, in erster Linie die Fähigkeiten des Ratsuchenden zu berücksichtigen, nicht untreu werden, wenn er z. B. darauf hinwirkt, daß ein Berufsanwärter den Schlosserberuf in einem Industriewerk erlernt anstatt bei einem Handwerksmeister. Seine Politik richtet sich ganz nach der Zahl der verfügbaren Lehrstellen.*)

---

*) Stets: Ein Beispiel praktischer Berufspolitik. S. Arbeit und Beruf, 6. Jahrg., Heft 10, S. 326.

Gerade bei der Lehrstellenvermittlung zeigt sich die Verantwortung, die der Berufsberater zu tragen hat. Will er seine Aufgabe zur Zufriedenheit des Einzelnen und der Volkswirtschaft erfüllen, so muß er sich klar sein, ob ein bestimmter Gewerbezweig noch Entwicklungsmöglichkeiten bietet oder ob er über kurz oder lang dem Untergang geweiht ist. So werden die meisten Lehrlinge in das Handwerk vermittelt. Ueber den Fortbestand des Handwerks ist viel geschrieben und geredet worden. Durch Einführung der Gewerbefreiheit, durch fortgesetzte Industrialisierung und Mechanisierung des Arbeitsprozesses schien der Untergang für das Handwerk gekommen zu sein. Letzteres stand anfänglich dieser Neuerscheinung tatenlos gegenüber und die Spanne des Atemzuges, den es zur Besinnung, zum Bewußtsein seiner bedrohten Lage brauchte, schien vielen angesichts der rasenden industriellen Entwicklung als zu lang. Man hat nur Aussicht, den Feind zu schlagen, wenn man sich dessen Waffen und Kampfmethoden bedient. So machte sich das Handwerk den Kapitalismus zunutze und versuchte, sich in seiner Organisation als auch in der Technik des Arbeitsprozesses den modernen Forderungen anzupassen. Darlehenskassen, Produktiv- und Absatzgenossenschaften, Maschinenbenutzung usw., kennzeichnen den fortschrittlichen Geist im Handwerk. Einzelne Handwerkszweige waren allerdings nicht zu halten und sind dem Untergang geweiht. (z. B. in München und im Rheinland die Schäffler.) Es hat auch volkswirtschaftlich keinen Sinn, Handwerkszweige künstlich am Leben zu erhalten, wenn an ihre Stelle Einrichtungen getreten sind, die die Bedürfnisse der Wirtschaft schneller, billiger und besser befriedigen. — Andererseits sind durch die Industrie viele neue einträgliche Handwerkszweige erschlossen worden z. B. der Mechanikerberuf (Auto, Fahrrad, Nähmaschine, Schreibmaschine), Installateure, Radiofachmann usw. Durch den dauernden Modewechsel hat sich ein einträgliches Geschäft für Schneider und -innen, Putzmacherinnen usw. ergeben. Allerdings darf nicht verkannt werden, daß die meisten Handwerker nur Flickarbeit verrichten und schöpferisch nur in bestimmten Zweigen tätig sind. Ein Ausgleich ergibt sich insofern, als die Handwerker durch Verkauf industrieller Fertigwaren ihren Verdienst zu verbessern suchen. Die Handwerkszweige, die in Konkurrenz mit der Industrie liegen, z. B. Maßschneider, Hemdenschneider, Möbeltischler, Kunstgewerbler und -innen usw. müssen allerdings hohe Fertigkeiten in ihrem Fach aufweisen, die oft an das Künstlerische grenzen müssen. Derartige Berufsanwärter sind besonders gewissenhaft auf ihre Eignung zu prüfen. —

Wiederum gibt es Handwerkszweige, die immer bestehen werden und ihr Auskommen finden, so auf dem Gebiet der Herstellung von Nahrungsmitteln. Einen konservativen

Einschlag haben dagegen gewisse Handwerksbetriebe. So gab es im Jahre 1875 rund 79 000 Bäckereibetriebe mit 193 000 Personen, während 1925 die Zahlen, der allgemeinen Bevölkerungsentwicklung entsprechend, auf 104 000 mit 376 000 Beschäftigten gestiegen sind. Jedenfalls haben die handwerklichen Betriebe im Nahrungsmittelgewerbe wie auch in anderen Wirtschaftszweigen eine dem Bevölkerungszuwachs entsprechende Fortentwicklung erfahren."[6]) Es liegt nicht im Rahmen dieser Arbeit, näher auf die Handwerkspolitik einzugehen. Verfasser hat es aber doch für notwendig erachtet, kurz die Lebensfähigkeit des Handwerks zu streifen, denn der Berufsberater muß eine klare Anschauung davon haben — will er eine auch volkswirtschaftlich wertvolle Berufspolitik treiben. Es seien hierzu noch die Worte Ad. Weber's erwähnt, die er der Betrachtung über die Lebensfähigkeit des Handwerks widmet: „Der Kleinbetrieb scheint sich auf die Dauer nur da behaupten zu können, wo entweder 1. die Vorzüge des Großbetriebes nicht zur Geltung kommen. Das wird überall da der Fall sein, wo eine individuelle Anpassung an den Bedarf erforderlich ist, z. B. beim Kunsthandwerk, aber auch da, wo aus lokalen Gründen die Möglichkeit eines Massenabsatzes nicht gegeben ist, z. B. auf dem Lande oder 2. wo die Kleinbetriebe dem Großbetriebe anders geartete Vorzüge entgegensetzen können z. B. die Rücksichtnahme auf persönliche Wünsche wie überhaupt die Pflege der Beziehung von Person zu Person, oder endlich 3. wo ein organisatorischer Ausgleich für die Vorteile des Großbetriebes gegeben werden kann. Es kann das entweder dadurch geschehen, daß der einzelne Betrieb konkurrenzfähig gemacht wird durch Hilfe von Kredit-Rohstoff-Magazin-Genossenschaften oder dadurch, daß der eine Betrieb sich mit einer Reihe gleichartiger zu gemeinschaftlicher Arbeit, etwa unter Benutzung teuerer Maschinen vereinigt. Daß daneben die kaufmännische und technische Einsicht des Handwerkers nach Möglichkeit gefördert werden muß, versteht sich von selbst."[7])

Die Lehrstellenvermittlung ist nicht mit der Arbeitsvermittlung zu vergleichen. Die Allgemeinen Bestimmungen verpflichten den Berufsberater, nur in beruflich, sittlich und gesundheitlich einwandfreie Lehrstellen zu vermitteln. Denn das Lehrverhältnis ist in erster Linie Ausbildungs- und Erziehungs-Verhältnis. Eine gute Ausbildung kostet Zeit und Geld. Deshalb ist es allgemeines Streben, die Kosten für die Lehrlingsausbildung zu drücken, indem man die Lehrlinge stärker zu produktiver Arbeit heranzieht. — Der Berufsbera-

[6]) Böhme: „Arbeitsmarktpolitik auf weite Sicht". Der öffentliche Arbeitsnachweis, Jahrg. 5, Nr. 8 S. 422.

[7]) Ad. Weber: Allgemeine Volkswirtschaftslehre. S. 185/86. Verl. Dunker u. Humboldt, München u. Leipzig 1928.

tung ist durch die Lehrstellen-Vermittlung ein weites, reiches und dankenswertes Arbeitsfeld erschlossen. Verbesserung der Ausbildung, Ausmerzung ungeeigneter Lehrbetriebe, Einwirkung auf Tarifvertragsnormen, Anregungen zu weiteren Lehrlings-Schutzvorschriften, unerschöpflich ist das Gebiet des Lehrlingswesens." Die Heranziehung eines Qualitätsnachwuchses ist eben nicht schon dadurch gesichert, daß die Auswahl der Lehrlinge sorgfältigst getroffen wurde, sondern hängt auch davon ab, daß gute fachliche und schulische Berufsausbildung während der Lehrzeit erfolgt."[8]) — Ueber Verbesserungsmöglichkeiten, über die volkswirtschaftliche Bedeutung derselben sei im letzten Kapitel die Rede. — Hier sei noch bemerkt, daß es der Berufsberatung gelingen muß, auch die Aufsicht über die Lehrbetriebe zu führen und Verbesserungsvorschläge machen zu können. Nur dadurch ist es möglich, dem Einzelnen eine gute Lehrstatt zu bieten und zu verhüten, daß die Anforderungen an den Lehrling überspannt werden.

Durch das bis heute große Angebot von Lehrkräften wurden die Anforderungen besonders an den kaufmännischen Lehrling immer größer. Allgemein kann man beobachten, daß Betriebe kleineren Umfanges nur noch Lehrlinge mit Reifezeugnis einstellen. Das Reifezeugnis mag für den Inhaber persönlich von Nutzen sein; aber es ist ein Unfug, eine Vorbildung zu verlangen, die der späteren Verwendung des Lehrlings und der normalen gegebenen Aufstiegsmöglichkeit und Entlohnung Hohn spricht. — Weitere Bestrebungen zielen darauf ab, die Lehrzeit zu verlängern. Deutlich erhellt sich hieraus eine Abwehrpolitik gegen neuen Zufluß — eine Politik, der auch die Arbeitnehmerorganisationen aus Lohnrücksichten zustimmen. Anstatt die Lehrzeit zu verlängern, müßte sie verkürzt werden. Würden sich die Lehrherrn der Ausbildung des Lehrlings so widmen, wie es ihre Pflicht ist, so könnte fast allgemein die Lehrzeit herabgesetzt werden. Voraussetzung ist natürlich, daß nur geeignete Lehrlinge in die Lehre kommen. Die Gefahr, die in einer langen Lehrzeit liegt, ist die, daß sich eine gute Ausbildung nur diejenigen leisten können, deren Eltern eine finanzielle Durchhaltung während der Lehrzeit ermöglichen können. (s. auch Kap. XI.) — So ist es eine weitere Aufgabe der Berufsberatung, die Errichtung von Lehrlingsheimen zu propagieren, um besonders Tüchtigen eine Freistatt gewähren zu können und im Prinzip auf eine höhere Lehrlingsentlohnung hinzuarbeiten, einmal als Ausgleich für den meist fehlenden Familienanschluß und anderseits, um auch finanziell Schwachen eine Lehrzeit zu ermöglichen.

---

[8]) List: Menschenökonomie vom Standpunkt der Berufsberatung. Arbeit und Beruf. 6. Jahrg. Nr. 10 S. 315.

Zusammenarbeit mit den an der Berufsberatung interessierten Kreisen.

In der Wirtschaft ist alles im Fluß. Schwankungen auf dem Arbeitsmarkt, wechselnde Berufsanforderungen, Erfindungen, die neue Berufe bedingen, geheimes und offenes Ringen der Arbeitgeber und Arbeitnehmer um die Vormachtstellung — alles steht in innigem Zusammenhang und ändert das Wirtschaftsbild von Tag zu Tag. So kann das Berufsamt der Mitarbeit der Wirtschaft nicht entbehren, um elastisch zu bleiben und den Zusammenhang mit der Wirklichkeit nicht zu verlieren. Das ist ja das Wesentliche bei der Berufsberatung, daß für sie kein Schema paßt, daß sie Freiheit nach allen Seiten haben muß, um den gestellten Anforderungen gerecht zu werden. Durch die oben ausgeführte Lehrstellenvermittlung ist sie noch stärker an die Wirtschaft gebunden. Letztere steht ihr nicht ablehnend gegenüber. So hat die Industrie der Ueberzeugung von einer Notwendigkeit des Zusammenarbeitens durch folgenden Beschluß des Arbeitsausschusses für Berufsausbildung beim Reichsverband der Deutschen Industrie vom März 26 Ausdruck gegeben: Der Arbeitsausschuß für Berufsausbildung wird die Arbeiten der Berufsberatungsstellen tatkräftigst unterstützen. Er empfiehlt zu diesem Zweck die örtliche Zusammenarbeit zwischen diesen Stellen und den Industrievertretungen. Um den hilfsbedürftigen Berufen zu dem nötigen Nachwuchs zu verhelfen, wird die aktive Unterstützung der Berufsberatung in Schulen und Arbeitsnachweisen auf Vermittlung geeigneter Schaustücke und Berufsbilder der Werke für erwünscht angesehen. Der Deutsche Ausschuß für technisches Schulwesen hat bereits mit einer Probesammlung behufs einheitlicher Ausführung des Materials begonnen." Die Berufsberatung soll aber nicht nur Kenntnisse und Erfahrungen aus der Wirtschaft schöpfen, sondern soll ebenso in vielen Dingen veredelnd wirken und die Oeffentlichkeit über Berufsfragen aufklären. Beratung und Mitwirkung des Einzelnen, der Wirtschaft, der Oeffentlichkeit in Bezug auf die Pflege des kostbarsten Gutes eines Volkes — der Arbeitskraft — sind unerläßlich für eine weitere Gesundung der Deutschen Volkswirtschaft.

Es ergibt sich so eine enge Zusammenarbeit mit den Vertretungen von Handel, Gewerbe und Landwirtschaft und den vielen Fachvereinigungen. Nur auf dem Lande und in Kleinstädten ist es möglich, daß der Berufsberater mit den Lehrherrn verhandeln kann. — Eine Mitarbeit ist gesetzlich durch die Einrichtung der Fachbeiräte gegeben. Da diese nur eine beratende Stellung einnehmen, ist ihr Einfluß nur ein geringer. — Die Zusammenarbeit mit den Vertretern der einzelnen Berufsstände ist deshalb so wichtig, weil diese im

„fließenden Arbeitsprozeß" stehen. Sie werden fachliche Ratschläge geben können, sie werden mit dem Berufsamt Ausstellungen von Lehrlingsarbeiten veranstalten und mit auf Verbesserungen in der Lehrlingsausbildung dringen und insbesondere mit dem Berufsamt Abmachungen dahingehend treffen, daß freie Lehrstellen dem Berufsamt gemeldet werden. In diesem Zusammenhang ist auch die Arbeitsgemeinschaft mit den Leitern der Berufs-Gewerbe-Handelsschulen zu nennen. Am wichtigsten ist hier wohl die Zusammenarbeit mit der Berufsschule. Letztere ist heute von so ungeheurer Bedeutung, weil sie den Lehrlingen und jugendlichen Arbeitern das gibt, was sie bei ihrer praktischen Arbeit nie verspüren, den Zusammenhang mit dem Wirtschaftsleben, den großen Ueberblick über den eigenen Berufsstand. Sie soll weiter die Kenntnisse vertiefen, Entwicklungsmöglichkeiten zeigen, Ehrgeiz und Freude an der Arbeit erwecken. Sie hat es mit Schülern zu tun, welche die Berufswahl bereits hinter sich haben. Deshalb ist sie für die Berufsberatung so wichtig. Der Gewerbelehrer erkennt rasch, welche Schüler Lust und Liebe für ihr Fach zeigen, welche sich bewähren, welche nicht. Diese Beobachtungen sind für den Berufsberater sehr wertvoll. Sie bedeuten für ihn eine Kontrollmöglichkeit über die Richtigkeit seiner Beratung und lassen bei negativem Befund noch eine Umberatung zu. Einem besonders Tüchtigen kann durch das Berufsamt eine tatkräftige Förderung gewährt werden durch kostenlose Besuche von Sonderkursen und Fachschulen usw. Durch kleine Aufsätze, die die Gewerbeleherer ihre Schüler über ihren Eindruck im Betrieb usw. anfertigen lassen, durch geschickte Fragen erfahren sie sehr viel über die tatsächlichen Verhältnisse im Lehrlingswesen, über die Art der Behandlung usw. Sie erfahren auch, wann ein Lehrling ausgelernt hat und können auf diese Weise dem Berufsberater rechtzeitig Mitteilung von freiwerdenden Lehrstellen machen. — In einem Erlaß der Ministerien für V., Arbeits- und Wohlfahrts-M. Wirtschafts-M. vom 2. 3. 27 heißt es: „Einem Wunsche des Landesamtes für Arbeitsvermittlung entsprechend wird folgendes angeordnet: Die Leiter der Fortbildungs(Berufs-)-Schulen und der Gewerbe- und Handelsschulen haben am Beginn jeden Schuljahres, spätestens aber bis zum 15. Juni, durch Befragung der Schüler die bis zum Ablauf des Schuljahres (also bis zum 31. 3. des nächsten Jahres) voraussichtlich frei werdende Lehrstellen aller Art festzustellen und der zuständigen Berufsberatungsbehörde anzuzeigen, wobei mindestens die im anliegenden Vordrucke vorgesehenen Angaben zu machen sind. — — — Den Beratungsstellen ist es freigestellt, durch örtliche Vereinbarungen mit den Schulleitungen die Fassung des Fragebogens ihren Bedürfnissen entsprechend zu ergänzen. . . . (s. Verordnungsblatt des Sächs. M. f. Volksbildung, 9. J. Nr. 5 S. 21

März 27). Bildet die Zusammenarbeit des Berufsamtes mit den Vertretungen der Berufsstände und Berufsschulen eine praktische Arbeitsgemeinschaft, so kann man das Zusammengehen von Berufsamt, Schule und Jugendpflege, Wohlfahrtspflege mehr als eine Erziehungsgemeinschaft bezeichnen. Die Schule hat die Aufgabe, den Schülern das notwendige Rüstzeug für das Leben mitzugeben, sie u. a. auch durch Hinweise auf die Berufsethik, der Bedeutung der Berufswahl für das Leben auf die Berufswahl oder besser auf den Besuch des Berufsamtes vorzubereiten. Sie stellt so die Verbindung zum Berufsamt her, die durch gemeinsame Abhaltung von berufskundlichen Vorträgen, von Betriebsführungen noch verstärkt wird. — Wenn man heute — auch in Lehrerkreisen — einig darüber ist, daß die eigentliche Berufsberatung von der Schule nicht ausgeübt werden kann, so hat sie trotzdem praktische Bedeutung für die eigentliche Beratung. Sie hat die verantwortungsvolle Aufgabe, eine berufspsychologische Beobachtung der Schüler durchzuführen und damit die Grundlage für die Diagnose des Berufsberaters zu liefern. Im Kap. VII wird noch darauf zurückzukommen sein. Die Berufsberatung der Kriminellen, Gefährdeten, Hilfsschüler, Fürsorgezöglinge etc. bedeutet wirkliche Erziehungsarbeit, erfordert die schon erwähnte Arbeitsgemeinschaft mit Jugendpflege und Fürsorgeorganisationen. Es handelt sich durchweg um schwierige Beratungsfälle. Wichtig ist im Besonderen die nachfolgende Fürsorge, um einem Rückfall in die alten Schwächen vorzubeugen. Deshalb besteht auch an den großen Beratungsämtern ein sogen. „Fürsorgeausschuß," der sich aus dem Leiter des Berufsamtes, Vertretern des Wohlfahrtsamtes, Jugendamtes, Stadtarzt und Caritas zusammensetzt. — Berufsberatung und Jugendfürsorge sind nah verwandte Gebiete. Die Maßnahmen der letzteren zielen auf eine Ertüchtigung der Jugend ab, um sie für den Lebenskampf wehrhaft zu machen. Die Berufsberatung will ihnen dann helfen, den rechten Platz im Leben einzunehmen, wo ihre Anlagen, ihre Erziehung auf's Beste verwertet werden können. —

Die praktischen jugendpflegerischen Maßnahmen haben im Jugendamt ihren Ausgangspunkt. Dieses steht in ständiger Fühlungnahme mit ärztlich-heilpädagogischen Anstalten, mit dem Jugendgericht, Polizei, Hilfsschule, Wohnungsfürsorgerin, Waisenhäusern, Schwesternschaften, Elternschaft etc. Sie nimmt der Berufsberatung viel Mühe ab, indem sie über viele Mittel und Wege der Unterbringung Jugendlicher verfügt. Die Zusammenarbeit von Fürsorgeamt und Berufsamt, die Uebernahme von berufsberaterischer Tätigkeit durch das Fürsorgeamt kennzeichnet anschaulich folgende in Frankfurt getroffene Vereinbarung:

1. Jugendliche, die beim Jugendamt Rat und Hilfe suchen, ohne daß sich die Notwendigkeit fürsorgerischer Maßnahmen ergibt, werden an die Berufsberatungsstelle verwiesen.
2. Aktenmäßig betreute, normal geartete Schützlinge des Jugendamtes werden dem Berufsamt zur Beratung und Vermittlung überwiesen.
3. Bei aktenmäßig vom Jugendamt betreuten schwer erziehbaren gefährdeten und verwahrlosten, kriminell gewordenen, psychisch und physisch defekten Jugendlichen sowie beurlaubten Zöglingen wird dem Jugendamt die Berufsberatung und geeignete Unterbringung überlassen, zumal in fast allen diesen Fällen psychische Spezialgutachten der Jugendsichtungsstelle über den Grad der Berufsgeeignetheit vorliegen; das gleiche gilt für die Amtsmündel des Jugendamtes, bei denen Erholungs- oder Erziehungszweck ausschlaggebend ist.
4. Alle Schützlinge des Jugendamtes, bei denen die Familienverhältnisse im Interesse vorbeugender Jugendfürsorge auswärtige Unterbringung mit voller Verpflegung bedingen, werden vom Jugendamt beraten und vermittelt.
5. Im übrigen bleiben die Richtlinien für das Zusammenarbeiten von Jugendamt und Beratungsstelle v. 4. 9. 24 zwischen Reichsarbeitsministerium und Reichsministerium (RARBBL Nr. 27 vom 1. 12. 24) maßgebend.
6. Das Jugendamt gibt dem Arbeits- und Berufsamt monatlich listenmäßig über Zu- und Abgang, soweit Unterbringung in Frankfurt a. M. erfolgt ist, Kenntnis.[9])

Derartige Sonderabreden stellen keinen Eingriff in die Rechte des Berufsamtes, sondern nur eine Erleichterung dar. Ist es schon schwierig, Menschen mit normaler Veranlagung dort einzugliedern, wohin sie ihre Befähigung weist, um wieviel schwieriger muß dann die Eignungsuntersuchung und Eingliederung in derartigen Sonderfällen sein! Da kommt es nicht darauf an, daß die betr. Person am rechten Platze steht, sondern dort unterkommt, wo sie am wenigsten mit den Schikanen des Lebens zu tun hat, wo sie menschenfreundliche Arbeitgeber trifft, die Verständnis für die besondere Lage des Betreffenden haben. — Der Berufsberater lernt durch das Jugendamt und kann in Fällen, die keinen Aufschub vertragen, selbst jugendpflegerische Arbeit leisten. „So ist das rasche Eingreifen der Berufsberatungsstelle von erzieherischem Standpunkt aus oft von größtem Wert. Eine baldige Unterbringung in eine Anlern- oder Lehrstelle, in der Landwirtschaft oder in ungelernter Arbeit, eventuell in Kost und Wohnung bei dem Arbeitgeber, schützt die Ju-

[9]) Born: Die Zusammenhänge zwischen Fürsorgeamt, Arbeits- und Berufsamt. Döffan. Jahrg. 5, Nr. 8, S. 439.

gend vor den Gefahren der Straße. Gleichem Ziele dienen die mancherorts errichteten Werkstätten oder Beschäftigungsstätten für Jugendliche. (München, Nürnberg, Düsseldorf, Schweizer Vorlehrklassen). Die Berufsberatungsstellen werden deshalb oft schon tätig, ehe Jugendgericht oder Jugendamt Gelegenheit haben, einzugreifen." [10])

Ueber die Bedeutung der Berufsberatung für die Jugendlichen darf man diejenige für die Erwachsenen und Erwerbsbeschränkte nicht vergessen. Deren Berufsberatung erfordert eine enge Zusammenarbeit mit Wohlfahrtsamt, Krankenhäusern, Heilstätten, Blindenschulen etc. Diese Zusammenarbeit ist durch die große Zahl der Kriegsverletzten (allein 30 000 Blinde), die Schwierigkeit der Heilung und Unterbringung sehr gefördert worden. Mit der Errichtung von Heilanstalten, besonders für die Kriegsverletzten, ging die Errichtung von Laboratorien und Werkstätten zwecks Erprobung neuer heilpädagogischer Untersuchungs- und Behandlungsmethoden Hand in Hand. Es war besonders Aufgabe der Landesberufsämter, diese Einrichtungen, nachdem sie ihrem Zweck gedient hatten, der Berufsberatung nutzbar zu machen und die Fachpsychologen an Technischen Hochschulen und anderen arbeitswissenschaftlichen Instituten zu weiterer Arbeit für die Berufsberatung anzuregen.

Das Wohlfahrtsamt kann nicht alle Not lindern. Es stellt den vom Berufsamt Ueberwiesenen wohl Dienstkleidung, Reisegelder, auch Schulgelder zur Verfügung, aber alles dies reicht nicht in den meisten Fällen. So ist die Berufsberatung in hohem Maße auf die Hilfe der C a r i t a s angewiesen. „Umfaßt sie doch heute noch ein sehr weites Fürsorgegebiet und ist gerne zur Hand, wo Hilfe benötigt wird. Das gilt für Heime und Anstalten aller Art, von der Erholungs-, Gesundheits-, Gebrechlichen-, Schwachsinnigen-, Gefährdeten und von der Berufsunfähigen-Fürsorge. Hierbei kommen neben der Möglichkeit der Aufnahme mit eventuellen ganzen oder teilweisen Erlaß der Anstaltskosten auch noch Geldzuwendungen, Kleiderbeschaffung u. ä. in Frage. ...... Aus ihren Bestrebungen und Wünschen kann der Berufsberater manche Anregung schöpfen, und gerne wird er in diesen Kreisen aufgenommen, wenn er verstehend und hilfsbereit unter sie tritt." [11]) Man sieht, daß das Tätigkeitsgebiet der Berufsberatung ein weit verzweigtes ist. Der Berufsberater kann und soll kein Allwissender sein. Darum überläßt er die Berufsberatung in schwierigen Fällen den Stellen, die darin erfahrener sind. Nur eine geschickte Zusammenarbeit aller an der Berufsbe-

---

[10]) Kästle: Die Beziehungen der Berufsberatung zur Fürsorge. Ebenda S. 437.

[11]) A. Kästle: Die Beziehungen der Berufsberatung zur Fürsorge. Döffan Jg. 5 Nr. 8. S. 436.

ratung interessierten Kreise verbürgt die Erreichung des Ziels: Der rechte Mann am rechten Platz!

Vorbereitende u. aufklärende Tätigkeit.

Die Zusammenarbeit mit den oben angeführten Stellen bedeutet sowohl vorbereitende Tätigkeit als auch nachfolgende Fürsorge. Diese Arbeit ist aber nur produktiv, wenn durch sie auch ein Einfluß auf die Massen ausgeübt wird. Was nützt das schönste Plakat einer Firma, an dem Psychologe, Künstler litogr. Kunstanstalt vereint gearbeitet haben, wenn der Betrachter nicht weiß, worum es sich handelt oder wenn es an versteckter Stelle hängt! Propagierung des Gedankens der Berufsberatung, Aufklärung, Belehrung des Volkes tut not, um das Interesse für die Berufsberatung zu wecken. Wie ein Werbeleiter nicht ein Mal, sondern 50 Mal und immer mit anderen Worten und Formen inseriert, so muß auch das Berufsamt in vielerlei Gestalt Werbung treiben. Es ist dazu verpflichtet, weil es auf die freiwillige Inanspruchnahme angewiesen ist. Sorgfältige Nachforschungen des Verfassers haben ergeben, daß das Bestehen eines Berufsamtes den meisten unbekannt ist. Und die Schulentlassenen, die geschlossen zum Berufsamt geschickt wurden und dort die sogen. Allgem. Intelligenzprüfung (s. Kap. VIII) ablegten, hatten selbst dann noch keine Ahnung von dem Zweck und Wesen eines Berufsamtes. Würden die Kinder richtig aufgeklärt, daß z. B. diese allgemeine Prüfung nur eine Vorbereitung der Berufsberatung ist, daß sie sich nun mit ihren Eltern einfinden sollen, so wäre das Ergebnis oft ein anderes. In gebildeten Kreisen ist die Einrichtung der Berufsberatung fast noch unbekannter als in den übrigen Kreisen. Es mangelt immer noch an der nötigen Aufklärung, man kann die Leute erst interessieren, wenn sie von dem Bestehen einer derartigen Einrichtung Kenntnis haben. Also heißt es Werbung treiben. Verfasser betont gerade das Wort „Werbung", weil es deutlich den rastlosen Geist zeigt, das Bestehen, latente Bedürfnisse in offene zu verwandeln. Welchen Nachteil eine mangelnde Werbung und Aufklärung zur Folge hat, zeigt die Akademische Berufsberatung. Sehr sorgfältige Umfragen in der Münchener Universität haben ergeben, daß eine solche Einrichtung allen denen unbekannt ist, die nicht zufällig an einer Universität, die Beratungsstelle besitzt, schon studiert hatten. (So in Leipzig, Berlin, Jena). Aber auch an diesen Universitäten ist eine derartige Auskunftstelle oft unbekannt. Im Vorlesungsverzeichnis, in den Formularen, die man bei der Immatrikulation ausgehändigt erhält, ist nichts von einer akademischen Berufsberatung vermerkt. Die Anschläge, die evtl. darauf hinweisen, sind so unpsychologisch ausgeführt, an Stellen aufgehängt, wo sie nur ein gut geschultes Auge zu erblicken vermag. Dies soll nur ein Beispiel sein für die mangelnde Werbetätigkeit der Berufsberatung. Der Fehler liegt so an den Berufsämtern selbst, die es als Behörde unter ihrer Würde halten, sich das Geschäftsprinzip des Kaufmanns zu eigen zu machen. — Es scheinen Aeußerlichkeiten zu sein — die aber doch für ein rasches Gedeihen der Berufsberatung unentbehrlich sind. Die heutige Zeit legt weniger Wert auf Vorträge. Die Menschen wollen alles gedruckt sehen. Das gedruckte Wort hat auch heute, in der Zeit der „Aufklärung" noch immer eine größere Ueberzeugungskraft als das gesprochene Wort. Deshalb sollten alle Berufsämter diese Art der Aufklärung bevorzugen. Da der Entwurf von Plakaten, von Inseraten und Presseartikeln Zeit zum Nachdenken erfordert, der Berufsberater mit Geschäften aber überhäuft ist, so muß es vornehmlich Aufgabe der Landesberufsämter sein, einheitliche Aufklärungsfeldzüge zu veranstalten. —

Die Mittel dazu sind: Die Herstellung von Merkblättern, in denen auf die Wichtigkeit der Berufsberatung für das Leben des Einzelnen aufmerksam gemacht wird. Diese Merkblätter sind schon eine geläufige Erscheinung, da sie den Schülern kurz vor Schulentlaß ausgehändigt werden. Psychologisch richtiger wäre es, sie würden speziell für die Eltern abgefaßt und Zeitungen, Steuerlisten etc. ab und zu beigelegt werden. Eine Bitte darin, für eine Verbreitung des Berufsberatungsgedanken zu sorgen, wird seine Wirkung nicht verfehlen, da sich jeder gern als Förderer moderner Grundsätze fühlt. — Die Mitarbeit der Presse ist von großem Nutzen. Deshalb sollte zu allen Veranstaltungen, welche die Berufsberatung unternimmt, diese eingeladen werden. — Geschickt abgefaßte Artikel, unter Mithilfe der Redaktion an einen guten Platz in der Zeitung gerückt, verfehlen ihre Wirkung nicht. Diese Art Aufklärung ist schon recht gut ausgebildet und erfreut sich allgemeiner Beliebtheit. Als Beispiel sei ein Auszug aus einem Artikel in den M. N. N. gebracht: „Vor kurzem trat ein junges frisches Mädel ins Zimmer der Berufsberatungsstelle, glückselig, weil es eine hauswirtschaftliche Lehrstelle im neuen Altersheim bekommen hatte. Denn nun wird es dort zusammen mit anderen Lehrmädchen sich für den hauswirtschaftlichen Beruf in regelrechter Lehre vorbereiten, nicht nur Putzen und Staubwischen, sondern auch Kochen, Servieren, Waschen und Bügeln und Nähen lernen und am Ende der Lehrzeit sich einer Abschlußprüfung, der sogenannten „Hausgehilfinnenprüfung" unterziehen. . . . . .

Wenn gegenwärtig 33 Münchener Hausfrauen wöchentlich einmal den Förderkurs in der städt. hauswirtschaftlichen Frauenschule besuchen, um sich zuletzt der Hauswirtschaftsmeisterinnenprüfung zu unterziehen, so tun sie es in der Erkenntnis ihrer Aufgabe: an der gründlichen hauswirtschaftl. Ausbildung unseres weiblichen Nachwuchses mitzuarbeiten.

Eine Aufgabe, deren Wichtigkeit im Hinblick auf die familien- und volkswirtschaftlichen Auswirkungen gar nicht ernst genug genommen werden kann. — Die Berufsberatungsstelle, Abteilung für Mädchen, Thalkirchenerstr. 54, nimmt während der Geschäftszeit Meldungen von Hausfrauen und lehrstellensuchenden Mädchen jederzeit entgegen. Dort sind auch Merkblätter über die hauswirtschaftliche Lehre und Auskunft über alle Fragen der hauswirtschaftlichen Lehrverhältnisse zu erhalten." [12])

In diesem Artikel wird geschickt an den Ehrgeiz von Mädchen und Frauen appelliert, daneben eine neue Laufbahn propagiert und im Zusammenhang damit auf die Beratungsstelle hingewiesen. Die in dem Artikel angeführten Merkblätter über spezielle Berufsfragen sind als Aufklärungsmittel sehr wichtig. Einerseits erinnern sie an das Bestehen des Berufsamtes, andererseits ersetzen sie notdürftig den mangelnden Einblick in das Berufsleben. — Ein sehr glücklicher Einfall ist die Herausgabe einer „Schülerzeitung", wie sie erstmals vom Berufsamt Harburg-Wilhelmsburg herausgebracht wurde. Hier wird in amüsanter Form allmonatlich Berufsaufklärung geleistet. Der Vorteil ist, dass die Schüler wie die Eltern Interesse daran nehmen und im Laufe der Zeit die verschiedensten Berufe behandelt werden können. Einheitliche Berufspolitik kann hier in der Weise getrieben werden, daß diese Zeitung von einer Zentralstelle, z. B. einem Landesberufsamt, geleitet und mit jeweils verändertem Kopf den Berufsämtern zur Verteilung zugestellt wird. — Mit Erfolg ist auch der Rundfunk in den Dienst der Berufsberatung gestellt worden, indem sich hier sehr gut berufskundliche Fachvorträge mit Hinweis auf die Berufsberatung vor einer großen Zuhörerschaft aus den verschiedensten Kreisen halten lassen. Dieselben Vorträge können wieder in der Schule verwendet werden, wenn der Berufsberater persönlich zu den Kindern sprechen möchte. Der Fachvortrag ist deshalb so wichtig, weil es sehr schwer ist, Betriebsführungen und Besichtigungen aller Art durchzuführen. Wegen der Größe der Klasse und der damit verbundenen Verantwortung sind solche für Volksschulen ganz ausgeschlossen. Aelteren Schülern höherer Lehranstalten, Studenten etc. zeigen die Werke auch von sich aus mehr Entgegenkommen, weil sie 1. größeres Verständnis voraussetzen können und 2. hoffen, auf zukünftige Geschäftsbeziehung mit dem einen und anderen reflektieren zu können. Der Fachvortrag gestattet auch eine weitere Fühlungnahme mit der Wirtschaft, da man den betr. Referenten ihren Kreisen entnehmen kann. Schießer äußert sich hierzu: Wer soll nun die nötigen Vorträge abhalten? Unmöglich der Berufsberater, wie es hin und wieder gefordert wird. Er kann es nicht und

[12]) Münchener Neueste Nachrichten. Nr. 343 1928. Art.: Ein neuer Weg zur Erlernung der Hauswirtschaft.

mag er noch so tüchtig sein. Der Lächerlichkeit, ein Allwissender zu sein, darf er unter keinen Umständen ausgesetzt werden: Für die berufskundlichen Fachvorträge ist der Fachmann da; soweit der Berufsberater Fachmann ist, natürlich auch er."[13]) Auf diese Weise gewinnt man die Wirtschaft zu aktiver Beteiligung an der Berufsberatung, verrichtet gleichzeitig Aufklärungsarbeit und wirbt für den Besuch des Berufsamtes. So wird über den Vortragsabend des Berufsamtes München berichtet: „An zwei öffentlichen Vortragsabenden der Berufsberatungsstelle, Abtlg. Mädchen, denen neben zahlreichen Eltern und Schülerinnen auch Angehörige des Landesberufsamtes, der Lehrerschaft, der Arbeitgeber und Arbeitnehmer anwohnten, sprach die I. Berufsberaterin, Fräulein x über Berufsmöglichkeiten für Volksschülerinnen und Mädchen mit höherer Schulbildung.

Eine Fülle von Lichtbildern veranschaulichte der zahlreichen Zuhörerschaft das Wesen der besprochenen Frauenberufe. Aus den Gebieten der Wäschemaßschneiderei und Putzmacherei wurden noch besonders hübsche Arbeitsstücke durch die Damen.... Obermeisterin der Zwangsinnung für das Wäscheschneidereigewerbe und Fräulein ..., I. Vorsitzende der Vereinigung der Münchener Putzgeschäfte, vorgezeigt. Fräulein .. machte wertvolle ergänzende Ausführungen über den kaufmännischen Beruf ....“[14]). Auch hier zeigt sich wieder, wie geschickte Politik des Berufsberaters den Interessen des Berufsamtes, des Einzelnen und der verschiedenen Gewerbe durch einen Fachvortrag gedient werden kann. Als Fachvortrag kann man auch die Lehrfilme ansprechen, die in ausgezeichneter Weise in den Arbeitsprozeß Einblick gewähren. Sie erwecken besonders bei den Jugendlichen mehr Anteilnahme, da ein Vortrag leicht ermüdend wirkt. Die Einstellung des Films in die gute Sache der Wirtschaft und Wissenschaft ist noch mehr zu fördern. Er allein kann ein getreues Abbild der Wirklichkeit geben und dem Jugendlichen einen Einblick in die ihm sonst verschlossene Wirklichkeit geben. Nicht einfach zu entscheiden ist es, auf wen die Aufklärungsarbeit besonders zugeschnitten sein soll: auf die Eltern oder den Jugendlichen. Richtig ist, daß das Kind, das bald die Schule verläßt, das größte Interesse zeigen wird. Aber die Jugend begeistert sich rasch — und ermüdet auch ebenso rasch. — Die Aufgeweckten werden aufpassen und zu Haus getreulich berichten. Doch die, welche es besonders angeht, die Schwachen, werden nur wenig Interesse zeigen. So hat man die Elternabende der Berufsberatung nutzbar gemacht. Diese sollen eine Verbindung zwischen Schule, Lehrerschaft und Eltern herstellen. Aber schon hier zeigt sich,

[13]) Schießer: Der berufskundliche Fachvortrag. Heft 9 der Bücherei des öffentl. Arbeitsnachweiswesens. S. 12. Kohlhammer Stuttgart 1926.
[14]) Münchener N. N. Nr. 355, S. 17: Berufsaussichten unserer Töchter. 1928

daß nur die Eltern die Abende besuchen werden, die sich die Sorge um das Fortkommen ihres Kindes besonders angelegen sein lassen. Solche Eltern werden ihr Kind nie wahllos einem Beruf zuführen, sondern immer bemüht sein, Fähigkeiten und Berufsanforderungen in Einklang zu bringen. Das bedeutet für die Berufsberatung, daß ihre Bemühungen wohl auf guten Boden fallen, der gut vorbereitet ist, daß aber der schlechte Boden nicht beackert wird. Die Folgerung, die aus allem zu ziehen ist, heißt, in der Schule den berufskundlichen Unterricht mehr pflegen. Anstatt geistiger Uebersättigung und Vollpfropfung mit totem Wissen, soll das Leben selbst mehr in den Unterrichtsplan aufgenommen werden. Die Schüler werden durch mehr Anteilnahme an schulischen Dingen dafür danken!

Wie in jedem Klassenzimmer ein Bild aus der Deutschen Geschichte hängt, so „gehört auch in jedes Schulzimmer ein Verzeichnis der Berufe, die den Zöglingen der jeweiligen Schulgattung offenstehen. Die Skala der Berufe, denen sich ein Jugendlicher von sich aus zuwenden will, ist nicht allzu reichhaltig. Die Ursache liegt in der mangelnden Kenntnis der Berufe. Von der Mehrzahl sind nicht einmal die Namen bekannt, geschweige denn etwas von ihrem Wesen."[15])

Alle diese Maßnahmen bedeuten für die Berufsberatung Werbung und für die Allgemeinheit Aufklärung zugleich. Der Möglichkeiten, Werbung zu treiben, gibt es noch viele, so z. B. Beteiligung an Ausstellungen etc. Der Gedanke, die moderne Werbetechnik mehr in den Dienst öffentlicher Aufgaben zu stellen, wird unterstützt durch Uderstädt. Eine seiner Aphorismen sei hier wiedergegeben: „Die letzte die höchste, die edelste Betätigung der Gemeinschaftswerbung wäre die Propaganda für das Allgemeinwohl, für die festliegenden Ziele der deutschen Wirtschaft, für die Unterjochung der egoistischen Wirtschaftsorientierung zugunsten der großen Volkswirtschaft. Das Publikum ist daran gewöhnt, sich durch sie belehren zu lassen, und alle Bemühungen, zu einer Arbeitsgemeinschaft aller durch das deutsche Schicksal Verbundenen zu kommen, müssen versagen, wenn ihnen reklametechnisch aufgezogene Propaganda nicht zu Hilfe kommt."[16]) — Wenn die Betrachtung über die vorbereitende und aufklärende Tätigkeit vielleicht als allzusehr ins Einzelne gehend, angesehen werden mag, so sei darauf hingewiesen, daß besonders die Vorbereitung für den Erfolg maßgebend ist. Verfasser möchte noch weiter gehen und sagen, daß die Berufsberatung schon dann ihren volkswirtschaftlichen Zweck erfüllt, wenn sie nur aufklärende Arbeit leisten würde. In der Praxis zeigt

---

[15]) Bogen: Die Psychologie in der Praxis der Berufsberatung. S. 9 Heymann-Verlag. Berlin 1925.

[16]) Uderstädt: Werber und Zeitung. „Die Reklame" 2. Novemberheft 21. Jhg. Verlag: Francken und Lang, Berlin.

die Reklame ihren Erfolg in einem Ansteigen der Verkaufsziffer. Die Berufsberatung kann nicht mit demselben Maßstab messen, weil nie die Höhe der Besucherzahl ein Gradmesser sein kann, sondern der Erfolg im Wirtschaftsleben. Der Berufsberatung sind materielle und Gefühlswerte gleich wichtig. Der Erfolg, einem Menschen zu einem Beruf verholfen zu haben, der vielleicht weniger einbringt, dafür aber mit wirklicher Freude ausgeführt wird, ist für den Einzelnen, die Allgemeinheit und die Volkswirtschaft ungleich ein größerer, als wenn der Betreffende einen auf's Geratewohl ergriffenen Beruf ausübt, der vielleicht ein höheres Arbeitseinkommen verbürgt, aber mit Unlust betrieben wird. Der Mensch bildet Ausgangspunkt und Endpunkt aller volkswirtschaftlichen Betrachtungen und auch vom privatwirtschaftlichen Standpunkt ist es das erstrebenswerte Ziel, daß der größte der drei Produktionsfaktoren, die Arbeitskraft, schöpferisch voll ausgenutzt wird. „Lust zur Arbeit (Gegensatz: Müßiggang) und Freude an der Arbeit (Gegensatz: Interesselosigkeit) sind psychische Grundbedingungen. Die Lust zur Arbeit steigt mit der Ausdehung und Differenzierung der Bedürfnisse, die durch Arbeit befriedigt werden können. Die Freude an der Arbeit setzt aber voraus, daß die Arbeitsbetätigung als solche Freude macht. Das wird regelmäßig nur dann der Fall sein, wenn man von der Bedeutung, der Würde, der Schönheit der Arbeit durchdrungen ist."[17]) Die Bedeutung der Berufsethik kann man nicht messen und wägen. Trotzdem ist sie so nötig wie das Salz auf's Brot. Deshalb ist auch die Aufklärungsarbeit der Berufsberatung so wertvoll, weil sie die Erkenntnis bringt „daß der Mensch nicht nur von der Arbeit, sondern in der Arbeit leben muß." [18])

Dieses Verständnis kann der Berufsberater nicht in der Sprechstunde wecken. Die Allgemeinheit muß davon durchdrungen sein. Ist der Gang zum Berufsamt — dem Wegweiser zum rechten Beruf — jedermann selbstverständlich geworden, dann hat die Aufklärungsarbeit ihre Dienste getan und die freiwerdenden Kräfte können zu dem eigentlichen Ausbau der Berufsberatung verwendet werden.

Die Aufklärungsarbeit und die eigentliche Beratung erfordern eine Zweiteilung des Wirkungskreises in planmäßigen Innen- und Außendienst. Wenn das Landesberufsamt dem Berufsberater auch einen großen Teil Aufklärungsarbeit abnimmt, so kann dies immer nur Teilarbeit sein. Denn es ist ja das Kennzeichnende für die Tätigkeit des Berufsberaters, daß er durch seine Persönlichkeit die Brücke zwischen Berufsamt und Wirtschaft schlagen muß. — Die Schwierigkeit der Geschäftsführung ergibt sich aus der Verschiedenheit

---

[17]) Ad. Weber: Allgemeine Volkswirtschaftslehre S. 69.

[18]) Ad. Weber: Allgemeine Volkswirtschaftslehre S. 499. V. Duncker u. Humbolt, München u. Leipzig 1928.

der Inanspruchnahme durch die Ratsuchenden. Da sich diese zu den Schulentlaßterminen drängt, müssen die organisatorischen Arbeiten, wie die Versendung von Schulfragebogen, Festlegung der Vortragsabende, Schulbesprechungen, Werkstättenbesuch, statistische Arbeiten etc., in die ruhigeren Monate verlegt werden. — Die Bewältigung des ungeheueren Schriftverkehrs kann nur auf formularmäßigem Wege geschehen. Es bedeutet eine Vereinfachung des Geschäftsbetriebes und damit Zeitgewinn für die Berufsberatung, die nur in Aussprache des Berufsberaters mit dem Ratsuchenden und dessen Eltern geschehen kann. —

VII. Kapitel

Die Methodik der Eignungsfeststellung.

Die Berufsberatung kann man in eine „engere" und eine „weitere" scheiden. Die erstere ist die eigentliche. Sie versucht auf Grund einer eingehenden Eignungsfeststellung des Ratsuchenden einen passenden Beruf für ihn zu finden. Die letztere zieht wirtschaftliche, persönliche Momente wie Neigung, Milieu, finanzielle Verhältnisse, Entwicklungsmöglichkeiten etc. hinzu. Nie dürfen die letzteren Faktoren bei einer idealen Berufsberatung die entscheidende Rolle spielen. Da diese Feststellung eine psychologische Tätigkeit darstellt, demnach auch umfassendes psychologisches Wissen erfordert, möchte Wilh. Weber eine reinliche Scheidung zwischen Berufsberater und Fachpsychologen sehen. „Dem Berufsberater obliegt die Vorbereitung der Jugendlichen in Bezug auf ihre Berufswahl durch Vorträge oder durch Werbeschriften, öffentlich oder im Rahmen der Schule, desgleichen bei Aufklärung derer, welche bei der Berufswahl ein Wort mitzureden haben, vor allem der Eltern. Ferner hat der Berufsberater Rat und Auskunft zu erteilen. .... Im Mittelpunkt jeder Berufsberatung muß aber, wie Liebenberg sagt, die Eignungsfeststellung stehen. Zur Feststellung der körperlichen Eignung muß er einen Arzt, zur Feststellung der geistigen Eignung einen Psychologen hinzuziehen.... Die Zuziehung des Psychologen scheitert aber einmal an der Tatsache, daß es nur wenig Psychologen gibt und ferner an der finanziellen Kraft der Stellen, denen bislang die Berufsberatung aufgegeben ist."[1]) Die Tätigkeit eines Psychologen gipfelt in der „Eignungsprüfung". Sie betreibt vornehmlich die „Berufsauslese", d. h. man untersucht den Betreffenden, ob er für einen bestimmten Beruf geeignet ist. Den Gegensatz dazu bildet die „Sachgebietauslese" (n. Lipmann) oder die „Berufszuweisung" (W. Weber), die einen Menschen auf seine Fähigkeiten

[1]) Wilh. Weber: Die praktische Psychologie i. Wirtschaftsleben. S. 152 u. 20. Verl. v. J. Ambr. Barth, Leipzig 1927.

untersucht und ihm dann erst einen Beruf vorschlägt. — Die Grenzen sind flüssig. — Berufsauslese und Berufszuweisung faßt man allgemein unter dem Begriff „Eignungspsychologie" zusammen. Da der Psychologe mit Vorliebe Berufsauslese betreibt, so ist auch die ganze Forschung der wissenschaftlichen Institute auf Erprobung neuer Eignungsprüfungsmethoden für bestimmte Berufe gerichtet. Es sei schon an dieser Stelle gesagt, daß die Psychotechnik einseitige Politik betreibt und nicht vom Menschen, sondern von der Wirtschaft aus ihre Aufgabe betrachtet — eine Einstellung, die entgegengesetzt der Aufgabe der Berufsberatung gerichtet ist. Diese Disharmonie muß sich auch in der Berufsberatung auswirken, wenn man so scharf zwischen Berufsberater und Psychologen unterscheiden will. Wer schon praktischen Einblick in die Wirtschaft genommen hat, wird den Unterschied zwischen dem kaufmännischen und technischen Direktor kennen. Beide kämpfen um eine Vormachtstellung. Dieses Verkennen der Gemeinschaft, des Organischen eines Betriebes muß auf die Produktion lähmend wirken. Dasselbe gilt für die Berufsberatung. Deshalb keine Trennung zwischen Berufsberater und und Psychologen! Zu fordern ist vielmehr, daß der Berufsberater sich in einem geordneten Lehrgang die zur Ausübung seiner Tätigkeit erforderlichen psychologischen Kenntnisse aneignet. Die Berufsberatung soll sich wohl in besondere Abteilungen wie für Erwachsene, Jugendliche, Frauen und Mädchen gliedern, aber in jeder Abteilung soll der Leiter uneingeschränkt wirken können.

Berufsanalyse.

Um einen Ratsuchenden einem Beruf zuweisen zu können, muß man über die Anforderungen, die ein Beruf stellt, im Klaren sein. Es ist unmöglich, Fähigkeiten und Anforderungen zu vergleichen, wenn nicht von sämtlichen Berufen ein Berufsbild vorhanden ist. — So ist es Aufgabe der Berufskunde, ein Gesamtbild von den Fähigkeiten und Anlagen zu geben, die ein Berufsanwärter von Haus aus mitbringen muß, um den Berufsanforderungen gerecht zu werden. — Geistige, körperliche, seelische Anforderungen sind zu ergründen. Die Berufskunde befindet sich noch in den Anfängen. Gerade die Erfassung des seelischen Moments, des rein Psychologischen bereitet kaum zu überwindende Schwierigkeiten. Unter den Berufen scheint hierin kein Unterschied zu bestehen. Alle fordern Fleiß, Treue, Ehrlichkeit etc. Hiermit ist aber die Reihe noch nicht erschöpft. Ein Beruf kann auf gewisse Triebe des Menschen begünstigend, aber auch eindämmend wirken. „Hier muß der Berufsberater die Eigenart des Prüflings und des Berufes erforschen und berücksichtigen. Leichtfertige junge Leute, die mit Geld nicht umzugehen wissen, kann ein Beruf zu Verbrechen verleiten, bei dem frei umherliegende Wertsachen die Begehrlichkeit, reizen oder der Gelegenheit zu unbeaufsichtigtem Aufenthalt in fremden Räumen gibt. (Goldschmied, Tapezierer, Elektriker). Zu Vermögensdelikten gegen den Meister oder gegen Dritte geben auch die Vertrauensberufe Anlaß, bei denen eine Ueberprüfung der Menge und Art des verwendeten Materials nicht oder nur schwer möglich ist. (Dachdecker, Mechaniker, Goldarbeiter). Besondere Aufgaben stellt die Alkoholindustrie und das Schankgewerbe dem Berufsberater, namentlich, wenn er Jugendliche vor sich hat, die selbst aus alkoholverseuchten Familien stammen und daher verminderte Widerstandskraft gegen Rauschgift besitzen.“ [3]

Die Berufskunde hat auch besondere Eigentümlichkeiten, die ein Beruf mit sich bringt, festzustellen, z. B. Streitsucht, Verrohung, Sinnenlust, Eigenbrödelei etc. Wieder gibt es Menschen, die nur allein, andere, die nur im Verein mit anderen wirklich produktiv schaffen können. Dies alles sind Faktoren, die zu einer vollständigen Berufsanalyse gehören. Es bestehen wohl Studien- und Berufsführer, aber sie alle geben nur ein äußerliches Bild, erschöpfen sich in der Aufzählung äußerlicher Einzelheiten. Den ersten wirklich brauchbaren Versuch hat das Landesarbeitsamt Sachsen-Anhalt mit der schon erwähnten Herausgabe des „Handbuches der Berufe I und II gemacht. Es hat ein Schema geschaffen, nach dem alle Berufe analysiert werden. Der Fehler ist allerdings auch hier, daß der psychologische Teil etwas kurz weggekommen ist. Trotzdem sei das Schema hier wiedergegeben:

I. Das Wesen des Berufes. (Entwicklung und volkswirtschaftliche Bedeutung bei Arbeitsbeschreibung z. B. Arbeitsgang, Arbeitsteilung, Arbeitsweise, Arbeitsmittel, Eigenart der Arbeit, Berufsgefahren).

II. Die körperlichen und geistigen Anforderungen.
   a) unbedingt erforderliche Eigenschaften.
   b) besonders fördernde Eigenschaften.
   c) ausschließende oder hindernde Eigenschaften.

III. Ausbildung (Schulbildung, Ausbildungsgang, Fortbildung, Fachschulen).

IV. Wirtschaftliche — soziale Verhältnisse.
   a) Arbeitsbedingungen z. B. Arbeitsvertrag, Arbeitszeit, Entlohnart.
   b) Berufswege, z. B. Stellungen, Laufbahn, Uebergangsmöglichkeit zu benachbarten Berufen.
   c) Arbeitsmarkt z. B. Aussichten des Berufes, provinzielle Verschiedenheit.
   d) Organisationen des Berufes.
   e) Tarife.

V. Literatur. (Fachzeitschriften, sonstige Literatur, Einzeldarstellungen, auch in der schönen Literatur.)

VI. Anschauungsmaterial. (Bildl. Darstellung des Berufes; Filme über den Beruf.)

Ein Nachteil der vorhandenen Berufsanalysen ist, daß sie in vielen Punkten rasch veraltern. Ausbildung, Arbeitsbedingungen, Berufsaussichten sind in stetem Wandel begriffen. Doch bleiben die körperlichen, geistigen, sittlichen Anforderungen meist konstant und deshalb wird eine Berufsanalyse, die besonders darauf konstruiert ist, stets ihre Gültigkeit bewahren. „Die Idee eines Berufes steht nun einmal in ihren Grundzügen fest und ist das Produkt einer jahrelangen Entwicklung. Ein Beruf kann jahrhundertelang in seiner Struktur der gleiche geblieben sein, nur kleine Aenderungen erfahren haben; er kann aber auch plötzliche Wechsel durchgemacht haben und noch durchmachen. Schließlich kann er ganz verschwinden und es kann an seiner Stelle ein ganz neuer Beruf auftauchen. Im Allgemeinen bleibt aber das Berufsbild längere Zeit das gleiche und ändert sich nur langsam.“ [3])

Trotzdem bilden die bestehenden Berufsanalysen in ihrer augenblicklichen Form dem Berufsberater nur eine unvollkommene Hilfe. Heute noch muß er von der Neigung des Ratsuchenden ausgehen und dessen Eignung für den vorgeschlagenen Beruf feststellen. Disharmoniert Eignung und Neigung, so wird er negativ entscheiden. Dies ist wohl wertvoll, denn er hat den Ratsuchenden einem Beruf ferngehalten, in dem er nur unvollkommene Arbeit leisten würde. Jetzt fängt aber das Herumexperimentieren und Suchen an. Der Berufsberater greift einen Beruf, den er für passend hält, aus der Vielzahl heraus und untersucht den Ratsuchenden daraufhin. Eignet sich dieser dafür, so wird er in der Regel auch diesen ergreifen. Ein solches Verfahren ist aber „Personenauslese“, eine Beratung, wie sie der Berufsberater nicht treiben soll. Der Prüfling ist wohl untergebracht, aber es steht nicht im Geringsten fest, ob der vorgeschlagene Beruf auch tatsächlich der geeignetste ist. Dieser Mangel der Berufsberatung liegt nicht am Berufsberater, sondern an dem Mangel des Systems. „Solange solche Berufsskizzen nur für einzelne Berufe geschaffen sind, dienen sie im wesentlichen der Personenauslese, d. h. der Fernhaltung ungeeigneter, die sich gerade für einen Beruf interessieren, dessen psychologische Anforderungen gerade schon erforscht sind. Hier liegt eine Aufgabe, die unbedingt gelöst werden muß, und zwar in dem Sinne, daß weitere Berufspsychographien geschaffen und zu großen Uebersichten, die die Berufe nach ihren psychologischen Anforderungen gliedern, zusammengefaßt werden.“ [4]) — Es gilt also ein System zu schaffen, bei dem die Haupteigenschaften eines jeden Berufes herausgeschält und nebeneinander gestellt werden. „So kann es vorkommen, daß Berufe, die auf den ersten Blick nichts Gemeinsames haben, dennoch dicht neben-

[3]) W. Weber. . . . . . S. 27.
[4]) Busold: Berufsberatung und Berufsauslese. S. 32.

einander zu liegen kommen, weil sie eine oder einige oder viele gleiche, wenn auch nicht unmittelbare zutage tretenden Eigenschaften erfordern." [5])

Wenn Verfasser oben gegen eine Vormachtstellung der Fachpsychologen eintrat, so geschah es auch deshalb, weil die Methoden der psychologischen Berufsanalyse keineswegs feststehen. Es gibt verschiedene Methoden zur Erlangung von Berufsanalysen. Der beste Weg wird wohl der sein, den das arbeitswissenschaftliche Institut in Moskau beschreitet. Hier erlernt der Psychologe den zu bearbeitenden Beruf. Auch hier liegt eine große Fehlerquelle. Denn wenn der Psychologe in kurzer Zeit einen Beruf erlernt, so erhält er wohl einen „Einblick" in den Beruf, aber keine wirkliche Kenntnis desselben. Für einen Menschen spielen gerade die seelischen Momente im Beruf eine Rolle — und diese lassen sich nicht in „spielerischer" Arbeit erfassen. Denn eine derartige Arbeitsstudie bleibt immer „Spiel", weil der Beruf nur als etwas Vorübergehendes aufgefaßt wird. Man denke an seine evtl. Werkstudentenzeit! Es ist gleich, ob man auf dem Güterbahnhof oder im Bankkontor gearbeitet hat. Man arbeitete wohl wie jeder andere. „Erleben" aber konnte man diese Arbeit nicht, weil sie ja kein „Endzweck", sondern nur Mittel zum Zweck war. So blieb man auch den anderen Arbeitskollegen immer ein „Fremder". Trotz dieses Mangels ist es noch die sicherste Methode. Ob eine Monotonie der Arbeit herrscht oder nicht, ob man auf die Hilfe der Mitarbeiter angewiesen, ob die Arbeit die Phantasie in irgendeiner Form weckt usw., alles das läßt sich exakt feststellen. Der Einfluß auf das Gemüt jedoch läßt sich in kurzer Zeit nicht feststellen. Der Psychologe bringt von Haus an eine andere Einstellung zum sozialen Geschehen mit und durch seine Sonderstellung gewappnet kann e r alle Eindrücke nur subjektiv empfinden. Den Arbeitsvorgang selbst, das Bild der Arbeit vermittelt auf bequemere Art das Lichtbild, der Film. Um größere Wirklichkeitstreue zu erzielen, kann dem Aufnahmeoperateur der Psychologe zur Hand gehen und auf die wichtigsten Punkte aufmerksam machen. Die Bedeutung des Film findet natürlich seine Grenzen in der Art der Berufe. Nur bei rein manuellen Berufen ist er anzuwenden. — Eine zweite Möglichkeit zur Schaffung eines Berufsbildes bietet der „F r a g e b o g e n".

Hier wird im Verein mit berufenen Fachvertretern ein Fragebogen ausgearbeitet, der nach Anforderungen und besonderen Merkmalen fragt und dem Beantwortenden Raum für besondere Mitteilungen läßt. So bestehen Fragebogen von Lipmann, Ulrich, Piorkowski usw. für die verschiedensten Berufe wie Buchbinder, Goldschmied, Tapezierer, Friseur. Diese Bogen werden an Kapazitäten auf diesem Berufsgebiet

[5]) Busold: Berufsberatung und Berufsauslese S. 29.

verschickt und durch Vergleich der Antworten so ein Berufsbild geschaffen. Der Nachteil ist offensichtlich: Anfängliches Interesse der Befragten ermüdet rasch bei der großen Anzahl der Fragen (bis 200). Oft ist auch die Sprache zu gelehrt, besonders den biederen Handwerksmeistern. Den Befragten fehlt auch oft die Ausdruckskraft und sie schreiben nur „ja" und „nein". Diejenigen aber, die wirkliches Interesse haben, übertreiben gern und bejahen alles, was den Beruf recht wichtig macht. W. Weber bemerkt einmal sehr humorvoll: „Die psychologische Sprache versteht der Laie aber nicht und weiß keine Antwort zu geben; man fragt z. B. einen einfachen Handwerker gemäß Frage 98 des Fragebogens von Piorkowski, der übrigens im Verhältnis zu anderen Fragebogen noch sehr verständlich ist: Erfordert Dein Beruf Verständnis für Abstraktes (Nichtanschauliches)? [6]) — Ein Fragebogen bewährt sich aber nur dann, wenn er allgemeinverständlich gehalten ist oder besser, wenn der Psychologe praktische Berufsarbeit leistet und während dieser Zeit die Fragen portionsweise den Befähigten des Betriebes vorlegt und seine Beobachtungen mit deren Antwort vergleicht. — Die letzte und primitivste Art endlich, durch einfache Beschreibung des Berufes durch Berufsvertreter psychologische Berufsbilder zu gewinnen, sei nur der Vollständigkeit halber erwähnt. Die Verbesserung und Ausgestaltung der Berufskunde ist nicht nur für die Berufsberatung wertvoll. Eine Kenntnis der Berufseigenarten gibt Gelegenheit zu Verbesserungen aller Art. Nur eine Kenntnis psychologischer Grundbedingungen gibt Gelegenheit zu psychologischen Verbesserungen (z. B. Verbesserung der Arbeitsschutzgesetze, des Betriebsschutzes). Für die Berufsberatung bildet die Berufskunde die Grundlage, um wirkliche psychologische Berufszuweisung treiben zu können. Erst dann wird wirkliche Arbeitsfreude erzielt. Diese schafft gesunden Arbeitsrhythmus, der das „wirtschaftliche Prinzip" zur vollen Geltung bringt. — In Deutschland treiben anerkannte berufskundliche Forschungen: das Berliner „Kaiser-Wilhelm-Institut für Arbeitsphysiologie" und das „Rheinische Provinzialinstitut für Arbeits- und Berufsforschung" in Düsseldorf.

Individual- u. Gruppen-Psychologie

Individuelle Beratung ist ein Grundsatz der modernen Berufsberatung. Diese zu fördern, neue Anhaltspunkte zur Erschließung des Individiums zu geben, ist Aufgabe der Individualpsychologie. Sie verdankt ihre Entwicklung dem bekannten Nervenarzt Alfred Adler in Wien. Sie bemüht sich, die „individuelle Psyche" in ihrer inneren Einheitlichkeit und

[6]) W. Weber: ..... S. 38.

in ihrer Beziehung zur gesamten natürlichen und menschlichen Umwelt zu verstehen und zu begreifen.[7]) Die Berufsberatung versucht diese individuelle Psyche mit Hilfe der weiter unten behandelten Hilfsmittel festzustellen. Während die Berufsberatung auch die Lebensgeschichte des Ratsuchenden, Vererbung bestimmter Eigenschaften der Eltern, Krankheit und Erziehung als Hilfsmittel mit heranzieht, versucht die Reinpsychologie die Individual-Voraussage auf Grund von Laboratoriumsversuchen festzustellen. Diese Untersuchung soll im VIII. Kapitel eine gesonderte Behandlung erfahren.

Neben der Individualpsychologie unterscheidet man noch die *„Gruppenpsychologie"*. Sie hat für die Berufsberatung nur sekundäre Bedeutung. Sie versucht, bestimmte Gruppen von Menschen zusammen zustellen, um gewisse übereinstimmende seelische Wesenheiten für die dazu gehörigen Individuen zu finden. Der Unterschied ist nach Münsterberg ungefähr folgender: Soll bei einem Mann das Gedächtnis geprüft werden, so sagt die Gruppenpsychologie — es muß so und so sein, weil der Mann zu einem bestimmten Beruf, zu einer bestimmten Klasse und Rasse gehört. Die Individualpsychologie sagt dagegen: Von der Gedächtniskraft des Mannes wissen wir nichts. — Er muß erst daraufhin untersucht werden. — Aus diesem Beispiel ist wohl leicht ersichtlich, daß die Berufsberatung es fast nur mit der Individual-Psychologie zu tun hat. Auch die Psychotechnik beschäftigt sich im Besonderen mit der Individualpsychologie. Doch unterscheidet sie sich dadurch, daß sie z. B. nicht zuerst eine allgemeine Gedächtniskraft festzustellen bestrebt ist, sondern von Beginn an Sondereignungsfeststellungen der verschiedenen Arten der Gedächtniskraft vornimmt, und damit von einem bestimmten Beruf ausgeht. — Die Individualpsychologie der Berufsberatung ist in diesem Sinne nicht als psychotechnische, sondern als „Psychognostik", eine Unterscheidung, die erstmals W. Stern getroffen hat. — Die Gruppenpsychologie ist für die Berufsberatung insofern wichtig, als sie eine Stellung zum Problem der „erwerbstätigen Frau" nehmen muß. Die Frage ist keineswegs geklärt. Es kann als erwiesen gelten, daß die Frau großen Gefühlsschwankungen unterliegt und einer Idee — auch wenn sie abstrakt ist — alle seelischen Kräfte opfert. Hat sie einen Beruf ergriffen, dessen Anforderungen ihre Fähigkeiten nicht entsprechen, so bringt sie kaum die Kraft auf, aus Erkenntnisgründen, den Beruf zu wechseln. Wieder ist es ihre Gefühls- und Gedankenwelt, die sie durch falsche Scham in seelische Konflikte bringt. — Trotz aller Erkenntnisse der Gruppenpsy-

[7]) Neuburger: Handwörterbuch der Berufsberatung. S. 91. Bayr. Kommunalschriften-Verlag, München 24.

[8]) W. Stern: Angewandte Psychologie. Beiträge zur Psychologie der Aussage. Bd. I. S. 27/28. Leipzig 1903.

chologie dringt die Frau in Berufe ein, die ihr früher verschlossen waren. Als Richterin, als Verwaltungsbeamtin, ja als Geistliche ist die Frau heute im öffentlichen Leben anzutreffen. Mit diesem Problem muß sicn früher oder später auch die Berufsberatung auseinandersetzen. Jetzt hat es noch wenig Bedeutung, da diese Frauen die Beratungsstelle noch nicht aufsuchen und die Zahl der aus dem normalen Rahmen fallenden Fälle eine geringe ist. — Einen weiteren hat die Gruppenpsychologie, daß sie in schwierigen und unklaren Fällen zu Rate gezogen werden kann. So ist bekannt, daß ein Schüler, der im Rechnen und Mathematik ausgezeichnet ist, wenig Begabung für Sprachen besitzt. Dasselbe trifft im umgekehrten Falle zu. — Volksurteile, denen wohl kein exakter, wissenschaftlicher Wert beizumessen ist, die aber doch auf jahrelanger Erfahrung beruhen, gehen oft noch weiter. So schreibt Münsterberg einmal: „Besondere seelische Eigenschaften, die sich in gewissen äußeren Verhaltungsweisen bekunden, sind für das Volksgefühl gemeinhin Symptome für die Anwesenheit gewisser anderer Wesenszüge. Das geht hinab bis in die trivialsten Funktionen. Unter den Rauchern sollen die Freunde der Zigarren und die Verehrer der Zigaretten zwei verschiedene Seelentypen darstellen, der eine ernsthaft, pedantisch, gründlich, der andere flüchtig, nervös, künstlerisch.[8])“ Der Verfasser ist sich wohlbewußt, daß letztere Ausführungen wissenschaftlicher Kritik nicht standhalten. Aber in schwierigen Fällen greift ein jeder zum letzten Hilfsmittel. Weshalb sollte da der Berufsberater eine Ausnahme machen, die Richtigkeit seines Gutachtens dem blinden Zufall überlassen, anstatt die instinktiven Erfahrungen der Gruppenpsychologie heranzuziehen? —

Eignung und Neigung.

Das Gesetz fordert bei der Berufsberatung, den Ratsuchenden auf Grund seiner natürlichen Anlagen demjenigen Beruf zuzuweisen, in dem er größtmöglichste Produktivität entfalten kann. Andererseits sollen aber auch die Interessen der Wirtschaft in gleicher Weise berücksichtigt werden. Verfasser hat bereits ausgeführt, daß bei einer idealen Berufsberatung die letztere Aufgabe sekundär zu betrachten ist. Die Befolgung des ersteren Grundsatzes muß notwendigerweise auch ein Gedeihen der Wirtschaft zur Folge haben. Die Anlagen im Menschen sind differenziert genug, daß sich der Nachwuchs in alle Kanäle der Wirtschaft ergießt. Ein Stokken, ein Ueberfluten des einen und anderen Kanals zeigt, daß eine Störung aufgetreten ist, die ihre Ursache nicht in einer Wandlung der menschlichen Fähigkeiten hat, sondern ausserhalb liegt. Den Hauptgrund bildet heute die Höhe der Entlohnung. Lohn, Arbeitszeit, Arbeitsschutz, Berücksichtigung

[8]) H. Münsterberg: Grundzüge der Psychotechnik. S. 64. Leipzig 1914.

der Interessen aller Berufsstände sind Dinge, die in richtige Bahnen zu lenken, andere Stellen dazu berufen sind. Die Berufsberatung hat es nur mit der Persönlichkeit zu tun und ist berufen, das seelische Moment in die Wirtschaft zu tragen. — Von der rein sozialen Seite an die Beratung des Einzelnen herangehen, ist oberstes Postulat. Es ist heute noch nicht erfüllbar, da die Systematik und Ausgestaltung der Berufskunde noch ihrer Erfüllung harrt und die Wirtschaft Zeit braucht, sich umzustellen. So beschränkt sich die Berufsberatung meist auf die „Negative Auslese" d. h. man untersucht den Ratsuchenden auf seine Eignung für einen bestimmten Beruf. Wird diese Untersuchung für denselben Beruf gleichzeitig an mehreren vorgenommen, so spricht man von *„Konkurrenzauslese"*. (s. Kap. VIII) — Würde man den Ratsuchenden einer möglichst großen Zahlnegativer Auslesen unterziehen, so ergibt sich im Grunde eine „Positive Auslese", d. h. man findet den geeignetsten Beruf.*) Praktisch ist eine solche Methode undurchführbar, weil keine Zeit vorhanden ist, jeden Einzelnen auf seine Eignung für die ganze Skala der Berufsarten zu prüfen. — Wenn heute die negative Auslese noch so im Gebrauch ist, so hat das seine Ursache in der notwendigen Ueberprüfung der Berufswünsche der Ratsuchenden. Hier spielen die beiden Begriffe „Eignung" und „Neigung" hinein. Beide sind nicht identisch. Man kann auf Grund seiner Anlagen zu einem Beruf geeignet sein, — während die Neigung einer ganz anders gearteten Berufsgattung zustrebt. — Aber ein Beruf ist in praktischer und sittlicher Hinsicht nur dann vollkommen, wenn Eignung und Neigung zusammenfließen. Das Bestreben des Berufsberaters ist es, diese beiden auf einen Nenner zu bringen, um wirkliche Berufsfreude und Daseinsfreude zu erzielen. — Viele sind tüchtig in ihrem Fach und haben sich mit dem Schicksal abgefunden. Aber wie oft hört man gerade aus deren Munde: Ja, wenn ich noch einmal jung wäre. Dann würde ich nicht hiersitzen, dann .... — Bei solchen Reminiscenzen kommt dem aufmerksamen Beobachter erst richtig zum Bewußtsein, wie oft Eignung und Neigung verschiedene Wege gehen, wie oft strebsames Schaffen nur ein endgültiges Ergeben in das Schicksal ist. —

Der Fall ist selten, daß ein Ratsuchender das Berufsamt betritt, ohne bestimmte Berufsabsichten zu haben. Er möchte vom Berufsberater nur zu gern eine Bekräftigung seiner Wahl hören und letzten Endes mit dessen Hilfe in den gewünschten Beruf unterkommen. — Es gehört ein gutes Maß Menschenkenntnis dazu, den mannigfaltigen Motiven zu dem geäußerten Berufswunsch auf den Grund zu kommen. Mögen die Motive oft noch so edel sein: Der Berufsberater darf

*) s. a. Fr. Baumgarten: Die Berufeignungsprüfungen. Theorie und Praxis, S. 81. Oldenbourg-Verl., München 1928. s. a. Wilh. Weber. .... S. 59/60.

sich von ihnen nicht leiten lassen, wenn er feststellt, daß zwischen Eignung und Neigung eine erhebliche Diskrepanz zu verzeichnen ist. Und wenn er auch feststellt, daß beide harmonieren, so muß oft die Neigung vor der Eignung zu einem anderen Beruf zurückstehen. Das heutige Wirtschaftssystem gestattet noch nicht, daß jeder seinen Neigungen leben darf. Solange eine Wirtschaft besteht, solange Produzenten und Konsumenten gegenüberstehen, wird dieses Ziel wohl nie verwirklicht werden können. An dieser Erkenntnis wird auch die Berufsberatung nicht vorbei können. Eignung und Neigung, beides kann heute meist nicht parallel gehen, „denn im allgemeinen schaffen nicht die Berufsneigungen die Stellen, sondern es ist die jeweilig erforderliche Stellenzahl sozusagen autonom. So ist es klar, daß der Berufsneigung irgendwie Hemmungen auferlegt werden müssen und es kommt nur darauf an, ob dies vorbeugend durch die Berufsberatung oder später in schmerzvoller Weise durch das Leben geschehen soll. Es gibt nun einmal gewisse subjektiv bevorzugte Berufe, z. B. das Metallgewerbe. Aehnlich liegen die Verhältnisse bei den weiblichen Jugendlichen, wo das Mißverhältnis z. B. bei der Schneiderin, der Kontoristin in die Augen springt.[9]) —

Von jeher war es der Traum der Sozialisten, Zukunft-Idealstaaten zu schaffen, die auf freiwilligem Vertrag der Arbeitenden beruhen. Verfasser weist auf die sogen. „Staatsromane“ hin, auf Rousseau, Fourier, Considerant, L. Blanc, Krapotkin, Owen insbesondere, die freie Produktivassoziationen erstreben, Arbeitsgemeinschaften, denen sich jeder nach seiner Neigung anschließen soll. — Und doch ist es für die Berufsberatung unbedeutend, wenn Eignung und Neigung auseinanderfallen. Es handelt sich meist um die Beratung Jugendlicher, die gerade den Kinderschuhen entwachsen sind. Was kann da solch ein junges Geschöpf schon für Neigungen haben! Ist wirklich eine Neigung vorhanden, so beruht sie meist auf oberflächlichen Motiven. Die wahre Neigung zeigt sich erst später, wenn der Mensch mit wachen Augen durch die Welt geht und ausgereift ist. (s. Kap. X, Mängel der Berufsberatung.) Liegt eine große starke Neigung vor — oben die nötige Eignung — so kann auch hier der Berufsberater keine Zugeständnisse machen, denn es hieße, das Schicksal des Ratsuchenden besiegeln. Man denke an die vielen Künstlernaturen, denen die Neigung zum Verhängnis geworden ist und die wegen fehlender Eignung Schiffbruch im Leben erlitten! Neigung ist immer etwas Triebhaftes. Nun ist es eine Erscheinung der übermodernen Zivilisation, daß sie im Grunde alles Triebhafte, alles Eigenwillige verurteilt und sich bemüht, das Leben uniform zu gestalten, sei es nun im Beruf, in Sitten

[9]) Roffenstein: Das Für und Wider in der psychotechn. Eignungsprüfung. „Arbeit und Beruf“ Heft 9. Jg. 6. S. 263.

und Gebräuchen. Dieses Streben nach Gleichförmigkeit in der menschlichen Gesellschaft läßt die Neigung immer mehr verkümmern. Dieser Mangel — denn es ist ein Nachteil, weil er die individuelle Eigenart des Menschen beseitigen will, — kommt aber den Aufgaben der Berufsberatung zu gute. Es fällt ihr leichter, die Ratsuchenden nach ihrer Eignung im Wirtschaftsleben zu plazieren. Ist jemand tüchtig in seinem Fach, dann kommt auch die Berufsfreude und damit die Neigung — natürlich immer vorausgesetzt, daß der heutige Mensch von Natur wenig Neigungen mitbringt. —

Gesteigerte Begriffe der Eignung, die regelmäßig mit der Neigung zusammengehen, sind *„Begabung"* und *„Talent"*. W. Stern definiert: Begabung ist Fähigkeit zu wertvollen Handlungen. „Baumgarten ergänzt diese Definition, in dem sie sagt: „Eine Begabung schließt eine Eignung in sich, aber eine Eignung nicht ohne weiteres eine Begabung. Eignung und Neigung fallen hier stets zusammen." —

Talent ist nach Stern eine Spezialbegabung, die sich auf ein eng begrenztes Seelengebiet beschränkt und hier im Hinblick auf die anderen Teilgebiete Außerordentliches leistet.

Beides, Begabung und Talent, sind für die Berufsberatung unwesentlich, da sie eine Einrichtung ist, die auf den Durchschnitt, auf das Normale berechnet ist. — Menschen mit hoher Begabung und Talent vermögen es kraft der starken Intensität der Neigung selbst, sich den richtigen Platz im Leben zu erobern. —

Hilfsmittel für die Eignungsfeststellung.

Dem Berufsberater stehen bei der Eignungsfeststellung nur eine beschränkte Anzahl Hilfsmittel zur Verfügung, so: Elternangaben, Schulzeugnisse, Schulbeobachtungsbogen, Arztgutachten, der gesamte Apparat der Psychotechnik und nicht zuletzt sein persönlicher Eindruck. Im folgenden soll zu den Methoden der Eignungsfeststellung kritisch Stellung genommen werden.

Dreh- und Angelpunkt ist der Berufsberater selbst. Die Berufsberatung hat es ja nicht mit einer Hand, einem Glied des Ratsuchenden zu tun, sondern mit der Persönlichkeit. Diese zu erkennen, dafür gibt es keine Regel, keine Norm. Es gilt nicht nur die Berufseignung zu erfassen, sondern auch die Lebenseignung. Was nützt die schönste Eignung, wenn der Betreffende sich nicht im Leben durchzusetzen vermag. Es gehört eine große Portion Menschenkenntnis und Fähigkeit dazu, mit den Menschen umzugehen, um in kurzer Zeit an Hand der Unterlagen und des persönlichen Eindrucks sich ein wahrheitsgetreues Bild von Charakter und Wesensart des Ratsuchenden zu machen. — Man darf allerdings nicht verkennen, daß der Berufsberater durch seine Schulung, seine pädagogischen und jugendkundlichen Kenntnisse und durch täglichen Umgang mit den verschiedensten Charaktertypen eher als andere den „richtigen Blick" besitzt. — Ein Jugendlicher gibt sich im Allgemeinen auch so, wie er ist. Verstellungskunst fällt ihm schwer — im Gegensatz zu den Erwachsenen und Entgleisten, die es im Leben gelernt haben, ihr Wesen hinter eine Maske zu verbergen. Verfasser ist sich der Bedenken, die gegen die Wirksamkeit des „ersten Blickes" gehegt werden, wohl bewußt; aber man darf kein Mittel verdammen, wenn man nicht ein besseres an seine Stelle zu setzen weiß. Alle anderen noch zu erörternden Mittel sind noch nicht bewährt genug, um das persönliche Urteil des Berufsberaters entbehren zu können. „Mit der Zeit wird sich wohl jeder Berufsberater seine besondere Typologie aneignen, die es ihm ermöglicht, nach einer kurzen Unterredung den vor ihm sitzenden Jugendlichen einer bestimmten Menschenkategorie zuzuordnen."[10]) —

Man kann die Menschen in drei Arbeitstypen scheiden:

I. in den sachlichen Arbeitstypus, der geeignet ist, mit Sachen umzugehen.

II. in den menschlichen Arbeitstypus, der geeignet ist, mit Menschen umzugehen.

III. in den gedanklichen Arbeitstypus, der imstande ist, abstraktlogisch zu denken, im Verkehr mit Sachen und Menschen aber oft unbeholfen ist.[11])

Zu I kann man Techniker, Arbeiter, überhaupt alle manuellen Berufe rechnen, zu 2 Verkäufer, Vertreter, Pädagogen usw. zu 3 Gelehrte, Künstler, Schriftsteller... Die Grenzen sind flüssig. Ein Dekorateur z. B. muß zugleich sachlicher, menschlicher und gedanklicher Arbeitstyp sein. Jeder Mensch neigt aber zu einem bestimmten Arbeitstypus; durch geschickte Fragestellung wird der persönliche Eindruck noch verstärkt und es läßt sich ziemlich sicher die Dominante herausfinden. — Hat man einmal den Arbeitstypus erkannt, so ist damit schon viel gewonnen. Es handelt sich jetzt noch darum, aus der Vielzahl der Berufe, die dem einen Arbeitstypus angehören, den geeignetsten herauszufinden. Die Methodik der Berufsberatung ist noch nicht soweit gediehen, um nun auch tatsächlich den geeignetsten Beruf herauszufinden. Stellt sich nun die Beratung als ein Mißgriff heraus, so ist eine Umschulung noch leichter möglich, weil alle Berufe, die einer bestimmten Categorie angehören, auch einen gemeinsamen Grundzug an sich tragen. So findet man, daß ein Mechaniker z. B. — der dem sachlichen Arbeitstypus angehört — auch den anderen Berufen, die unter seinen Arbeitstypus fallen, Interesse entgegen bringt und rasches Auffassungsvermögen dafür besitzt (so für die Industrie für Werk-

[10]) Langenberg: Die praktische Durchführung der Berufsauslese. Bh. zum Zentralblatt f. Gewerbehygiene u. Unfallverhütung. Bd. I, Heft 3. S. 84. Chemie-Verl., Leipzig-Berlin 1926.

[11]) s. Liebenberg: Erfolg im Beruf. S. 291 in „Jugend und Beruf" 3. J.

zeugmaschinen, für Feinmechanik, für Gas, Wasser, Elektrizität, für Schiffbau, Fahrzeuge aller Art usw.). —

Der persönliche Eindruck und die Angaben des Ratsuchenden lassen sich bei Jugendlichen durch die Aussagen der Eltern ergänzen. Doch sind diese sehr kritisch aufzunehmen. Das Kind wird oft als schwer erziehbar hingestellt und demgemäß eine Lehre bei einem Meister gesucht, der „ihm den Kopf zurecht setzen soll". Sehr oft muß da der Berufsberater feststellen, daß der Jugendliche durch falsche Erziehung, durch Schläge etc., verbittert, scheu, menschenfeindlich wurde, sodaß eine Lehre bei einem strengen Meister den Schaden nur verschlimmern würde. — Es bedarf meist vieler Mühe, um den Eltern ihre verkehrte Erziehungspolitik begreiflich zu machen. —

Die Zeit, die dem Berufsberater zur Untersuchung und Beobachtung des Ratsuchenden zur Verfügung steht, ist nur kurz und er bedarf psychologischer Unterlagen, die ihm ein möglichst vollständiges Charakterbild liefern sollen. — Diese Vorarbeit wird in der Schule geleistet. Sie hat sich nicht nur darauf zu erstrecken, dem Schüler den sittlichen Wert der Arbeit klar zu machen und auf die Mannigfaltigkeit der Berufe hinzuweisen, sondern es sollen daneben Beobachtungen über geistige, sittliche, körperliche Eigenschaften der Schüler angestellt und dem Berufsamt zur rechten Zeit übermittelt werden. — Umstritten ist der Wert des Schulzeugnisses für die Berufsberatung. Die Zensuren bilden kein Urteil über eine augenblickliche Leistung, sondern ein Urteil über die Leistung in einer bestimmten Zeitspanne. Durch Vergleich aller Zeugnisse läßt sich so ein Einblick in die Entwicklung des Schülers gewinnen. — Allerdings bilden die Zensuren nur Werturteile, Leistungsurteile, die andere Momente, die bei der Leistung mitwirkten, wie häusliche Verhältnisse, Fleiß, Begabung, nicht berücksichtigen. Sie sind, wie schon erwähnt, auch reine Werturteile. Jeder Lehrer bemüht sich wohl, objektiv zu urteilen. Aber jeder Lehrer erblickt die Leistung mit anderen Augen, legt einen anderen Maßstab an. Werturteile sind demgemäß subjektive Urteile. — Ein weiterer Mangel ist, daß die Zensuren nur die schulische Intelligenz würdigen, wenn man von Turnen und Handarbeit absieht. Diese Leistungen haben für die Berufsberatung wenig Wert, zumal es sich um die Beratung von Volksschülern in erster Linie handelt, bei denen die praktische Intelligenz ausschlaggebend ist. Es ist ja genugsam bekannt, daß viele, die in der Schule nur mit Mühe durchkamen, sich im Leben draußen erfolgreich betätigen, während die Elite der Klasse — der Stolz des Lehrers — im Daseinskampf häufig versagte. — Es ist jedoch zu bemerken, daß die Zeugnisse der höheren Lehranstalten für die Berufsberatung größere Bedeutung gewinnen, weil infolge der langen Schulzeit die Beobachtung des Schülers eine bessere war — unterstützt durch die Kleinheit der Klassen — und weil es z. B. bei den Abiturienten sich um Menschen handelt, die schon in den Zeugnissen ihren mehr oder weniger praktischen Sinn in den Fächern wie Chemie, Physik, Sprachen erkennen lassen. Roffenstein verwirft das Schulzeugnis absolut für die Berufsberatung. „Die Schule vermittelt nur Kenntnisse, das Schulzeugnis bestenfalls das Ergebnis einer Kenntnisprüfung, abgesehen von den vielen Imponderabilien, die meist bei der Festsetzung der Schulnoten mitwirken müssen. Gegenüber manchem Berufsberater, der glaubt, aus dem Schulzeugnis brauchbare Handhaben für die Beratung entnehmen zu können, ja meist damit auskommen zu sollen, muß mit aller Schärfe auf das Unvermögen des Schulzeugnisses in dieser Hinsicht hingewiesen werden.“ [12]) — Die Mängel des Schulzeugnisses sind wohl offensichtlich. Trotzdem ist es für die Beratung unentbehrlich. Ein Zeugnis besagt natürlich gar nichts. Eine Vielzahl von Zeugnissen lassen aber auf die Entwicklung des Jugendlichen schließen. Auf dem Lande und in Kleinstädten ist der Berufsberater nur auf seine Menschenkenntnis und auf die Mithilfe der Schule angewiesen; die Zensuren bilden das ureigenste Gebiet des Lehrers. Es gehört m. E. nicht viel dazu, die Lehrerschaft zu bewegen, die Urteile über Fleiß, Betragen, Aufmerksamkeit besonders sorgfältig zu fällen und auf eine breitere Grundlage zu stellen. —

Um den psychologischen Mangel des Schulzeugnisses für die Berufsberatung abzuhelfen, veranlaßte man die Lehrerschaft, neben den Zeugnissen, *Charakteristiken der Schüler* niederzulegen. Eine Charakteristik, frei von allen Vorschriften und Formularen, ist zweifellos die beste Lösung. „Jedoch setzt eine freie Charakteristik, die wirklich das Ergebnis systematisch gesichteter Beobachtungen auf Grund wiederholt wahrgenommener, zuverlässig im Gedächtnis bewahrter oder sogleich notierter Vorkommnisse sein soll, eine sehr überlegene psychologische Bildung und höchste geistige Disziplin voraus.“ [13]) An dieser psychologischen Schulung der Lehrerschaft mangelt es heute noch sehr. Die Anforderungen an die Lehrkräfte für andere Tätigkeitsgebiete steigen unausgesetzt, so daß in absehbarer Zeit kein Erfolg in dieser Hinsicht gezeitigt werden dürfte. — Es wird wohl auch unmöglich sein, genaue Beobachtungen während der Schulzeit zu machen. Gelegenheit ist wohl reichlich vorhanden, im Unterricht, beim Turnen, beim Spiel, bei Schulausflügen. Aber die Kräfte des Lehrers werden angesichts der meist großen Kopfzahl der Klassen zu vielseitig in Anspruch genommen,

---

[12]) Roffenstein: Das Für und Wider in der psychol. Berufeignungs-Prüfung „Arbeit u. Beruf“ 9. Heft. 6. Jhg. S. 263,

[13]) H. Sachs: Probleme u. Methoden der systemat. Berufeignungs-Psychologie. 32. Sonderheft z. R. Arb. Bl. 1925. S. 91.

als daß Zeit bliebe, eine auf regelmäßige Beobachtungen des Schülers gestützte Charakteristik auszuarbeiten. — Man hat versucht, dem Lehrer einen Teil der Arbeit abzunehmen, indem man ähnlich den besprochenen berufskundlichen Fragebogen auch hier Fragebogen, die sogen. „Beobachtungsbogen' eingeführt hat. So bestehen solche von Hylla, Huth, Bogen, Margis, Stern, Rebhuhn, Lipman, Weigl, Frank, Lasurski u. a. m. Der Mangel einer Einheitlichkeit tritt hier klar zu Tage Alle wollen sie wohl durch die Beantwortung der vorgedruckten Fragen eine Schülercharakteristik schaffen, doch gehen sie in der Art und Weise der Frageformulierung weit auseinander. Unterschiede bestehen auch darin, daß die einen nur genau vorgeschriebene Fragen beantwortet wissen wollen, während die Anderen dem Ausfüllenden Spielraum auch für zusätzliche Bemerkungen lassen. — Ein Fehler ist, daß viele Bogen zu umfangreich gestaltet wurden und durch die Vielzahl und Langatmigkeit der Fragen den Widerstand der Lehrerschaft herausforderten. Deshalb sind die meisten Berufsämter dazu übergegangen, eigene Beobachtungsbogen zu schaffen, so in Breslau, Köln, Berlin, München, Leipzig. Verhältnismäßig kurz und leichtverständlich ist der von R. Liebenberg, Direktor des Landesberufsamtes Berlin, entworfene Berliner Beobachtungsbogen. Neben den Fragen, die bei Zutreffen zu unterstreichen sind, bleibt noch Raum für eine freie Charakteristik des Schülers. Das Schema für eine allgemeine Charakteristik des Schülers sei hier wiedergegeben.

1. Willensleben: a) Stellung in der Arbeits- und Lebensgemeinschaft. (Führer, Organisator, Helfer, Arbeiter, Unbeteiligter); b) Wille (stark — schwach, beharrlich — unbeständig, beherrscht — ungezügelt).

2. Eigenschaften: a) Intelligenztyp: mehr theoretisch oder mehr praktisch (hauswirtschaftlich); b) Betätigungsrichtung: mehr für Umgang mit Personen, mit Sachen oder für rein gedankliche Betätigung; c) Interessiertheit: stark durchschnittlich — wenig; d) Beobachtung: selbständig — unselbständig, reich — arm; e) Auffassung: leicht — schwer; f) Leistungsverlauf: gleichmäßig — schwankend; g) Gedächtnis: schnelles — langsames, mechanisches — sinngemäßes Lernen, dauerhaft — wenig dauerhaft, treu, — unzuverlässig; h) Denken: selbständig — unselbständig, beweglich — schwerfällig, gründlich — oberflächlich; i) Phantasie: rein gefühlsmäßig frei — mehr vom Denken geleitet; k) Ausdrucksfähigkeit: besonders entwickelt: mündlich, schriftlich, zeichnerisch, bildnerisch, mimisch, konstruierend, musikalisch; l) Zeichnen: phantasiemäßig freigebunden, Freihand- oder konstruktives Zeichnen; vermag X frei zu gestalten?... ; m) Handgeschicklichkeit tritt hervor in: Werkunterricht — biologisch.-physikalisch.-chem. Arbeitsunterricht, Nadelarbeiten, Turnspielen.

3. **Arbeitsart**: X eignet sich mehr für..... oder mehr für ......1. a) Kopf- — Handarbeit; b) grobe — feine Arbeit; c) selbständiges Organisieren (Aufbauen und Leiten) — Arbeit nach genauen Anweisungen; d) eintönige — abwechselungsreiche Arbeit; e) Einzelarbeit — Einfügung in eine Gruppe. 2. Arbeitstempo und Leistungsgüte: schnell und sorgfältig; langsam und sorgfältig; schnell und unsorgfältig; langsam und unsorgfältig; in keiner Richtung besonders ausgeprägt.

Für welche Schul- oder sonstige Tätigkeit trifft die Charakteristik besonders bzw. überhaupt nicht zu?.....

Aussage über den Entwicklungsgrad eines etwa vorhandenen, besonderen Talentes, einer besonders entwickelten Eigenschaft?

Besondere Beobachtungen über **körperliche** Stärken und Schwächen.....

Raum für die freie Charakteristik des Schülers:

Leider sind auch bei diesem Schema die Umwelteinflüsse, bes. die Familienverhältnisse unberücksichtigt geblieben. Sie sind so ungeheuer wichtig und nur die Schule ist in der Lage, durch die Länge der Schulzeit tieferen Einblick zu erhalten. „Es ist keine Frage, daß selbst von Beginn an normale Veranlagung durch Not, Verwahrlosung, körperliche, vor allem geistige Vernachlässigung in frühester Jugend hochgradig in der Entwicklung geschädigt werden kann.“ [14]) — Auf den Inhalt und die Besonderheiten der verschiedenen Beobachtungsbogen einzugehen, erübrigt sich in Ansehung der zahlreichen Literatur hierüber *) —

Ein Beobachtungsbogen, in dem die Fragen ideal formuliert und doch dem Lehrer Raum für eigene Bemerkungen gelassen wird, bedeutet für den Berufsberater **die** Grundlage. Familienverhältnisse, Sonderinteressen des Schülers, Begabung, Fleiß, seine Einstellung zu den Mitmenschen, ob verträglich, ehrgeizig usw., alle diese Feststellungen sind für den Berater unentbehrlich. Wenn heute in Lehrerkreisen als auch in Berufsberaterkreisen, die Bedeutung der Beobachtungsbogen noch oft verkannt wird, so liegt es an der Unvollkommenheit des Systems. Im Deutschen werden ca. 20 verschiedene Fragebogen verwendet, die in ihrem Aufbau durch-

---

[14]) v. Düring: Grundlagen der Heilpädagog. S. 76. Rotapfel-Verl., Erlenbach-Zürich, München-Leipzig 1925.

*) **Moede**: Frage- u. Beobachtungsbogen in der prakt. Psychologie. Pr. Ps. Jhg. 4, Heft 5, S. 141, Heft 4, S. 148 ff. — **Bogen**: Die Psychologie in der Praxis der Berufsberatung. C, Heymann - V. Berlin 1925. — **Huth**: Grundsätzliches über Personalbogen. „Pr. Ps.“ 22. Jhg. S. 124. — **Huth**: Anleitung zur Schülerpersonalbeschreibung. Z. f. Päd. Psychol. 1922. 23. Jhg. S. 97 ff. — **Bogen**: Z. f. Päd. Psychol. 1920 Bd. 21 u. 1926 Jhg. 27 S. 305 ff. Zur Praxis u. Organisation der Schülerbeobachtung. — **Hylla**: Entwurf eines Fragebogens f. berufspsychol. Beobachtungen in der Schule. Z. f. angewandte Psychologie. Bd. 13 S. 416 ff.

aus nicht gleich sind. Die praktische Handhabung der Berufsberatung kann somit nicht einheitlich erfolgen. Abzuhelfen ist diesem Mangel, indem die Landesämter zusammenarbeiten und unter Unterstützung der Lehrerschaft für jede Schulgattung einen einheitlichen Fragebogen herausbringen. Unbedingt ist der freien Charakteristik mehr Raum zu geben. Wie sich das Seelenleben in ständig wechselnden und neuen Formen abspielt, so lassen sich auch die Fragen, die auf eine Erforschung dieses Seelischen hinauslaufen, nicht in Schablonen pressen. — Der Hauptmangel liegt an der mangelnden psychologischen Schulung der Lehrerschaft. Die pädagogische Ausdrucksweise ist eine andere als die des Psychologen. Der Lehrer wird wohl mit der Entwicklung des Gemütslebens des Kindes vertraut gemacht, ebenso mit den wichtigsten Gesetzen der Psychologie, nicht aber mit einer Methodik besonderer für die Zwecke der Berufsberatung zugeschnittener psychologischer Beobachtungen. Daran muß die Durchführung eines exakten Beobachtungsbogens heute noch scheitern. „Möglich wäre sie erst, wenn alle Lehrer psychologisch veranlagt und so geschult wären, daß sie in kurzer Zeit einen den Ansprüchen genügenden Bogen ausfüllen könnten, (wenn brauchbare Beobachtungsbogen vorhanden wären und wenn die Schülerzahl auf höchstens 15—20 Schüler herabgesetzt würde. Dies ist heute in absehbarer Zeit undurchführbar; also dürfte aus praktischen Gründen die ganze Fragebogenmethode, wie Poppelreuter sich ausdrückt: vorläufig eine höchst überflüssige Sache sein, deren Kosten und Mühewaltung in keinem rechten Verhältnis zum Erfolge steht.“ [15]) — Wesentlich will mir erscheinen, daß die Schülerzahl meist zu groß ist. Es können somit nur gelegentliche Beobachtungen angestellt werden. Ca. 4 Monate vor Schulentlaß werden die Bogen an die Lehrer verteilt. Diese Spanne nutzt der Lehrer meist für seine Beobachtungen. Die wichtige, wesentliche Zeit vorher läßt er meist unberücksichtigt. Es ist auch ganz natürlich, denn die Spannkraft ermüdet rasch und es scheint Verfasser eine Unmöglichkeit zu sein, während vieler Jahre die große Schülerzahl so zu beobachten, daß daraus eine sichere und brauchbare Unterlage für den Berufsberater geschaffen wird. Die Klasse wechselt auch mit den Lehrern. Dadurch ist eine jahrelange systematische Beobachtung schon ausgeschlossen. Es kommt hinzu, daß alle Beobachtungen nicht sofort zu Papier gebracht werden können. Die Eindrücke verwischen sich rasch und Beobachtung aus der Reminiscenz niedergeschrieben können nicht den Anspruch auf Exaktheit erheben. Schließlich sei darauf hingewiesen, daß sich nicht jeder Lehrer zu psychologischer Beobachtung eignet, oft Nebensächliches als Bedeutungsvolles und umgekehrt ansieht. Man hat versucht, die Arbeiten noch einfacher zu gestalten,

[16]) Wilh. Weber ..... S. 78.

indem man die Beobachtungen nur auf „Begabte“ beschränkte. Unterstüzt wurden diese Bestrebungen durch die Einführung der Begabtenschulen, die ja eine Begabtenauslese zur Voraussetzung haben. Ohne auf das Zurechtbestehen der Begabtenschulen einzugehen, sei jedoch festgestellt, daß eine derartige Begabtenauslese keine Vorarbeit für die Berufsberatung darstellt, sondern im Grunde eine psychologische Personenauslese darstellt. Die Berufsberatung hat es aber mit allen Personen, nicht mit einer auserwählten Schar zu tun. —

Mit dem Beobachtungsbogen verbindet man häufig noch einen sogen. „Schulfragebogen“, dessen Fragen von dem Schüler selbst auszufüllen sind. Diese Fragebogen dienen zum Hauptteil statistischen Zwecken und Kontrollzwecken, z. B. Fragen wie: „Hast Du schon eine Lehrstelle gefunden“ oder Geburtstag, Name, Stand der Eltern etc. Man hat mehr und mehr versucht, diesen Bogen auch der Berufsberatung nutzbar zu machen, indem man die Schüler über Berufswünsche, Zukunftspläne, Motive dazu etc. befragt. Hier liegt ein Fehler wie beim Beobachtungsbogen. Der Schüler wird sich meist erst in dem Augenblick des Niederschreibens über Berufswünsche etc. klar. — Anstatt präciser Fragen hält Verfasser es für richtiger, die Beantwortung der Fragen in Form eines Aufsatzes zu Papier zu bringen. Der Schüler geht dann mehr aus sich heraus. Viel Nutzen ist auch diesen Bogen und Aufsätzen nicht beizumessen. Besonders die Volksschüler — der größte Prozentsatz der Besucherzahl des Berufsamtes — sind noch zu jung, um selbständig denken zu können, sich Rechenschaft über ihre Fähigkeiten ablegen zu können. Etwaige Berufswünsche werden doch nur in der Hoffnung auf materielle Vorteile geäußert. Besser verhält es sich bei den Schülern höherer Lehranstalten, die durch sorgfältigere Schulbildung, anders geartetes Milieu etc. einen Begriff vom Wesen des Berufes haben und sich auch sorgfältiger selbst beobachten. — Alle Angaben haben aber nur Wert, wenn sie wahrheitsgetreu, aus innerer Ueberzeugung gemacht sind. *Hier liegt der Hauptmangel,* der zur Ablehnung der Fragebogen führen muß. Das Vertrauensverhältnis zwischen Schüler und Lehrer ist meist nicht so, daß die Schüler zu rücksichtsloser Offenheit bewogen werden. Alle Angaben werden im Hinblick auf das Schulzeugnis gemacht. Um die Erreichung eines möglichst guten Zeugnisses dreht sich das ganze Sinnen und Trachten des Schülers. Alles wird diesem Zweck unterstellt. So ist es erklärlich, daß jeder im Streben nach besserer Bewertung dem Lehrer schön tun will und Beweggründe für den Beruf anführt, die von Moral, Ethik und Hilfsbereitschaft den Mitmenschen gegenüber nur so strotzen. Weiter ist man bestrebt, das Mitleid des Lehrers zu erwecken, indem man Familienverhältnisse recht drastisch und tragisch darstellt. Das Mißtrauen, daß die Aussagen für schulische Zwecke verwendet werden, wird nicht zu beseitigen sein. Mangelnde Wahrheit, mangelnde Beobachtungsfähigkeit des Schülers verurteilen diese psychologische Feststellungsmethode zur Erfolglosigkeit. — Der vorläufig einzig gangbare Weg, schon auf der Schule wirkliche Vorarbeit für die Berufsberatung zu leisten, wäre eine weitere Propagierung und Ausgestaltung der Arbeitsschulen. Das Charakteristicum der Arbeitsschule ist, in Verbindung mit dem Schulunterricht Handfertigkeits- und Werkunterricht zu treiben, wie sie z. B. die Landerziehungsheime schon lange kennen. Für alle Arten von Schulen ist diese praktische Werkarbeit wertvoll, da der Schüler frühzeitig mit dem Arbeitsgedanken vertraut wird, sich praktisches Wissen aneignet, das er im Leben immer verwerten kann. Budde *) geht noch weiter und fordert den Werkunterricht auch im Zeugnis gebührend zu berücksichtigen und als Ausgleich für schwache rein geistige Fächer zu nehmen. Denn nach Budde ist es ein Unfug, daß der Schüler seinen Fleiß für die schwächsten Fächer aufwenden muß, anstatt bestrebt zu sein, die guten Fächer zu bester Vollkommenheit zu gestalten. — Für die Berufsberatung ist die Arbeitsschule wohl am wertvollsten von allen sonstigen Mitteln. Hier kann wirklich eine Eignung frühzeitig entdeckt werden, die praktische Begabung ist der Beobachtung erst zugänglich, wenn auch wirklich praktische Arbeit geleistet wird. Nicht nur Eignung oder Nichteignung, sondern auch die notwendigen Attribute wie Fleiß, Sauberkeit, Ordnungsliebe, Ausdauer etc. können auf diese Weise leicht festgestellt werden. —

Wir haben bisher als die wichtigsten Grundlagen der Berufsberatung die Psychologie, insbes. die Berufs- oder Eignungspsychologie, weiter die Sociologie und Volkswirtschaftslehre (Arbeitsmarktlehre, Berufsstatistik) und die Berufskunde kennen gelernt. *Hiezu kommt die MEDIZIN.* Ein Ratsuchender kann wohl in psychologischer Hinsicht recht gut für einen Beruf geeignet sein, physisch aber den Berufsanforderungen nicht entsprechen. Durch die immer steigenden Anforderungen, die größere verlangte Arbeitsintensität in jedem Beruf „ist es nötig, die körperlichen und seelischen Vorbedingungen, sowohl für den ersten Eintritt in das Erwerbsleben überhaupt, also die Berufswahl der Jugendlichen, als auch die Aufnahme neuer Arbeit der Erwachsenen unmittelbar und bedingungslos an eine kritische Befunderhebung des körperlichen und geistigen Gesundheitszustandes auch durch einen geeigneten Arzt zu knüpfen." — Um physische Tauglichkeit für einen Beruf beurteilen zu können, ist Voraussetzung, daß der Arzt mit der Arbeitspsychologie durchaus vertraut ist. Aber nicht nur die physischen Anforderungen, die ein Beruf stellt, hat er zu kennen, sondern auch die Einwirkung der Arbeit auf den Organismus — die Berufskrank-

*) G. Budde: Schule und Begabung. „Daheim". 65. Jhg. Nr. 15. S. 3. Leipzig.

heiten, damit auch die Mittel und Wege zur Verhütung derselben, — die sogen. Arbeits- und Gewerbehygiene. —

Eine zwangsweise schulärztliche Untersuchung ist ja allgemein eingeführt. Diese Untersuchung erstreckt sich auf den Allgemeinzustand, auf Herz, Lunge, Sinnesorgane, Blutdruck, Nervensystem. Auf Grund dieser Untersuchung läßt sich schon feststellen, ob ein Beruf vorzuziehen ist, der im Stehen, Sitzen, im Zimmer oder im Freien auszuüben ist, ob er körperliche Anforderungen stellen darf oder nicht. — Ein Mangel der schulärztlichen Untersuchung ist, daß sie nicht regelmäßig, sondern nur bei Schuleintritt und Austritt vorgenommen wird. Auf diese Weise wird nur der Momentanzustand ersichtlich und man kann nicht oder nur schwer auf die zukünftige Entwicklung schließen. — Da die Untersuchung oft zu oberflächlich erfolgt, gehen die Berufsämter dazu über, sich eine eigene ärztliche Abteilung anzugliedern. Hier erfolgt die Untersuchung unter rein beruflichen Gesichtspunkten, meist in Zusammenarbeit mit dem Gewerbearzt. — Der Nutzen der ärztlichen Untersuchung ist auch sehr vorsichtig zu werten, da die Aerzteschaft mit der Arbeitsphysiologie noch zu wenig vertraut ist. Ein Urteil des Arztes kann nie absolut gewertet werden, da es sich meist um die Untersuchung Jugendlicher handelt, die noch in der Entwicklung begriffen sind. Ein Augenblicksbild der Körperkonstitution kann wohl festgehalten werden; aber nie ist mit Sicherheit zu sagen, ob dieser Zustand ein anhaltender sein wird. Es wird stets unmöglich sein, die Einwirkungen der Berufsarbeit auf den Organismus vorauszusagen, es sei denn, daß es sich um ausgesprochen schädliche Arbeit handelt, wie das Umgehen mit Phosphor etc. Es kommt hinzu, daß die Arbeitsstätten in hygienischer, prophylaktischer Hinsicht durchaus verschieden sind — auch wenn es sich um denselben Beruf handelt. Es bedeutet wohl einen Unterschied, ob man in hellen, luftigen Fabriksälen mit automatischer Staubaufsaugung, neuzeitlicher Ventilation etc. den Beruf ausübt oder in der winzigen, dumpfen Werkstatt im Hinterhaus. — Weil die berufsärztliche Untersuchung meist in die Pubertätsjahre fällt, ist es unmöglich, die Leistungsfähigkeit der Organe, der Muskulatur zu beurteilen. Ein Junge kann als gesund, aber als schwächlich befunden werden. Er hat Lust, Schmied zu werden. Keiner kann es dann verantworten, ihm zuzustimmen oder abzuraten. Die körperliche Entwicklung geht ihre eigenen Wege. So ist es gerade eine neuerliche Erkenntnis, daß ein schwaches Herz durch vernünftige Ausübung von Sport rasch gestärkt wird, weil sich die Herzmuskulatur der vermehrten Anstrengung anpaßt und so gestärkt wird. Der menschliche Organismus zeigt überhaupt eine erstaunliche Anpassungsfähigkeit — allerdings auch Empfindlichkeit, wo man sie nicht ahnt. — So beruht jedes ärztliche Urteil auf

Schätzung, das berufskundliche Urteil im besonderen. Denn die medizinische Ausbildung geschieht unter der Zwecksetzung, Kranke zu heilen. So lernt der Mediziner wohl, Kranke zu behandeln, Diagnosen zu stellen, nicht aber Dauer und Art der Leistungsfähigkeit eines gesunden Organismus zu beurteilen. Man weiß nur, wie Kaup, einer der bedeutendsten Vertreter arbeitsphysiologischer Forschungen einmal behauptet, daß „die Einwirkung der Berufsarbeit auf die körperliche Entwicklung in der Pubertätszeit von außerordentlicher Bedeutung ist und alle Erwartungen übertrifft.“ [16]) —

Trotz dieser Mängel ist die ärztliche Mithilfe für die Berufsberatung eine segensreiche. In vielen Fällen läßt sich absolut die Ungeeignetheit für einen Beruf feststellen so z. B. bei Tuberculösen für Schwerarbeit, Leuten mit Plattfüßen für alle im Stehen auszuübende Tätigkeit, mit Schweißhänden für alle Präcisionsarbeit, mit Farbenblindheit für alle Verkehrsberufe etc. Auf diese Weise wird nicht nur dem Betreffenden ein Dienst erwiesen, sondern auch der Allgemeinheit. Man denke nur an die vielen Tuberculösen und mit Hautexcessen Behafteten, die im Nahrungsmittelgewerbe und auch sonst im Verkehr mit Menschen noch heute beschäftigt sind — meist unter Verheimlichung ihrer Krankheit. —

Zwecks der Unsicherheit der Voraussage und der Veränderlichkeit des jugendlichen Organismus empfiehlt sich eine Nachuntersuchung. Letztere kann auf Anweisung des Berufsamtes durch einen Vertrauensarzt der Ortskrankenkassen erfolgen. — Ein Ausbau der ärztlichen Berufskunde, wie sie z. B. vom Kaiser Wilhelm-Institut für Arbeitsphysiologie betrieben wird, eine stärkere Berücksichtigung der Arbeitsphysiologie im Lehrplan der medizinischen Fakultäten, häufigere schulärztliche Untersuchungen, Vermehrung der Schul- und Gewerbeärzte sind die nächsten Aufgaben die im Interesse einer Förderung der Berufsberatung und der Volksgesundheit zu erfüllen sind. —

VIII. Kapitel

Die psychologische Eignungsprüfung

Als Hilfsmittel zur Feststellung der Anlagen im Allgemeinen und Feststellung der Berufseignung im Besonderen haben wir bis jetzt das Schulzeugnis, den Beobachtungsbogen, den Schulfragebogen, Elternaussagen, ärztliches Gutachten und die Menschenkenntnis des Berufsberaters kennengelernt. Wir haben weiter festgestellt, daß die Methoden

[16]) Handbuch des Arbeiterschutzes und der Betriebssicherheit v. Syrup. Kaup: S. 400. I. Bd., R. Hobbing - V. Berlin 26.

noch unvollkommen sind und bei weitem nicht ausreichen, Eignung und Neigung zuverlässig zu erkennen und ein derartiges Bild des Ratsuchenden zu gewinnen, das erlaubt, ihn denjenigen Beruf ergreifen zu lassen, der seinen psychischen und physischen Fähigkeiten am besten entspricht. Von der Erkenntnis ausgehend, „daß es zwei Intelligenzformen gibt, die für die Erzielung von Schulleistungen nötige schulische oder theoretische Intelligenz und die für berufliche Praxis erforderliche praktische Intelligenz“ [1]) und die meisten Feststellungsmethoden nur einen Maßstab für die schulische Intelligenz darstellten, suchte man nach neuen Auslesemaßstäben, fand sie zunächst im berufs-psychologischen Fragebogen „und schließlich in wirksamerer Form in der psychologischen Berufseignungs-Untersuchung.“ [2]) Die Berufseigungsprüfung ist ein Teil der Psychotechnik. Ueber die Auslegung des Begriffes „Psychotechnik“ ist man noch nicht im Reinen. Münsterberg, der zuerst die Beziehungen zwischen Berufseignung und Psychologie erkannte, u. versuchte, wissenschaftliche psychologische Ergebnisse für die Bedürfnisse der Praxis auszuwerten, definiert: „Die Psychotechnik ist die Wissenschaft von der praktischen Anwendung der Psychologie im Dienste der Kulturaufgaben.“ [3]) Auch Stern bezeichnet die Psychotechnik als angewandte Psychologie, als die Wissenschaft, welche die Hilfsmittel liefert, wertvolle Zwecke durch geeignete Handlungsweise zu fördern und die Anlagen und Kräfte eines Menschen durch psychologische Methode zu beeinflußen. [*]) — Franziska Baumgarten faßt den Begriff noch weiter, indem sie von der Wahrnehmung ausgeht, daß psychische Mittel nicht nur dann angewendet werden, wenn sie sich „auf edle Zwecke und Ziele“ richten, sondern auch dann, wenn sie gemeine und verwerfliche Ziele erstreben. Sie definiert demnach: „Die Psychotechnik ist die Anwendung psychischer Mittel zur Erreichung praktischer Zwecke auf allen Gebieten des menschlichen Lebens.“ [4]) — Man ist als Laie gern geneigt, die angewandte Psychologie nur in Beziehung auf Industrie und Technik aufzufassen. Aber sie findet auf allen Gebieten menschlicher Betätigung Anwendung. „Problemgebiete der angewandten Psychologie sind Recht und Kriminalistik, Sprache, Völkerkunde, Wirtschaftsleben, Kunst, Moral und Religion, Medizin, Zoologie, Pädagogik, Soziologie und Gesellschaftslehre, auch Philosophie und Wertlehre.“ Da die Berufsberatung es aber nur mit dem Beruf und der Wirtschaft als Träger des Berufes zu tun hat, so

[1]) Hische; Der wirtschaftliche Effekt der Berufsberatung und der Berufseignungsuntersuchung. „Arbeit und Beruf“ 6. Jg. Heft 10, S. 307.

[2]) Hische: ebenda, S. 308.

[3]) Münsterberg; Grundzüge der Psychotechnik. S. 1. V. Barth - Leipzig 1920

[4]) F. Baumgarten: Die Berufseignungsprüfungen. Theorie und Praxis. S. 22 Oldenbourg-Verl. München 1928.

sei der Begriff „Psychotechnik" hier als Synonym der Berufspsychologie oder weiter gefaßt, „der Wirtschaftspsychologie" verstanden. Diese wieder kann man in „Subjektspsychotechnik" und „Objektspsychotechnik" scheiden. „Soll nämlich Psychologie gestalten, so kann sie zweierlei tun. Entweder den Menschen, das Subjektive des Zusammenhanges, vornehmen und sinngemäß den Wirklichkeitsanforderungen anpassen. Wir sprechen dann von „Subjektspsychotechnik", wie sie z. B. als „Eignungsprüfung" und als „Anlern-Verfahren" üblich ist. Sie kann dagegen auch geradezu umgekehrt vorgehen und die Dinge, die Umwelt, das Materielle der natürlichen psycholog. Natur des Menschen angleichen; sie zuschneiden auf die verhältnismäßig unveränderliche Natur unserer Eigenart. Dann sprechen wir von „Objektspsychotechnik" (z. B. Anpassung der Werkzeuge und Maschinen an die psychophyisischen Voraussetzungen des Menschen) — Subjekts- und Objektspsychotechnik sind heute die tragenden Säulen der praktischen Psychologie. Hierbei ist die Subjektspsychotechnik die entwickeltere Richtung." [5]) — Die Subjektspsychotechnik soll Gegenstand der Erörterung in diesem Kapitel sein. Die Methoden der Psychotechnik bilden heute noch eine akademische Streitfrage. Der Kampf für und wider die Psychotechnik ist durch die Rationalisierungsbestrebungen der Wirtschaft neu angefacht und so nimmt es kein Wunder, wenn auch innerhalb der Berufsberaterkreise für und gegen die Eignungsprüfung argumentiert wird. Wenn Roffenstein erklärt: „Man hört nämlich gelegentlich die Meinung, daß die Berufsberatung und Eignungsprüfung zwei verschiedene Dinge wären: als ob es im Belieben des Einzelnen stünde, Berufsberatung mit oder ohne Berufseignungsprüfung vorzunehmen," [6]) so möchte Verfasser doch darauf hinweisen, daß nur eine beschränkte Anzahl von Berufsämtern planmäßig Eignungsprüfungen abhalten, daß es nur wenige Städte sind, die sich den Aufwand eines kostspieligen psychotechnischen Laboratoriums leisten, daß die wenigsten Berufsämter Fachpsychologen als Mitarbeiter besitzen. Wenn z. B. im „D. öff. A. N." Jg. 5, Nr. 8 ein Artikel veröffentlicht wird, der sich: „Die Eignungsprüfung als Werbemittel" tituliert, so sollte das doch zur Genüge zeigen, daß in Berufsberaterkreisen die Eignungsprüfung durchaus nicht als notwendiges Bestandteil der Berufsberatung aufgefaßt wird, daß man noch herumexperimentiert und die Eignungsprüfung als Werbemittel zur Erlangung der Gunst der Wirtschaft betrachtet. — Roffenstein fährt dann fort: „Das Verhältnis ist aber ein anderes: Sachlich und principiell ist Berufsberatung überhaupt nichts selbständiges, sondern sozusag. nur ein Ueberbau über

[5]) Giese: Psychotechnik. S. 8. Breslau 1928.

[6]) Roffenstein: Das Für und Wider in der psycholog. Berufseignungsprüfung S. 262. „Arbeit und Beruf". Nr. 9. 6. Jg.

drei Faktoren: dem somatischen Befund, der psychologischen Eignungsprüfung und der Kenntnis der jeweiligen Arbeitsmarktsituation. Es kann also gar keine Frage sein, ob von den drei Faktoren, aus denen sich die Berufsberatung zusammensetzt und ohne welche sie eine leerlaufende Maschine, einer wegfallen soll oder nicht."[7]) — Es ist richtig, die Berufsberatung bildet ein Konglomerat vieler der Eignungsfeststellung dienenden Faktoren. Die Zahl dieser ist keineswegs begrenzt und es ist deshalb Pflicht der Berufsberatung, sich jeden neuen Hilfsmittels zu bedienen — soweit es den Zwekken der Berufsauslese gerecht wird. Heute befaßt sich aber gerade die Psychotechnik mit der Personenauslese, die in ihrer stärksten Form die Konkurrenzauslese bildet, einer Form, die die Berufsberatung auf's schärfste bekämpft. Die Psychotechnik ist außerdem ebenso jung als die Berufsberatung und hat noch kindliche Freude an Zahlen, langen Statistiken, an der Aufstellung neuer Fragen und Methoden. Daher kommt es, daß bei einer unferfälschten psychotechnischen Eignungsprüfung oft Dinge geprüft werden, die nicht den geringsten Einfluß auf etwaige Brauchbarkeit des Prüflings haben. Man prüft einen 20 jährigen genau so wie einen 50 jährigen, weil man eben nur eine bestimmte Funktion prüfen will. Die Wirtschaft verlangt von jedem ein bestimmtes Quantum an Leistung und kümmert sich wenig um das Alter. Für die Berufsberatung muß es aber unter allen Umständen Grundsatz bleiben, nicht nur die allgemeine Arbeitsfähigkeit zu prüfen, sondern den Menschen als Persönlichkeit zu erfassen, d. h. auch dem 50 jährigen in seiner speziellen Eigenart gerecht zu werden. — Soweit die Psychotechnik in der Lage ist, das Seelenbild des Prüflings zu ergänzen oder abzurunden, soll die Psychotechnik jedem Berufsberater willkommen sein und verdient gerade ihrer Problematik wegen hier eine gesonderte Behandlung. Schon jetzt möchte aber Verfasser voransetzen, daß „gewissenhafte psychologische Beobachtungen Prüfungen mehr oder weniger entbehrlich machen können; dagegen vermögen auch die besten Prüfungen niemals die systematische Beobachtung zu ersetzen."[8]) —

Münsterberg bemerkt einmal: „Mit dem Fliegen konnte die Technik warten, bis die Physik in ihren Forschungen dahin kam, daß die nötigen Motoren gebaut wurden, aber Erziehen, Unterricht, Arbeiten und Kaufen, muß überall vor sich gehen und muß überall mit psychischen Tatsachen rechnen. Versagt die wissenschaftliche Psychologie ihre Hilfe, so nimmt das Leben mit vorwissenschaftlichen Beobachtun-

---

[7]) Roffenstein: s. S. 100 dieser Arbeit. . . . S. 262.

[8]) Huth: Die Förderung der psychologischen Berufseignungsprüfung durch die Landesarbeitsämter. S. 425. Döff A. N. Jg. 5. Nr. 8.

gen vorlieb." [9]) — So eilte die Psychotechnik der wissenschaftlichen Psychologie voraus, überraschte die Welt mit Erfolgen und Ergebnissen, die nur auf Erfahrungstatsachen beruhend, der wissenschaftlichen Anerkennung entbehrten und auch entbehren konnten, weil ja die Wirtschaft hinter ihr stand. — Wie kam es nun, daß besonders die Industrie lebhafte Anstrengungen machte, Subjekts- und Objektspsychotechnik sich in starkem Maße nutzbar zu machen? Der Grund liegt einerseits in den Bestrebungen der Arbeitnehmerorganisationen, die bewußt auf eine Besserung des Lebensstandards der arbeitenden Klasse hinarbeiteten. Die Einführung der Maschine brachte wohl eine Verbilligung der Produktion, bedingte aber auch eine Erweiterung der Produktion, um eine annehmbare Verzinsung für das hohe Anlagekapital herauszuholen. Die rapide Ausdehnung der Industrie erforderte immer umfangreichere Arbeitereinstellungen, ließ den Produktionsfaktor „Mensch" wieder als das wichtigste Kalkül zur Geltung kommen. — So steigerte man die Anforderungen, um mit der gleichen Arbeiterzahl eine größere Produktion zu ermöglichen. Man erreichte dies, indem man die Leistungsfähkeit der Maschinen steigerte und auf eine Erhöhung der Geschicklichkeit des Arbeiters hinarbeitete. Letztere war aber nur möglich, wenn man eine Analyse jedes einzelnen Arbeitsganges — die sogenannte Arbeitsstudie — oder Zeitstudie besaß und auf Grund deren das Arbeitspensum des Arbeitenden bestimmen konnte. Eine Erhöhung des Pensums läßt sich weiter erreichen durch Anpassung der Arbeitsgeräte an die Eigenart des Menschen — die sogen. „Wirkungsstudie." Die dritte Notwendigkeit ist die Arbeitsteilung. Schon Adam Smith hat an dem Stecknadelbeispiel überzeugend die Steigerung der Produktion durch Arbeitsteilung nachgewiesen. Die Pensumidee, Arbeitsstudie, Wirkungsstudie, der Gedanke der Normung, Typung, beste Gestaltung des Lohnsystems sind Gebiete, auf dem sich die „wissenschaftliche Betriebsführung" verdient gemacht hat. Die wissenschaftliche Betriebsführung ist auf's engste mit dem Namen Frederic Winslow Taylor verbunden. Ihm verdankt die Subjekts- und Objektspsychotechnik erst ihr eigentliches Dasein. Es kann hier nicht meine Aufgabe sein, auf das Wesen, Vorzüge und Nachteile des Taylorismus näher einzugehen. — Taylor geht davon aus, daß es für jeden Arbeitsgang nur eine Kritik standhaltende Methode geben kann, die dem ökonomischen Gesetz voll gerecht wird, also bei geringstem Zeit- und Kraftaufwand den höchsten Nutzeffekt erzielt. Um diese Methode für jeden Arbeitsgang zu finden, dafür bedarf es langwieriger Untersuchungen und Vergleiche, die sich sowohl auf die Eigenart des Menschen (Subjekts-P.), auf die Anpassung der Arbeitsgeräte an diese (Objekts-P.) und schließlich auf das Material selbst er-

[9]) Münsterberg; Grundzüge der Psychotechnik. S. 21. Leipzig 1920.

strecken. (Hier sei an die 1880 einsetzenden Untersuchungen über Dreh- und Werkzeugstähle erinnert, bei denen 400 000 kg Stahl verschnitten wurden.) — Taylor gab uns wohl psychologische Analysen der verschiedensten Tätigkeiten, zeigte neue Wege für rationelle Arbeitsteilung — doch berücksichtigte er zu wenig die Personenauswahl. „Die Auslese der Geeigneten ist bei Taylor zwar erstrebt und grundsätzlich gewollt. Doch ließ bei ihm mangelnde Bildung auf psychologischem Gebiete die Frage später in den Hintergrund treten... Im Falle der Stahlkugelsortiererinnen einer Fabrik für Kugellager deutet Taylor auf Eignungsauslese hin und findet sie anscheinend im einfachen Leistungsvergleich der Praxis.“ [10]) Die Taylorschen Ideen fanden, auch in Richtung Eignungsauslese, eine Vervollkommnung durch seine Schüler Gilbreth, Tompson, Scubert usw. Doch ist „die Art und Weise, wie beim Taylorsystem der menschliche Organismus untersucht wird, so naiv und primitiv, daß seine Studien mit einer wissenschaftlichen Psychologie nichts zu tun haben... Ihm gelten nur die Gesetze der Zeit und der Bewegungen, aber nicht die des seelischen Lebens. Er kennt keine Beziehungen der Arbeit zu Geschlecht und Alter, Krankheit und sozialen Herkunft. Taylor normt alles.“ [11]) Erst mit dem Wirken Hugo Münsterbergs (Professor an der Harvard Universität zu Cambridge U.S.A.) begann der eigentliche Ausbau der Subjektspsychotechnik. Durch seine Vorlesung vor dem Kriege an der Berliner Universität über „Die Psychologie im Wirtschaftsleben“ wurde der Gedanke der Berufspsychologie zum ersten Mal nach Deutschland gebracht. — Bekannt sind seine jetzt nur noch historischen Wert besitzenden Eignungsprüfungen für Telephonistinnen und Straßenbahnführer. (S. Münsterberg, S. 65—73). Schon zu Taylors und Münsterbergs Lebzeiten trieben Männer wie Kraepelin, Binet, Stern, Lipmann exakte psychologische Forschungen, deren Ergebnisse die 1907 von Stern-Lipmann begründete, heute noch bestehende Zeitschrift für angewandte Psychologie dem Wirtschaftsleben nutzbar zu machen versuchte. Die Wirtschaft verhielt sich zunächst ablehnend. Das Ausleseverfahren bestand in der Entlassung des Arbeiters bei Nichteignung. Mit Menschenmaterial braucht man ja nicht zu sparen! — Es kam der Weltkrieg — der alle Kräfte in seinen Dienst spannte und bei Freund und Feind die größtmöglichste Ausnutzung von Mensch und Material erzwang. — Frankreich ergriff auf psychologischem Gebiet zuerst die Initiative und führte erstmalig Fliegerprüfungen

---

[10]) Giese: Psychotechnik. S. III.
s. auch; Taylor-Wallichs; Shop mannagement. 2. Aufl. 1912.
Colin Roß: Das ABC der wissenschaftl. Betriebsführung. Berlin 1917

[11]) Wilh. Weber: . . . . S. 331. — s. a. G. Winter: Der Taylorismus. Leipzig 1920, s. a. Niklisch: Wirtschaftliche Betriebslehre. Poeschel. V. Stuttgart 1922 6. Aufl.

ein. Im Autrage der Deutschen Heeresleitung arbeiteten Moede und Piorkowski Eignungsprüfungen für Kraftfahrer aus. Gegen Ende des Krieges waren Prüfungen für Funker, Winker, Schallmesser, Sanitätspersonal (incl. Sanitätshunden!), Kanoniere, Flugzeugbeobachter, Tankführer allgemein in Benutzung. — Bekannt ist weiter die allgemeine Intelligenzprüfung, die das amerikanische Heereskommando an über 1 750 000 Mann vornehmen ließ. Segensreich für eine Entfaltung der Psychotechnik, für die Berufsberatung und der Zusammenarbeit der beiden war die brennend gewordene Frage der Unterbringung der Kriegsverletzten. Sie hatte einmal das Gute, daß die Aerzte veranlaßt wurden, sich intensiv mit der Arbeitspsychologie und der medizinischen Berufskunde zu befassen. Denn erst auf Grund dieser Kenntnisse war es dem Arzt möglich, ein Urteil über die heilsamste Art der Tätigkeit für die Kriegsverletzten zu geben. Es ist das Verdienst Poppelreuters, daß er zu diesem Zweck eine „Begutachtungswerkstätte und Hirnverletztenstation" in Köln schuf. „Sie sollte aber nicht einer Beschäftigungstherapie dienen, sondern es sollte der Arzt dort diejenigen Faktoren kennen lernen, auf welche es bei der Begutachtung der Arbeitsfähigkeit ankommt." [12]) Durch die zahlreichen Berufsumschulungen, die die Unterbringung der Kriegsverletzten mit sich brachte, wurde die Psychotechnik und die Berufsberatung gezwungen, sich nicht nur mit der Psychologie des Jugendlichen, sondern besonders mit der Erlebniswelt der Erwachsenen zu beschäftigen. Die Unterbringung der Kriegsbeschädigten erforderte weiter auf die schon an anderer Stelle hingewiesenen Zusammenarbeit mit den verschiedensten Kreisen, die auf die Entwicklung der Psychotechnik und Berufsberatung nur befruchtend wirken konnte. — Die Wirtschaft wurde auf die Psychotechnik aufmerksam. Mit der nötig werdenden Produktionsumstellung ging ein gewaltiger Reinigungsprozeß einher, dem anschließend die bekannten Rationalisierungsmaßnahmen folgten — in Anlehnung an das Taylorsche und Fordsche System. Die Zerstückelung des Arbeitsganges in kleinste Teilfunktionen, Fließarbeit und Akkordentlohnung, die ganze Verschiebung der Stellung des Arbeiters im Produktionsprozeß, die scharfe Trennung in denkende, organisierende und ausführende, mechanische Arbeit, die mit allen diesen Maßnahmen steigenden Anforderungen an Schnelligkeit, Präzision, einer guten Ausbildung bestimmter Muskelpartien (hauptsächlichst der kleinen Muskulatur) führte notwendig zur Einführung der psychotechnischen Eignungsprüfung in der Industrie. Der Aufbau der Prüfungen für die verschiedenen Arbeiten und Berufe kann uns hier nicht interessieren, da das Ausleseverfahren nach rein privatwirtschaftlichen Gesichtspunkten erfolgt, während die Berufsberatung und die

[12]) Fr. Baumgarten: Die Berufseignungsprüfungen. S. 16. München 1928.

Psychotechnik, soweit sie im Dienst der Berufsberatung steht, keine Auslese, sondern eine Berufszuweisung nach individuellen und volkswirtschaftlichen Gesichtspunkten vornimmt. Die Entwicklung der industriellen Fabrikpsychologie — oder wie Giese einmal sagt, der „Fabrikpsychologie" — ist für die Berufsberatung nur insofern wichtig, als die fortgesetzte Mechanisierung und Entgeistigung der Arbeit, die Personenauslese ohne Rücksichtnahme auf die Ungeeigneten — Gegenmaßnahmen erfordern, die ihre Zwecksetzung in der Umwandlung der mechanischen Arbeit in schöpferische sieht, die dem zunehmenden Heer der ungelernten Arbeiter eine für das Gedeihen der nationalen Wirtschaft unbedingt nötige Phalanx gelernter Qualitätsarbeiter entgegenstellen will. — Die fortgesetzte Mechanisierung der Arbeit, das jeden Morgen vom Ingenieurbüro angegebene und einzuhaltende Zwangstempo, erfordert aber eine notwendige Ausgestaltung der Objektspsychotechnik. Die beste Gestaltung der Ermüdungspausen, das Eingehen auf die psychologischen Ursachen der Unfälle und Verhütung derselben, Aufdeckung der Beziehungen zwischen Mensch und Geschlecht, Anpassung des Arbeitsplatzes und Arbeitsgerätes an die psychophysische Struktur des Arbeitenden bedingen eine enge Beschäftigung mit dem Menschen, zeigen, daß die Rationalisierungsbestrebungen eine Grenze an der Eigenart des Menschen finden und dieser stets im Mittelpunkt des Wirtschaftsprozesses bleiben wird. Eine Politik, die allzu rigoros und bewußt auf die Ausschaltung des gelernten Arbeiters hinarbeitet und den Begriff Mensch auf die Formel „Arbeiter—Maschine" zu bringen sucht, muß irgendwann einen katastrophalen Rückschlag erleiden. — Wie das durch das Kapital bedrohte Handwerk sich die Methoden des Kapitalismus zunutze machte und sich durch die Errichtung von Genossenschaften usw. seiner Haut wohl zu wehren wußte, so ist es auch Aufgabe der Berufsberatung, die Psychotechnik gründlich zu studieren, um sie an ihren schwächsten Stellen angreifen zu können, um sich aber auch die Erfahrungen für die eigenen Zwecke zunutze zu machen. Sie kann einem oben erwähnten Rückschlag vorbeugen, indem sie weitere Aufklärung über die Notwendigkeit der Heranziehung eines qualifizierten Arbeiterstammes (s. a. Kap. XI) leistet, sorgfältig ausgesuchtes Menschenmaterial — das aber als Persönlichkeit, nicht als Arbeitsnummer gewertet werden will — der Wirtschaft zur Verfügung stellt, die industriellen Prüfungen somit entbehrlich macht und im evolutionistischen Sinne segensreich wirkt. Wenn die Berufsberatung die Psychotechnik, insbesondere die Eignungsprüfung, für ihre Zwecke als geeignet anerkennt, so kann dies nur in dem Sinn als Hilfsmittel gemeint sein. Dieser Grundsatz offenbart sich u. a. auch in der bayerischen Instruktion des Landesarbeitsamtes München, in der es u. a. heißt: Jede psychologische Prüfung bezweckt ein mehr oder minder ausführliches Seelenbild des Prüflings. Nur eine möglichst allseitige und tiefgehende Erfassung des ganzen Menschen gewährleistet eine sichere Diagnose und Prognose. Psychologische Eignungsprüfungen sind niemals Kenntnisprüfungen, die auf Wissen und Können abzielen; sondern es sind Fähigkeitsprüfungen, welche die angeborenen Anlagen des Jugendlichen erfassen sollen. Infolgedessen werden die Ergebnisse psychologischer Prüfungen mit den Schulzeugnissen vielfach nicht übereinstimmen.

...Nach ihrem Zweck sind die Prüfungen:

A) Allgemeinprüfungen, welche möglichst vielseitig die verschiedenen Seelentätigkeiten erfassen oder

B) Spezialprüfungen, welche besondere Einzelzüge des Seelenbildes im Hinblick auf bestimmte Einzelberufe untersuchen.

Die Allgemeinprüfung ist stets die Grundlage, die Spezialprüfung lediglich die Ergänzung; es gibt infolgedessen keine Spezialprüfung ohne vorausgegangene Allgemeinprüfung. Sowohl Allgemeinprüfungen [13]) als auch Spezialprüfungen umfassen Gruppen- und Einzelprüfungen."

Auf Grund vollkommener Methoden müßte es lediglich auf Grund einer Totaluntersuchung — unter Mithilfe der psychologischen Allgemeinprüfung — möglich sein, das richtige Berufsbild zu finden. Da heute die Methoden aber noch unvollkommen sind, ist die Spezialuntersuchung, die ja bereits Personenauslese treibt, unter diesen Umständen einstweilig anzuerkennen. Auch in den Fällen, in denen die Ratsuchenden wohl die Beratungsstelle aufsuchen, aber hartnäckig bei ihrem Berufswunsch verharren, obwohl Eignung und Neigung erhebliche Diskrepanz aufweisen, kann die Spezialuntersuchung mit gutem Gewissen herangezogen werden, um auch dadurch dem Prüfling seine Ungeeignetheit klar vor Augen zu führen. Diese negative Berufsberatung ist auf alle Fälle segensreicher als die Selbstauslese, die das Leben dann doch vornehmen würde. —

Allgemeinprüfung und Konkurrenz-Auslese.

Die Berufseignungsprüfung besteht darin, mit Hilfe psychologischer Untersuchungsmethoden die Berufseignung einer Person für einen bestimmten Beruf festzustellen. Sie „geht von der ausdrücklich oder stillschweigend gemachten Voraussetzung aus, daß die Leistungen der Menschen auf bestimmte individuelle verschiedenartige Anlagen zurückzuführen seien. Ihr Vorhandensein bzw. Fehlen ermöglicht, da es als dauernd betrachtet wird, eine Vorhersage zukünftiger Leistungen, prädestiniert, also für bestimmte Berufe, während es von an-

[13]) Huth: Die Förderung der psychol. Eignungsprüfungen durch die Landesarbeitsämter. DöffAN. 5. Jg. Nr. 8, S. 25 26.

deren ausschließt."[14]) Um eine Berufspsychotechnik treiben zu können, gehört eine klar ausgearbeitete Berufspsychologie zur notwendigen Voraussetzung. Es sei hier auf die Ausführungen über Berufskunde im vorhergehenden Kapitel verwiesen. Der Berufspsychologie muß die Arbeitspsychologie zu Hilfe kommen, um den Endzweck aller Berufsberatung — die höchste Ausnutzung der vorhandenen Fähigkeiten zu eigenem wie der Gesamtheit Wohl — zu erreichen. Drum ist die weitere Vervollkommnung der Objektspsychotechnik — denn um diese handelt es sich ja bei der Arbeitspsychologie — für die Berufsberatung von größter Wichtigkeit, um die großen, selbstlosen Anstrengungen, die der Ausbau der Berufsberatung erforderte, in wirklich kräftespendende und die Volkswirtschaft vorwärtsbringende Energie umzuwandeln. Der geistige Führer auf dem Gebiet der Arbeitspsychologie ist wohl Otto Lipmann, der dem Institut für angewandte Psychologie — Berlin vorsteht. —

Da die Psychotechnik noch in der Entwicklung steht, ist die Erhaltung und Förderung der wissenschaftlichen psychotechnischen Forschungs-Institute, auch für die Zwecke der Berufsberatung, zu begrüßen. Es handelt sich nicht nur darum, neue Wege und Methoden zu finden, sondern speziell die vielen aus der Praxis geborenen Auslesemaßstäbe und arbeitspsychologische Einrichtungen auf ihre wissenschaftliche Stichhaltigkeit hin zu prüfen und womöglich den Wirkungsgrad noch zu verbessern. — In Deutschland, wo die Arbeitskräfte teuer sind und den wichtigsten Kalkulationsfaktor darstellen, ist man auch behördlicherseits an die Errichtung von psychotechnischen Laboratorien herangegangen. So bestehen solche in Halle, Berlin, Hannover, Köln, Münster, Hamburg. Einige sind auch Universitäten und Technischen Hochschulen (so das Institut für industrielle Psychotechnik an der T. H. Charlottenburg), aber auch Handelshochschulen, so in Mannheim und Berlin, angeschlossen. Diese arbeiten in der Regel mit dem Berufsamt zusammen, besitzen daneben auch besondere Abteilungen für systematische Forschung. — So umreißt Moede das Arbeitsprogramm des Instituts für Industrielle Psychotechnik folgendermaßen: „Die Tätigkeit des Instituts erstreckt sich auf Forschung, Lehre Begutachtung für alle Fragen der Eignungsfeststellung, Anlernung, Arbeitsgestaltung, Marktanalyse, Verkaufswesen, Werbsachenprüfung.") — Privatinstitute sind nur wenige zu verzeichnen, von denen das bekannteste wohl das Orga-Institut — Berlin unter der Leitung von Piorkowski ist. Die Privatinstitute möchte Verfasser im Interesse der Berufsrufsberatung ablehnen, da sie aus finanziellen Gründen auf die Wünsche der Arbeitgeber allzusehr Rücksicht nehmen

[14]) Tollkühn: Die planmäßige Ausbildung des gewerblichen Fabriklehrlings. S. 53. G. Fischer, Jena 1926.

müssen, also arbeiterfeindliche Politik treiben. — Die Institute stehen im übrigen unter Leitung von Männern wie Moede, Stern, Lipmann, Giese, Lysinski, Rupp, Poppelreuter, Marbe, deren Namen eine wissenschaftliche Ausgestaltung der Psychotechnischen Methoden verbürgen. Die erwähnten Psychologen sind meist Herausgeber angesehener psychotechnischer Zeitschriften, aus denen auch die Berufsberatung viel Nutzen ziehen kann, (z. B. Zeitschrift für angewandte Psychologie v. Stern und Lipmann, die Psychotechnische Zeitschrift von H. Rupp u. a., die Industrielle Psychotechnik von Moede). Erwähnenswert ist auch der vom V. D. I. eingerichtete Ausschuß für Psychotechnik. — In allen Ländern, in denen die Arbeitslöhen hoch sind, man also auf eine bestmögliche Ausnutzung der Arbeitskraft bedacht sein muß, bestehen psychotechnische Institute. So seien genannt: das „Laboratoire de Physiologie du travail" in Paris, in Brüssel das „Officce Intercommunal pour l' Orientation Professionelle, in Genf das „Cabinet d' Orientation Professionelle", in London das „National Institute of Industrial Psychology", in Modena das „Cabinetto di Psicotecnica del Lavoro", in Charkow das Allukrainische Arbeitsinstitut. Auch in Spanien (Barcelona), in Moskau, in Warschau, in Japan bestehen derartige Forschungsinstitute. — Die Fachpsychologen aller Länder haben sich in der 1927 in Paris gegründet. „Internationalen Gesellschaft für Psychotechnik" zusammengeschlossen. —

Die Psychotechnik wurde aus der Praxis heraus geboren und erfuhr auch durch die Praxis die bestmöglichste Förderung. Jede Einführung neuer Methoden kostet Lehrgeld und so ist es erklärlich, daß die Eignungsprüfungen besonders bei der Großindustrie und den Verkehrsunternehmungen Eingang fanden da diese über das notwendige Kapital verfügten. Die Folge war, daß die wenigen vorhandenen Psychotechnischen Institute ihre Kräfte in den Dienst dieser Unternehmungen stellten. So stehen wir heute vor der Tatsache, daß eine für die einzelnen Betriebe spezialisiert gut ausgebildete Subjektspsychotechnik vorhanden ist, während für die mittleren und kleinen Betriebe diese völlig mangelt. — Für die Privatwirtschaft ist die Eignungsprüfung nur ein Mittel, die Unkosten, die durch Ungeeignetheit der Arbeiter entstehen, herabzumindern und möglichst große Produktivität ihres Menschenmateriales zu erzielen. — An und für sich sind diese Bestrebungen, auch volkswirtschaftlich gesehen, anzuerkennen. Hier ergibt sich aber, besonders in bezug auf die Berufsberatung, ein Unterschied in der Problemstellung. Die Privatwirtschaft verfolgt rein privatwirtschaftliche Interessen. Sie kümmert nur das, was für eine bestmögliche Rentabilität förderlich sein kann. So interessiert sie auch bei der Eignungsprüfung nicht der Mensch als Persönlichkeit, sondern nur gewisse Muskelpartien etc. des Prüflings. Der übrige Mensch wird als untrennbares Bestandteil eben mit in Kauf genommen. Dies trifft besonders bei den rein manuellen Berufen zu. Bei den Eignungsprüfungen für Lehrlinge (bes. kaufmännische) ist allerdings anzuerkennen, daß man bestrebt ist, den Prüfling als Persönlichkeit zu werten. Die Eignungsprüfung wird hier auch meist durch die sogen. „Befragung“ des Lehrlings ergänzt, um dessen Charaktereigenschaften festzustellen. — Die Wirtschaft wählt sich aus der Vielheit der Personen, die sich um die ausgeschriebene Stellung bewerben, die geeignetsten aus, d, h. diejenigen, die auf Grund der Spezialuntersuchung für eine bestimmte Tätigkeit besonders geeignet erscheinen. — Die Nichtgeeigneten scheiden automatisch aus der Interessensphäre des Betriebes aus. Man nennt diese Art Eignungsprüfung die *Konkurrenzauslese*. — Die Berufsberatung tritt dagegen an die Eignungsprüfung mit der Frage heran: „Wie kann die Gesamtheit des jugendlichsen Nachwuchses entsprechend ihrer Neigung optimal auf die verschiedenen Berufe verteilt werden? Man sieht wohl deutlich, wie sich hier neben der betriebswirtschaftlichen eine volkswirtschaftliche Fragestellung entwickelt, die auch die Volkswirtschaftslehre in Zukunft nicht übersehen darf.“ [15]) — So kann bei der Berufsberatung die Eignungsprüfung nur Hilfsmittel bei der Totaluntersuchung des Ratsuchenden sein. Die Wirtschaft kennt nur eine Spezialuntersuchung. Sie ist Endzweck und fragt nicht darnach, ob der Prüfling erfolgreich bestanden hat, nicht doch für einen anderen Beruf *geeigneter* sein könnte. —

Die psychotechnische Spezialprüfung findet ihren Stützpunkt in den Laboratorien der großen Werke wie Siemens-Schukert, Siemens-Halske, Borsig, Osram, I. G. Farben usw. Man prüft nicht nur die Arbeiter auf ihre Fähigkeit, sondern auch höhere Angestellte. Auf die Brauchbarkeit der Prüfmethoden soll an dieser Stelle nicht eingegangen werden. Die Anforderungen, die an die Prüflinge gestellt werden, richten sich nach der Eigenart des Betriebes und der Tätigkeit. So verlangt die Prüfstelle der Robert Bosch A. G.,wohl die größte Firma für Auto-Elektrobedarf, z. B. folgende Eigenschaften von den einzustellenden Ankerwicklerinnen: „Gesunde Lunge, große Widerstandskraft des Nervensystems, gleichmäßig sichere Handbewegung, scharfes Sehvermögen, sehr feine Tastempfindung; die Fähigkeit, die Aufmerksamkeite lange Zeit demselben Gegenstand zuzuwenden, sie auf einen bestimmten Gegenstand scharf zu konzentrieren, auf verschiedenen Gegenstände gleichzeitig cu achten (mit den Händen, einem Fuß, einem Arm muß gleichzeitig gearbeitet werden,) nicht leicht erregbar, nicht ungeduldig, nicht leicht

[15]) Halberstädter: Die IV. Intern. Konferenz für Psychotechnik. S. 403/404. Weltwirtschaftl. Archiv. 27. Bd. 1928 I. Fischer-Jena.

ermüdbar sein, sehr weitgehende Uebungsfähigkeit (Automatisierung der Bewegungen). Die Arbeit wird sitzend ausgeführt, gilt als anstrengend und verlangt sorgfältige Ausführung."[16]) Es darf wohl an dieser Stelle eingeflochten werden, daß Ford, dessen Betriebsmethoden so starken Widerhall in Europa gefunden haben, die Eignungsprüfung grundsätzlich ablehnt. Die Arbeitsteilung ist so weit durchgeführt, daß jeder Arbeiter imstande ist, die Arbeit in wenigen Stunden zu lernen. So bemerkt auch Giese: „Daß die Auslese grundsätzlich gegenüber deutschen Verhältnissen zurücktritt, beruht auf dem Prinzip der Serienarbeit an Automaten und Halbautomaten. Ueberall, wo bei uns ähnliche Sachlagen vorliegen, ist eine Eignungsprüfung höchstens nötig, um ganz unbrauchbare Ungelernte, unintelligente oder unzuverlässige Personen fern zu halten. Bei Ford herrscht das Gute der Selbstauslese. Wer will, kann weiter, falls er dem Neuen gewachsen ist. Jene Aufstrebende kennzeichnen sich vor allem durch eigne Gedanken, Verbesserungen, Bitten um andere Tätigkeit: Möglichkeiten, die das auch zu erwähnende Beispiel der internen Werkpolitik bei Ford gedeihen läßt."[17]) — Weitere Eignungsprüfungen finden in Deutschland auch bei der Reichwehr und -Marine, bei der Post (Brief-Paket-Sortierdienst, Telegraphenamt, Postscheckamt), der Eisenbahn und anderen großen Verkehrsgesellschaften wie bei der Straßenbahn und der ABOAG statt. Das Schnelligkeitsbedürfnis ist immer größer geworden, der Verkehr in den Städten durch steigende Motorisierung, immer lebhafter, sodaß mit zunehmender Verkehrsstärke auch der Verkehrssicherheit mehr Beachtung geschenkt werden muß. Die Erhöhung der Verkehrssicherheit erfolgt außer der Vervollkommnung der Fahrzeuge, der Bremsvorrichtungen, des Signalwesens etc. in erster Linie durch sorgfältige Auswahl und Schulung des Bedienungspersonals. So ist man hier allgemein zu Eignungsprüfungen — ohne Mitwirkung des Berufsamtes — übergegangen. Die Unfälle haben wohl eine Minderung erfahren; aber trotzdem ist der Erfolg nicht allein auf die Aktivseite der Eignungsprüfung zu buchen, denn es hat sich z. B. auch die Geh- und Fahrdisziplin der anderen Straßenbenutzer, das Signalwesen etc. erheblich gebessert. — Die größte Verkehrsunternehmung ist wohl die Deutsche Reichbahngesellschaft. Sie führte bereits 1921 die Lehrlingsuntersuchung ein und erweiterte nach langwierigen Versuchen die Eignungsuntersuchung 1925 auf das Verkehrs- und Betriebspersonal. —Gleichzeitig fand eine Nachuntersuchung des schon im Dienst befindlichen Personals statt. Es ist nun im Hinblick auf die öffentliche Berufsberatung interessant, zu erfahren, wie die

[16]) Reichsarbeitsblatt 1927 Nr. 13. S. 320.

[17]) Giese: Psyhotechnik. S. 112. Breslau 1928.
s. a. Henry Ford: Mein Leben u. Werk. S. 106-119. List-Verl. Leipzig. 19. Aufl.

Eignungsuntersuchungen bei der Ausdehnung der Reichsbahn über das ganze Reich organisiert ist. — Um eine einheitliche Durchführung zu gewährleisten, wurde 1920-21 die Psychotechnische Versuchsstelle der Reichsbahndirektion Berlin geschaffen. Diese sichtet alles für die Eignungsprüfungen in Frage kommendes Material und arbeitet für alle Dienstzweige allgemeinverbindliche Prüfverfahren aus. Jede Reichsbahndirektion besitzt ihre eigenen Untersuchungsstellen. Diese nimmt die Prüfungen nach den von der Versuchsstelle ausgegebenen Richtlinien und Anweisungen vor. Zwecks weiterer Vereinheitlichung liefert die Versuchsstelle gleichzeitig die nötige Apparatur und stellt auch die von ihr ausgebildeten Beamten, ein Grundsatz, den die öffentliche Berufsberatung nur beherzigen kann. Bei der augenblicklichen Verschiedenartigkeit der Prüfverfahren, wie sie bei den Berufsämter ngehandhabt werden, wäre es das Zweckmäßigste, wenn die Landesarbeitsämter nicht nur Richtlinien aufstellen würden, sondern wie bei der Reichsbahn die nötigen Grundlagen wie Apparate, Literatur liefern würde. Auf die Notwendigkeit einer einheitlichen Ausbildung der Berufsberater ist ja schon an anderer Stelle hingewiesen worden. — Die Tätigkeit der Versuchsstelle hat zur Folge gehabt, daß heute bei der Reichsbahn weiter eingeführt sind: „Verfahren für den Weichen-Zugbegleit-Lade-Betriebsassistenten Assistendendienst. Außerdem kommen zur Anwendung: Untersuchungen von Lokomotiv-Triebwagen-Kraftwagen- und Elektrokarrenführern, von Werkstattarbeitern, Bureau-Hollerith- und Schreibmaschinenpersonal. Verfahren für technische Praktikanten und Supernumerare, für Rottenführer, Funker u. D-Zug-Schaffner befinden sich in Erprobung. Nachdem für die einzelnen Berufsarten die Untersuchungsmethoden entwickelt u. erprobt waren, konnten diese entsprechend den Laufbahnverhältnissen zu einheitlichen Verfahren vereinigt werden, wodurch sich im begrenzten Umfang eine Berufsberatung für die verschiedenen Dienstzweige ermöglicht. Auf der einen Seite können dadurch Anwärter für eine bestimmte Laufbahn bei Nichteignung rechtzeitig in einen anderen Dienstzweig überführt werden, auf der anderen Seite kann die Personalwirtschaft richtig über den Nachschub für den Fall einer Verkehrszunahme disponieren." [18]) Für die Berufsberatung eröffnen sich hierdurch neue Perspektiven. Es zeigt sich, daß die Großindustrie, wie auch die großen Verkehrsunternehmungen, auf die Psychotechnik veredelnd wirken, indem die Prüfstelle den für eine bestimmte Tätigkeit Ungeeignetheiten nicht einfach vor die Tür setzt und seinem Schicksal überläßt, sondern daß eben durch die große Ausdehnung der Werke mit ihren vie-

[18]) Heydt: Die Entwicklung der psychotechn. Versuchsstelle der Reichsbahndirektion - Berlin. S. 272 in „Industrielle Psychotechnik". 5. Jg. Heft 9.

len Berufsmöglichkeiten, sich eine andere passende Tätigkeit für den sonst Abgewiesenen finden läßt. Dadurch wird die Konkurrenzauslese mit ihren harten Folgen abgeschwächt und nähert sich mehr der Totaluntersuchung, wie sie das Berufsamt anstrebt. —

Die Ungleichheit der Vorbildung der Berufsberater, die Freiheit in der Durchführung des Eignungsuntersuchungs-Verfahrens, die verschiedene Inanspruchnahme des Berufsamtes, hervorgerufen durch die Dichte und Art der Bevölkerung (ob Land, Stadt, Großstadt), schließlich der heute noch bestehende akademische Streit um den Wert der Eignungsprüfungen, haben dazu geführt, daß letztere uneinheitlich gehandhabt, meistens ganz außer Acht gelassen werden. Ein weiterer Grund der Uneinheitlichkeit ist in rein äußerlichen Dingen zu suchen: Geringer Personalbestand, Mangel an geeigneten Räumlichkeiten und nicht zuletzt die Scheu vor den hohen Kosten, die die Einrichtung von Laboratorien erfordert! Das Laboratorium eines kleinen Berufsamtes würde höchstens während 3—4 Monaten beschäftigt sein, während in Großstädten Jahresbetrieb herrschen würde. Auch diese Ungleichheit ist ein Hinderungsgrund. —

Einheitlichkeit herrscht nur darin, daß die Allgemeinprüfung, auch praktische Intelligenzprüfung genannt, als Hilfsmittel zur Abrundung des Gesamtergebnisses allgemein anerkannt wird. Durch Anerkennung der Allgemeinprüfung und Ablehnung der Spezialprüfung stellt sich die Berufsberatung in Gegensätzlichkeit zur allgem. Wirtschaftsanschauung. Die Berufsberatung braucht aber die Unterstützung der Wirtschaft und so ist besonders in industriereichen Gegenden der Spezialprüfung mehr Beachtung zu schenken. Die Berufsberatung kann solange nicht auf die Spezialprüfung verzichten oder sie wenigstens nicht aberkennen, solange das aus Zeugnis, Beobachtungsbogen etc. gewonnene Gutachten nicht jeder Kritik standhalten kann. Eine Spezialuntersuchung der stets eine Totaluntersuchung vorangeht, bedeutet gleichzeitig eine Kontrolle des gegebenen Gutachtens. Sie vertieft auch die Beratung, indem sie sich bemüht, sensorisch — motorische Fähigkeiten festzustellen, wie Farbensinn, feines Unterscheidungsvermögen, Entfernungsschätzen, Geistesgegenwart — Dinge, die nur durch derartige Prüfungen rasch zu erkennen sind. Gleichzeitig werden die Härten der Konkurrenzauslese gemildert u. man gibt so den privaten Prüfstellen ein gutes Vorbild. Der Eignungsprüfung im Rahmen der öffentlichen Berufsberatung eröffnet sich gleichzeitig ein neues Tätigkeitsfeld. Die Tätigkeit des Arbeiters ist durch die Fließarbeit, wie sie in der Kraftfahrzeug- Fahrrad- Nähmaschinen- und Tabakbranche besonders in Brauch ist, auf das geringste Maß von Energieverbrauch gebracht worden. Auch die Arbeit des Maschinenbedienungspersonals besteht meist nur noch in einem „Ueberwachen" des Arbeitsganges, ist also reine „Wärterarbeit". Alles ist aus der Bestrebung geboren, den gelernten Arbeiter durch den ungelernten zu ersetzen: Gleichförmigkeit, Entgeistigung der Arbeit kennzeichnen diese Epoche. — Es ist nun eine bekannte Erscheinung, daß die Menschen verschieden auf diese Gleichförmigkeit reagieren." Nicht jede gleichförmige Arbeit wird nämlich als unlustvoll erlebt und nicht von jedem Menschen in gleicher Weise. Gerade die Psychotechnik war es nun, die diese Beziehung zwischen Arbeit und Arbeitern zuerst herausgearbeitet hat. Es wurden Typen von Menschen aufgestellt: man kann solchen, die es verstehen, die einfachen Arbeiten zu mechanisieren, d. h. sie „unbewußt" ablaufen zulassen und so das Bewußtsein für andere Gedanken frei bekommen, gegenüberstellen jene Typen, die das nicht können, sondern die in der Arbeit mit ihrer ganzen Persönlichkeit selbst bei gleichförmiger Arbeit bleiben müssen. Für diese ist die monotone Arbeit unlustvoll." [19])

Hier liegt nun eine schöne, neue Aufgabe des Berufsamtes, diese Verschiedenartigkeit des Reagierens des Arbeiters geistloser Arbeit gegenüber mittels psychotechnischer Spezialuntersuchung festzustellen, um so durch richtige Auswahl des Menschen unlustvolle monotone Arbeit in entspannende lustvolle Arbeit umzuwandeln. —

Würde man sich allgemein zu einer Einführung der ergänzenden Spezialprüfung entschließen, so wäre es vom rein rechnerischen Standpunkt gesehen, unwirtschaftlich und unrationell, mehrere Prüfstellen an einem Ort bestehen zu lassen. Einer Einführung der Eignungsprüfung müßte eine Centralisierung derselben unbedingt folgen, um eine Vereinheitlichung der Prüfverfahren durchzuführen und ein Gegeneinanderarbeiten der Prüfstelle des Berufsamtes und der verschiedenen privaten Prüfstellen zu vermeiden. Durch Einführung der psychologischen Eignungsprüfung beim Berufsamt würde sich das Problem vom privatwirtschaftlichen zum volkswirtschaftlichen umwandeln. Die wichtigste Errungenschaft wäre wohl die Beseitigung der Konkurrenzauslese (ein von Poppelreuter geprägtes Schlagwort).

Durch den Druck der Reparationslasten und der damit verbundenen hohen Steuerlast, durch all die Nachkriegsverhältnisse wie Einbüßung des Weltmarktgeschäftes etc. ist es zu verstehen, daß die Wirtschaft zu umfassenden Rationalisierungsmaßnahmen schritt und u. a. auch die Eignungsprüfungen einführte. Diese Maßnahme ist durchaus zu verstehen und zu billigen, wenn sie maßvoll betrieben wird. Bei dem augenblicklichen Stand der Eignungsprüfung, die dem zweiten Gesicht des Arbeiters, seiner Menschlichkeit

[19]) Roffenstein: Das Für und Wider in der psychol. Eignungsprüfung. S. 266. Arbeit u. Beruf. Nr. 9. 6. Jg.

keine Beachtung schenkt, ist die Konkurrenzauslese aufs schärfste zu verurteilen. Die Prüfung ist eine oberflächliche, konzentriert ihre Aufmerksamkeit nur auf ganz bestimmte Eigenschaften. Dadurch „muß sie notwendig zu schiefen Urteilen führen; damit schadet sie sowohl den Jugendlichen als auch den Arbeitgebern und diskretiert den Gedanken der psychologischen Eignungsprüfungen." [20]) — Sie ist in der jetzigen Form unpädagogisch grausam. Sie überläßt den Ungeeigneten resp. Abgewiesenen seinem Schicksal, der das Vertrauen zu sich selbst verliert und seine wertvollen Kräfte nicht mehr dort anzubieten wagt, wo sie vielleicht willkommen wären. Auch volkswirtschaftlich gesehen, bedeuten die Konkurrenzauslesen keinen Nutzen; denn ein evtl. entstehender Vorteil für das betreffende Werk wird durch eine Benachteiligung der Betriebe, die sich keine Laboratorien leisten können, reichlich aufgewogen. Die Großbetriebe suchen sich das beste Menschenmaterial heraus und die übrigen Betriebe teilen sich in den Rest der Abgewiesenen. „Die Konkurrenzauslese, von einzelnen Arbeitgebern vorgenommen, birgt die große Gefahr in sich, daß sie als ein Mittel im wirtschaftlichen Konkurrenzkampf benutzt wird, was gerade der psychotechnischen Methode an sich direkt keinen Abbruch tut, die Psychotechnik aber bei den Außenstehenden in Verruf bringt. Viele industrielle Werke haben eine Eigungsprüfung nicht deswegen eingeführt, um einen guten Arbeiterstamm zu erzielen, sondern um anderen Firmen die besseren Arbeiter wegzunehmen." [21]) Da auch heute noch in wissenschaftlichen Kreisen z. B. von Moede, die Psychotechnik als ein Teil der Betriebswirtschaftslehre betrachtet wird, ist es erklärlich, daß sich das Interesse der Psychotechnik besonders den Berufszweigen zuwendet, die durch Einführung der Eignungsprüfungen gleichzeitig praktische Versuchsarbeiten leisten. Das bedeutet eine schwere Benachteiligung der übrigen Berufszweige, die nur Mittel- und Kleinbetriebe kennen, z. B. alle handwerklichen Betriebe. Während die Einführung der Psychotechnik bei bestimmten Berufszweigen und Betrieben erhöhte Rentabilität und bei normaler Kalkulation den Arbeitern höhere Löhne gewährleistet, sinkt im Vergleich hierzu die Produktivität der benachteiligten Betriebe und das Angebot von Arbeitskräften wendet sich den ersteren Betrieben zu. So kann auch hier die Konkurrenzauslese zur Erhöhung der Diskrepanz zwischen Berufsüberfüllung und Nachwuchsmangel beitragen. —

Alle diese Gründe sprechen für eine *Zentralisierung* der psychotechnischen Eignungsprüfung bei den Berufsämtern. Aber auch hier wieder tauchen Verfasser schwerwiegende

---

[20]) Huth: Die Förderung d. psych. Berufseignungspr. durch die Landesarbeitsämter. S. 424. Döfftl A. N., Abtlg.: Das Berufsamt 5. Jg. Nr. 8.

[21]) Wilh. Weber: Die Psychologie im Wirtschafsleben. S. 142.

Bedenken auf. Zeitlmann bemerkt: „Sind wir aber erst einmal so weit, daß die Prüfstellen der Berufsämter die Zentralpunkte für das gesamte Eignungsprüfverfahren in Deutschland sind, so ist zu einer fast restlosen Erfassung aller im Reich verfügbaren handwerklichen und kaufmännischen Lehrstellen durch die Berufsämter nur mehr ein Schritt." [22]) Ob diese Monopolisierungstendenz nicht eine Gefahr für die Berufsberatung bedeutet? Es ist doch gerade das Kennzeichen, daß sie auf Freiwilligkeit der Inanspruchnahme aufgebaut ist und dadurch ihre Elastizität und ihre Vertrauensstellung, ihre Mittlerfunktion zwischen Arbeit und Beruf gewinnt. Würde es der Berufsberatung gelingen, durch Einführung der Eignungsprüfung einen Höchststand auf diesem Gebiete zu erreichen und die privaten Prüfungen auszuschalten, so würde sich die Wirtschaft diese Einrichtung als kostensparendes Moment selbstverständlich zunutze machen. Dadurch übt sie aber gleichzeitig einen, vielleicht unmerklichen Einfluß auf die Politik der Berufsberatung aus, die durch den dann entstehenden Benutzungszwang für alle Stellungsuchenden in recht schiefe Bahnen geleitet würde. Alles Pläneschmieden, jeder Berufsoptimismus, wäre unnütz. Die Berufsberatung würde die Arbeit zur Zwangsarbeit stempeln. Fühlt sich solch' zwangsweise Beratener in seinem Beruf aus irgend einem Grunde nicht wohl, erleidet der ganze Berufszweig vielleicht Erschütterungen irgendwelcher Art, so wird die Berufsberatung als verantwortlicher Teil hingestellt. Es würde eine Opposition dagegen wachsen, die schließlich in offene Kampfstellung der Gewerkschaften etc. ausarten würde. Deshalb stehen heute schon weiterblickende Berufsberater diesen Bestrebungen ablehnend gegenüber. Auch „läßt die Unsicherheit der Ausgangspunkte der Berufsberatung nach dem heutigen Stand der Dinge die Verantwortung für eine verfehlte Berufsberatung viel zu groß erscheinen als daß die Anwendung eines Zwanges mittelbar oder unmittelbar Art gerechtfertigt wäre." [23]) Verfasser möchte betonen, daß dieses Zitat von einem praktischen Mitarbeiter formuliert wurde. (Berufsamt Stuttgart). Hält man die Politik des Berufsamtes Köln dagegen, so ist die Uneinigkeit, die Uneinheitlichkeit der Berufsberatung klar ersichtlich. In Köln hat das psychotechnische Institut des Berufsamtes die Eignungsprüfung für die gesamte Metallindutrie übernommen; gleichzeitig sind aber Abkommen mit den Werken getroffen, daß nur ein von der Prüfstelle geprüfter Lehrling eingestellt wird. Auch anderen Berufsämtern ist es gelungen, mit Innungen und Innungs-

---

[22]) B. Zeitlmann: Die Eignungsprüfung als Werbemittel. S. 429. Das Berufsamt. Jg. 5. Nr. 8.

[23]) Petersen; Monographie eines deutschen Arbeitsamtes: Stuttgart. S. 84. Kohlhammer-Verlag. Stuttgart 1927.

verbänden Abkommen derselben Art zu treffen. Es ist sehr schwierig, hierzu eine Stellung einzunehmen. Auf der einen Seite werden wohl die Auswüchse der Konkurrenzauslese beseitigt und der Abgewiesene kann sachverständig an Ort und Stelle beraten werden. Andererseits ergibt sich daraus der Anfang der schon erwähnten Monopolisierung. Auch die Betriebe und Handwerker, die ablehnend der Eignungsprüfung gegenüberstehen, werden so gezwungen, sich der vom Berufsamt zudiktierten Lehrlinge zu bedienen. Machen sie mit diesen schlechte Erfahrungen, so werden sie versuchen, die Schranke zu durchbrechen, — oder werden auf eine Lehrlingsheranbildung verzichten.

Die richtigste Politik wird wohl sein, die psychotechnischen Prüfungen der Wirtschaft zu überlassen und nur für die Berufszweige und Betriebe, die keine privaten Untersuchungsstellen besitzen, auf Wunsch Eignungsprüfungen abzuhalten. Verträge, durch die sich Innungen etc. verpflichten, nur vom Berufsamt ihren Lehrlingsbedarf zu decken, sind nicht abzuschließen. — Trotzdem ist die Gefahr nicht so groß. Denn Eignungsprüfungen in der Gestalt, in dem Maßstab, wie sie die Industrie aufweist, kann das Berufsamt aus technischen Gründen nicht einführen. Die Prüfungen, die die Betriebe abhalten, sind so verschieden, die Anforderungen so mannigfach daß eine Prüfstelle beim Berufsamt eine Unzahl von Apparaten, von Bedienungspersonal benötigen würde. Es käme hinzu, daß durch diese Einrichtung der eigentliche Zweck der Berufsberatung völlig in den Hintergrund gedrängt würde. Der Experimentalpsychologe würde die erste Rolle im Berufsamt spielen. So kann eine Einführung der Spezialprüfung gar nicht in Frage kommen — abgesehen von den Mängeln der Prüfungsmethoden, auf die noch einzugehen ist. Arbeitet die Berufsberatung mit ihren bisherigen Hilfsmitteln zufriedenstellend, baut sie diese immer weiter aus, so sind die privaten Einrichtungen letzten Endes nur noch Kontrollmaßnahmen, die bei dauernd richtigem Befund des Berufsberatungsgutachtens von selbst einschlafen werden. — Heute sind die Methoden der Berufsberatung noch nicht so ausgebaut, um den privaten Prüfungen erfolgreich entgegentreten zu können. Aber auch heute ist schon zu sagen, daß die privaten Prüfstellen, die Berufsanwärter prüfen, die nicht vorher das Berufsamt aufgesucht haben, unrationell arbeiten und aus volkswirtschaftlichen Gründen zu verwerfen sind. Die sich zur Prüfung einfindenden Anwärter können alle für den Beruf ungeeignet sein. Trotzdem wird die Prüfstelle die besten unter diesen anstellen, weil sie keine andere Möglichkeit sieht, den augenblicklichen Bedarf zu decken. Die privaten Prüfstellen treiben keine Konkurrenzauslese unter den Besten und Geeignetsten, sondern unter einer willkürlich zusammengewürfelten

Schar von Stellungsuchenden. Die Prüfstelle nimmt an, daß die, die sich melden, auch für den Beruf geeignet sein müssen. Sie verwechseln zu sehr die Begriffe Eignung und Neigung. — Würden die Betriebe dagegen die Hilfe des Berufsamtes in Anspruch nehmen, so hätten sie die Gewähr, daß sie nun bei einer nachfolgenden privaten Prüfung tatsächlich auch geeignete Anwärter vor sich haben, unter denen dann nur noch „Bestauslese" getrieben wird. —

Wegen Mangel an eingehenden Berufsanalysen, wegen der Unsicherheit der Methoden tappt die Berufsberatung, besonders bei Stellung der Allgemeindiagnose, meist selbst noch im Dunkeln. Die Wirtschaft ist aber egoistisch. Sie will Zahlen, Beweise sehen. Ehe sie nicht den greifbaren Beweis für die Richtigkeit der von der Berufsberatung verfolgten Methoden hat, wird sie als vorsichtiger Kaufmann schwerlich ihre mit vielen Opfern geschaffenen Laboratorien zugunsten einer Idee opfern. —

Die verschiedenen Prüfmethoden.

Um eine Stellung zur Eignungsprüfung als solcher einnehmen zu können, ist es nötig, die verschiedenen Prüfmethoden zu streifen. Auf die Einzelheiten tiefer einzugehen, liegt nicht im Rahmen der Arbeit und ist auch von berufenerer Seite vielfältig geschehen. Man unterscheidet in der Berufsberatung eine Allgemein- und eine Spezialprüfung. Diese können wieder Gruppen- und Einzelprüfungen sein.

Die Allgemeinprüfung

findet gewöhnlich in Form einer Gruppen- oder Massenprüfung statt. (z. B. alle Schulentlassenen). Sie hat die Aufgabe, die allgemeine Intelligenz, das geistige Niveau der Jugendlichen festzustellen. Die Prüflinge erhalten ein Formular mit vorgedruckten Aufgaben. Jede dieser Aufgaben ist in einer genau bestimmten Zeit zu bearbeiten. Letztere ist meist so bemessen, daß die Aufgaben nicht alle bewältigt werden können; es soll ein rasches Tempo erzielt werden, weil so der Intelligente am besten auffällt. Dieses Experiment erfolgt ohne Apparate. Papier und Bleistift genügen. Der Intelligenzprüfung hat sich jeder zur Entlassung kommende Schüler (meist bei den Volksschulen) zu unterziehen. Die Bewertung erfolgt nach Punkten; die Ergebnisse bleiben im Archiv des Berufsamtes und dienen als Hilfsmittel bei der Beratung. Meldet sich der Schüler nicht freiwillig auf dem Berufsamt zur Begutachtung, so hat die Intelligenzprüfung ihren Zweck verfehlt und die Ergebnisse werden nach angemessener Zeit vernichtet. — Die Prüfung findet meist nicht in Räumen der Berufsberatungsstelle statt, sondern in einem Schulzimmer unter der Aufsicht eines Lehrers. —

Die gestellten Aufgaben bezeichnet man als „Testaufgaben.

W e s e n d e s T e s t s : Baumgarten veranschaulicht das Wesen eines Tests sehr nett in einer Anmerkung: Der Gordische Knoten, der von Alexander dem Großen nicht aufgelöst, sondern durchhauen wurde, ist ein Test und seine Lösung charakterisiert die Art des großen Mannes, den Schwierigkeiten entgegenzutreten."[24]) —

Der Test ist ein möglichst einfacher Prüfungsversuch, um in kurzer Zeit bestimmte psychische Fähigkeiten an einer Person festzustellen. Er findet vor allem Anwendung zur Feststellung von Eigenschaften, die nicht auf apparativen Wege erlangbar sind — also besonders zur Untersuchung der Intelligenz, der Geistesfähigkeit. Die Prüfung der allgemeinen Intelligenz kann nicht durch einen Universaltest geschehen, sondern man gibt mehrere Teste zur Lösung, von denen man denkt, daß sie in ihrer Gesamtheit einen Umriß der Allgemeinen Intelligenz darstellen. — Alle Intelligenzprüfungen beruhen auf den Forschungen von Binet, der eine Testskala für jede Altersstufe schuf. Mit Hilfe dieses Systems sollte es möglich sein, das „Intelligenzalter" eines Kindes zu bestimmen. „In den Vereinigten Staaten ist es so ausgebaut worden, daß für jede Altersstufe von 3—10 Jahren, für das 12. und 14. Lebensjahr, für normal Erwachsene und für besonders begabte Erwachsene ein wohl geeigneter Satz von 6 Tests vorhanden ist, je mit einigen Aushilfstests für den Fall, daß einer der Haupttests aus irgend einem Grunde nicht anwendbar sein sollte."[25]) Die Prüfbogen für die Allgemeine Intelligenzprüfung werden von den Landesberufsämtern ausgearbeitet. — So enthält der Bogen des Landesberufsamtes Bayern Tests zur Bestimmung folgender Eigenschaften: Augenmaß, Farbenempfinden, Konzentration, Aufmerksamkeitsverteilung, Merkfähigkeit für Zeichnungen, Merkfähigkeit für Zahlen, Merkfähigkeit für Sätze, für Wortgruppen, für Situationen, Suggestibilität, Assoziation, Sprachliche Phantasie, Räumliche Phantasie, Sprachliches, logisches Denken, Technisch konstruktives Denken, Mathem. Denken, Sorgfalt und Genauigkeit." — Die Tests z. B. für konstruktives Denken sind nun nicht genormt, sondern existieren in vielen Exemplaren. Wichtig ist, daß die Tests aufs feinste differenziert sind. Aus dem oben angeführten Prüfplan geht z. B. hervor, daß die Gedächtnisprüfung eine große Differenzierung erfahren muß. Man kann nicht mit einem Test das Gedächtnis schlechthin prüfen.

Ein Gedächtnis für Zahlen ist nicht identisch mit dem Gedächtnis für Gesichter. — Außer den Tests, die speziell für die Intelligenzprüfung konstruiert sind, gibt es deren noch viele zur Feststellung einer bestimmten Eignung, z. B. zur

[24]) Baumgarten: Die Berufseignungsprüfungen. S. 153. München 1928.

[25]) Hylla: Die pädagog. Forschung in den Ver. Staaten. S. 612. „Pädagog. Zentralblatt. 8. Jg. Heft 10. Beltz-Langensalza.

Feststellung des Tastempfindens, der Nervenruhe, Handgeschicklichkeit, Körperkraft, Konzentration etc. Das Augenmaß wird z. B. durch den „Löcherstanz-Versuch" festgestellt. (Mit einem kleinen Hammer gilt es auf Millimeterpapier bestimmte Reihen von Löchern zu stanzen. Hierbei wird nicht nur Augenmaß, sondern anch Nervenrahe, Handgeschicklichkeit erprobt.) Das Tastempfinden wird z. B. festgestellt, indem der Prüfling Stoffstreifen, die glatt und verschieden gerauht sind, nach dem Grad der Rauhheit sortieren muß. Geschicklichkeit, Fingerfertigkeit wird festgestellt, indem Nägel verschiedener Größe rasch sortiert werden müssen. Oder Papierbuchstaben und Zahlen sind rasch zu Worten zusammenzufügen. So gibt es Tausende von Tests, die meist für einen bestimmten Beruf ausersehen sind, z. B. das letzte Beispiel mit den Papierbuchstaben für Schriftsetzer. — Mit den einfachsten Mitteln in kurzer Zeit manigfaltigste Eigenschaften feststellen zu können, das ist das Wesen des Tests. — Während die Allgemeine Intelligenzprüfung ein beachtenswertes Hilfsmittel zur Abrundung des Gesamtbildes des Prüflings darstellt, sind die Tests, die auf die Feststellung bestimmter Eigenschaften hinzielen, nur bedingt anwendbar. So wird z. B. die Nervenruhe mittels des Tremometers festgestellt. (Der Prüfling muß im Takt 1500 Löcher mit einem Stift in der Mitte treffen). Diese Arbeit besagt nun z. B. gar nichts über die Eignung als Kraftwagenführer betr. Nervenruhe. Denn bei dem Tremometer-Versuch wird eine auf einen Punkt gerichtete Aufmerksamkeit verlangt, während der Kraftwagenführer eine distributive Aufmerksamkeitsgabe besitzen muß. Dafür bestehen wohl besondere Prüfapperate. Aber es ist ein Ding der Unmöglichkeit, alle diese Tests und Apparate auf dem Berufsamt zur Anwendung zu bringen. So können von den praktischen Tests nur solche auf dem Berufsamt Anwendung finden, die erkennen lassen, ob der Prüfling für feine oder grobe Handarbeit, für monotone oder abwechslungsreiche Arbeit geeignet ist. Je einfacher und zweckentsprechender die Tests sind, um so leichter lässt sich eine einheitliche Durchführung derartiger psychotechnischer Prüfungen in der Berufsberatung erzielen.

Wie verhält es sich nun mit dem praktischen Wert der Tests? Baumgarten bemerkt hierzu: Schwer gesündigt wurde bisher von den Psychotechnikern in Bezug auf die Bestimmung des symtomatischen Wertes der Teste. Richtiger gesagt, man hat diesen Wert überhaupt nicht im Voraus bestimmt, sondern die Teste nach Gutdünken angewandt und von der Praxis dann Beweise ihrer Gültigkeit erwartet. Und so ist es gekommen, daß zurzeit Tausende von Testen im Gebrauch sind, die noch immer den Beweis schuldig bleiben, daß sie tatsächlich diejenigen Fähigkeiten prüfen, die sie zu prüfen vorgeben." [26]) Girkin verstärkt den Vorwurf: Die Praxis psychotechn. Jntelligenz-und Eignungsprüfungen weist neben einigen Erfolgen eine Reihe von Misserfolgen auf. Diese Misserfolge sind bis zu einem gewissen Grade durch Unexaktheit der dabei angewandten Methoden bedingt. Das Peinliche dabei liegt nicht so sehr darin, daß die Exaktheit der psychotechn. Messungen nicht genügend gewürdigt wird, sondern vielmehr darin, daß selbst der Begriff der „Exaktheit einer Testmessung unklar und unbestimmt bleibt." [27]) Die Gesamtpersönlichkeit kann der Test nie erfassen. Denn er stellt nicht einmal bestimmte Eigenschaften fest, sondern ist nur in der Lage, Unterschiede in der individuellen Leistung festzustellen. Wie alle Prüfungen ungerecht sind, weil zu viele äussere Momente in das Ergebnis hereinspielen, so birgt auch die Eignungsprüfung viele Unsicherheitsfaktoren. So unterliegt der seelische Befund des Prüflings großen Schwankungen, damit auch das Ergebnis der Prüfung. Diese Fehlerquelle ist einigermaßen auszuschalten, indem man die Prüfung wiederholt und dann den Mittelwert bestimmt. — Der fremde Raum, Temperatur, nicht zuletzt die Persönlichkeit des Prüfungsleiters üben verschiedenartige Einflüsse auf den Prüfling aus. Letzteres ist besonders in Bezug auf die Abhaltung der Intelligenzprüfung erwähnenswert. Diese wird meist unter Leitung eines Lehrers oder eines techn. Hilfsarbeiters abgehalten. Es besteht die Gefahr, daß diese Prüfung als Spielerei aufgefaßt wird. Verfasser hat verschiedentlich festgestellt, daß durch die Aufsicht junger Mitarbeiter, durch mangelhafte Anleitung etc. die Prüfungsstimmung eine sehr humorvolle wurde, die jeden nötigen Ernst und Eifer missen ließ. Deshalb muß gefordert werden, daß die Intelligenzprüfungen unter persönlicher Leitung des Berufsberaters vor sich gehen, um die Prüflinge zur Anspannung aller Kräfte zu veranlassen. — Ein Mangel aller Tests ist, daß sie keine Schlüsse auf Charakter, Arbeitswille, Freude, Ausdauer etc. zulassen. Man hat deshalb versucht, in die Tests, die auf die Feststellung der praktischen Intelligenz hinzielen, den Arbeitsgedanken hereinzunehmen und die Prüfung wirklichkeitsnah zu gestalten. Es wird dabei weniger auf eine bestimmte Leistung, als auf die begleitenden Faktoren Gewicht gelegt, denn eine spezielle Fähigkeit kann niemals allein, sondern immer im Zusammenhang mit anderen gebraucht werwerden. — Hinter jeder Arbeitsleistung steht der ganze Mensch! — So hat man die Arbeitsprobe geschaffen. Sie hat den Kurztest allgemein verdrängt. Die erste Arbeitsprobe war der Kraepelinsche Rechentafelversuch. Hier zeigt sich schon der Vorteil der Arbeitsprobe gegenüber

[26]) Baumgarten: . . . S. 167.

[27]) Girkin: Die Bewertung von Testprüfungen. S. 310 in: Zeitschrift für angewandte Psychologie. Heft 2—4, 1928.

dem Kurztest. Der Prüfling, der bei einem Kurztest schnell und fehlerlos rechnet, wird bei der Arbeitsprobe (die in diesem Fall lange Zahlenreihen vorsieht) vielleicht leicht ermüden, nervös werden und Fehler machen Derjenige der beim Test langsam rechnete, wird vielleicht hier besser abschneiden, indem er genau, ausdauernd, im Gleichmaß seine Rechnungen zu Ende führt. „Während man ursprünglich unter dem Einflusse Kraepelins in der Arbeitskurve im wesentlichen eine Darstellung der einzelnen Faktoren, besonders Ermüdung, Erholung, Uebung und Antrieb, gesehen hat, ist man jetzt insofern weiter darüber hinausgekommen, als man in erster Linie in der Arbeitskurve die Ausprägung des typischen Gesamtverhaltens, den individuellen Arbeitstypus sieht, besonders hinsichtlich des Dauerverhaltens, das ja bei der prakt. Arbeit im Vordergrund steht."[28]) — Für die Berufsberatung ist die Arbeitsprobe besonders wichtig, weil durch einfache Proben, die monotone Hantierung im Takt oder im Freitempo erfordern, leicht festgestellt werden kann, ob der Prüfling auf die Monotonie einer Arbeit lust- oder unlustvoll reagiert. Giese bringt ein neues Moment für die Notierung des Gesamtverhaltens herein: „Läßt man in Gruppen schaffen, kommen weiter hinzu wichtige kollektivpsychologische Erkenntnisse: der Klassengeist, die Massenseele des Einzelnen. Wendet man (unter elektrischer Registrierung und unter Benutzung von Schaulöchern im Sinne eines „Spontanraumes) Alleinarbeiten an, wird man in der Arbeitsprobe ein ungeheures Mittel zur Enthüllung der Versuchsperson finden. Der schaffende Mensch — scheinbar sich selbst überlassen — ist in dieser Richtung viel natürlicher, als der Prüfling vor dem sinnespsychologischen Apparat."[29]) (Ob es nicht entehrend und herabwürdigend ist, den Prüfling heimlich zu beobachten, sei dem persönlichen Gefühl anheim gegeben.) — Zusammenfassend sei gesagt, daß die Arbeitsprobe einfach ist, keine umständlichen Anleitungen erfordert, der Wirklichkeit mehr angepaßt ist und so ein besserer Kontakt zwischen Prüfung und Prüfling geschaffen wird, als es sonst zwischen komplizierten und wirklichkeitsfremden Apparaten der Fall war. Sie verschafft dem Berufsberater genügende Beobachtungsgelegenheit und trägt so zur Ergänzung des Gesamteindrucks bei. Moede allerdings bezeichnet die Arbeitsprobe als Scheinarbeit, bei deren Ausführung der Prüfling den nötigen Ernst vermissen lasse und die Arbeit im Laboratorium als sinn- und zwecklos empfinde. *) — Diese Einwendung ist wohl beachtlich; sie wird bei allen Prüfungen zu machen sein. Unsicherheitsfaktoren birgt auch die Arbeitsprobe. Ein

[28]) Die Arbeitskurve in der Diagnostik von Arbeitstypen. S. 35. Psychotechnische Zeitschrift. 3. Jg. Heft 2. (v. Poppelreuter).

[29]) Giese: Psychotechnik. S. 45. Breslau 1928.

*) s. Moede: Ind. Psychotechnik. Jg. 1. Heft 1, S. 10.

Abfallen der Arbeitskurve z. B. kann auf verschiedenen Ursachen beruhen; es kann Ermüdung, es kann aber auch Interessenlosigkeit sein. Ein auffallendes Steigen der Arbeitskurve braucht nicht nur auf Interesse oder Geschicklichkeit eine ähnliche Tätigkeit schon geübt haben etc. Es ist schwer, hier den richtigen Grund heraus zufinden. Auch hier müßten dem Prüfling mehrerer Arbeitsproben an verschiedenen Zeiten zur Erledigung gegeben werden. —

Neben der Einführung neuer Methoden ging die Mechanisierung des Prüfverfahrens einher. Eigentliche Aufgabe der Apparate soll es sein, dem Prüfungleiter alle mechanischen Arbeiten abzunehmen, damit ihm mehr Zeit zur Beobachtung des Prüflings bleibt. Selbsttätige Registrierung und Buchen der Fehler, Ertönen von Klingelzeichen in bestimmten Fällen, Aufblitzen von Lampen etc., alle diese Vorrichtungen sind gut und zu billigen. Leider hat sich aber in der Industrie diese Bestimmung der Apparate verwischt und legt seinen größten Stolz hinein, möglichst viel und recht komplizierte Apparate zu besitzen. Während der Ausführung der Arbeit wird oft noch Blutdruck, Herztätigkeit, Schweißabsonderung etc. gemessen, um die durch die Prüfung bedingten Gefühlsschwankungen festzustellen. Derartige Prüfungen hält Verfasser für sinnlos, denn sie sagen nichts über das tatsächliche Verhalten des Prüflings während einer normalen Arbeit. Sogen. Prüfungsangst, Lampenfieber etc. hat nichts mit der wirklichen Eignung zu tun. Eine Prüfung kann nur ein Zerrbild ergeben. — Die industriellen Laboratorien sind stolz auf ihre Leistungen und betonen die große Exaktheit apparativer Prüfungen, die keiner Schwankung durch Einfluß des Prüfungsleiters unterworfen sind. Das ist richtig. Dafür weisen aber die einfachen Arbeitsproben mehr Wirklichkeitsnähe auf. Exaktheit, Objektivität der apparativen Prüfungen sind anzuerkennen, aber die Schwierigkeit liegt auch hier: „daß es der Prüfungsleiter nicht mit einem unveränderlichen Stoff, sondern mit lebenden steter Veränderung unterworfenen Menschen zu tun hat. Der Mensch aber ist kein so einfaches Gebilde, daß man ihn nach Beobachtung gewisser Tatsachen und Berechnung einzelner Fähigkeiten in eine Rangreihe einordnen kann.“ [80]) — Die Apparate lassen auch keinen Spielraum zu. Sie können nur für den Zweck, für den sie konstruiert sind, verwandt werden. Verfasser führt schon an, wieviele Apparate nötig sind, um alle Arten der Aufmerksamkeit untersuchen zu können. *)

Wenn in der Wirtschaft, besonders in der Industrie mit derartigen Apparaten gute Erfolge erzielt werden, so liegt es daran, daß meist nur die Leistungsfähigkeit für niedere

---

[80]) Tollkühn: Die planmäßige Ausbildung des Fabriklehrlings. S. 61. Jena 26.

*) s. auch: Stern: Angewandte Psychologie. S. 97. Teubner - Leipzig 1921.

Funktionen gemessen wird. Die Bewährung in der Prüfung wird auch bei der Arbeit normalerweise anhalten, denn nach Lipmann unterliegt eine Tätigkeit um so weniger dispositionellen Schwankungen, je geringer die Anforderungen an die höhere Geistestätigkeit sind. — Für die Berufsberatung ist jedoch ein derartiges apparatives Prüfverfahren abzulehnen, weil es aus kosten- und personaltechnischen Gründen nicht möglich ist und sich mit den Grundsätzen der Berufsberatung nicht verträgt. —

Eichung und Erfolgskontrolle.

Alle Prüfarten, ob Test, Arbeitsprobe, Experiment bedürfen einer Eichung und einer Erfolgskontrolle auf ihre Brauchbarkeit. Die Gefahr, die in der Anwendung der Psychotechnik liegt, besteht gerade darin, daß Methoden eingeführt werden, die auf ihre Brauchbarkeit noch nicht erprobt sind. — Man findet den symptomatischen Wert, indem man die Prüfungsmethode an Leuten aus der Praxis vornimmt. So prüft man erfolgreiche und tüchtige, — mittelmäßige Leistung aufweisende und schlechte Arbeiter. Sind Leistung in der Prüfung und Leistung in der Praxis übereinstimmend, so gilt der Wert der Methode als erwiesen. Wie groß die Zahl der zu prüfenden Personen sein muß, darüber schwanken die Urteile. Während Giese z. B. über 500 für jeden Einzelversuch fordert, stellt Weiß die geringste Personenzahl fest und zwar bei einer Altersteilung in Gruppen von 5 Jahren mit etwa 75, von 10 Jahren mit etwa 100, von 20 Jahren mit etwa 150 und von 40 Jahren mit etwa 150—200 Versuchspersonen, um zuverlässige Werte zu erhalten.“ [81]) — Auch hier gilt das „Gesetz der großen Zahl.“ Je größer die Anzahl der Versuchspersonen ist, umso geringer werden die Abweichungen sein, um so größer die Sicherheit. — Die Auswertung der Prüfungen weist soviele Formen auf als es Prüfstellen gibt. Es fehlt noch an einer Zusammenarbeit. Und die Betriebe selbst hüllen sich gegeneinander in tiefstes Stillschweigen und betrachten die Eignungsprüfung quasi als Betriebsgeheimnis. Die komplizierte Auswertung, die nur einem Mathematiker verständlich ist, läßt somit Anregungen aus Laienkreisen nicht zu. — So ist gerade auf diesem Gebiet ein reiches Arbeitsfeld für die Normung der Prüfmethoden als auch der Auswertung vorhanden. —

Alle Eignungsprüfungen haben nur dann Wert, wenn man das Ergebnis der Prüfung mit dem Befund in der Praxis vergleichen kann. Einen derartigen Vergleich mit der Praxis nennt man „Bewährungskontrolle“ oder „Erfolgskontrolle.“ Es kann nicht im Sinne dieser Arbeit liegen, auf die verschiedenen Methoden einzugehen. Es muß aber zugegeben werden, daß die Psychotechnik die Berufsberatung in der Ausgestal-

[81]) Wilh. Weber. . . . S, 119.

tung der Erfolgskontrolle überflügelt hat. Dabei ist aber zu berücksichtigen, daß die Träger der Psychotechnik in erster Linie die Prüfstellen der Industrie sind. Diese haben es mit einem ganz bestimmten, engen Personenkreis zu tun, der durch Vereinigung in einem Gebäude unter Leitung von Ingenieuren, Werkmeistern etc. eine leichte Kontrolle ermöglicht. Die Berufsberatung dagegen hat es mit Personen jeden Berufes zu tun, die an vielen Stätten ihrem Beruf nachgehen. Sie hat keine Werkmeister etc. die über die Erfolge der Geprüften Buch führen. Sie kann sich nur auf die Mitteilungen der Arbeitgeber und Arbeitnehmer verlassen. Alle Erfolgskontrolle, wie sie in der Wirtschaft gehandhabt wird, kann die Berufsberatung nicht interessieren, da erstere von anderen Grundlagen ausgeht und andere Ziele verfolgt. — Soweit die Berufsberatung die Allgemeinprüfung eingeführt hat, kann eine Erfolgskontrolle nur durch Vergleich mit den Ergebnissen des Beobachtungsbogens, der Zeugnisse etc. erzielt werden. Eine völlige Uebereinstimmung wird sich nie ergeben können, da die Allgemeinprüfung das Ergebnis einer kurzen Beobachtung und Untersuchung ist, während das Ergebnis des Beobachtungsbogens etc. auf Grund langer Beobachtungen unter dem mannigfaltigsten Umständen zustande kommt. —

Die Praxis berichtet allgemein von gutem Erfolg und ist in der Bewertung der Eignungsprüfung stets optimistisch. Auffallend ist nur, daß auch sie nicht mit genauen Zahlen aufwarten kann und sich mit allgemeinem Hinweis auf die Leistungssteigerung und den Rückgang der wegen mangelnder Eignung Entlassenen, auf die sinkende Unfallziffer begnügt. Es mag möglich sein; aber doch ist nicht aller Erfolg auf das Konto der Eignungsprüfung zu setzen. Die Vervollkommnung des Betriebsschutzes, das steigende geistige Niveau des Arbeiters und viele andere Dinge spielen da noch herein. Die erwähnten Unsicherheitsfaktoren wie Ermüdung, Stimmungen etc. lassen sich nicht vermeiden. Die Schwierigkeit, festzustellen, ob die verwendeten Prüfapparate, Arbeitsproben etc. zweckmäßig sind oder nicht, die oft mangelnde psychologische Schulung der Leiter, die oft in sogen. Schnellkursen ausgebildet werden, die Verschiedenartigkeit der Bewertung, alle diese Tatsachen erhöhen den Unsicherheitsgrad der Eignungsprüfung. — Noch sehr im Dunkeln liegt die Kenntnis über den Einfluß der Uebungsfähigkeit auf die festgestellte Eignung. Jeder Mensch besitzt einen eigenen Uebungskoeffizienten, der ihn in Zusammenhang mit anderen Eigenschaften wie Ausdauer, Fleiß, Wille befähigt, auch eine Arbeit, die ihm nicht „liegt" in kürzerer oder längerer Zeit zu erlernen. Schon viele Versuche sind unternommen worden, um das Problem der Uebungsfähigkeit zu lösen. Wäre es möglich, daß auch Ungeeignete durch eine geeignete Uebungs- und

Anlernmethode eine Volleistung erreichen, so wäre die ganze Eignungsprüfung und auch zum Teil die Berufsberatung illusorisch und unnütz. Nach dem heutigen Stand der Forschung kann man aber mit Bestimmtheit sagen, daß nicht alle Arbeiten übbar sind. Je elementarer und einfacher eine Arbeit ist, um so größer die Uebungsfähigkeit. Je höher die Anforderungen, speziell in geistiger Hinsicht sind, um so mehr wird der Uebungskoeffizient sinken." Es gibt Funktionen, die leicht übbar sind und solche, die es nicht sind. Im allgemeinen sind periphere Eigenschaften übbar z. B. (Augenmaß, Tastempfinden), je zentraler aber die Eigenschaft wird, desto weniger unterliegt sie der Uebung, desto mehr ist sie in der Anlage verwurzelt. Das Streben der Psychotechnik muß daher immer mehr dahingehen, von der peripheren Funktion abzusehen und sich der zentraleren zuzuwenden." [32]) — Man ergeht sich nur in Vermutungen. Genaueres kann bis heute noch niemand über den Grad der Uebungsfähigkeit aussagen — und deshalb muß auch die Eignungsprüfung ein ungelöstes Problem bleiben. Das gilt bis zu einem gewissen Grade für die Berufsberatung. So führte Myers auf dem V. Intern. Kongreß für Psychotechnik in Utrecht u. a. aus: „Bei der Berufsberatung wird die Person unter der Voraussetzung geprüft, daß sie nach der Ausbildung denselben hohen Grad der Fähigkeit, der bei ihr festgestellt wurde, behalten wird. Andererseits bei der Auslese der Personen, die bereits sich beruflich betätigt hatten, machen wir die umgekehrte Voraussetzung, daß diejenigen, die einen hohen Grad der Fähigkeit aufweisen, ihn gleichfalls aufweisen würden, wenn man die Prüfung vor dem Antreten in den Beruf vornehmen würde. Es ist jedoch gar nicht erwiesen, daß die beiden gewöhnlich gemachten Voraussetzungen richtig sind." [33]) — Erwähnenswert ist auch das Problem der Pubertät, das auch für die Berufsberatung ungeheuer wichtig ist. In der Pubertätszeit findet eine völlige Umbildung des Charakters und der Anlagen statt. Hier nimmt der werdende Mensch zum ersten Mal Stellung zu den verschiedenen Problemen des Lebens. Ueberschwang im gefühlsmäßigen Erleben, überschäumende durch keine Realistik des Lebens getrübte Kraft, das allmähliche Hineinwachsen aus der Märchenwelt in die Erlebniswelt des Erwachsenen, erzeugt in dem in der Entwicklung stehenden Jugendlichen eine Spannung, die man als die kritischen Jahre bezeichnet. Besonders die Einstellung zur Arbeit, die im Kindesalter noch als Spiel gepflegt, beim Eintritt in das Erwerbsleben noch mit Glorienschein und phantastischen Hoffnungen umgeben ist, wird nach Vollendung

---

[32]) Reffenstein: Für und Wider in der psychotechn. Eignungspr. Arbeit u. Beruf. Heft 9. 6. Jg. S. 266.

[33]) Der V. Intern. Kongreß f. Psychotechniker i. Utrecht. S. 163. Psychotechnische Zeitschrift. 3. Jg. Heft 5.

der Pubertät durch völliges Neuerleben umgestaltet. Durch den neuen Arbeitsbegriff, durch die Erkenntnis, daß Arbeit mit dem Leben auf ewig verflochten ist, empfindet er plötzlich die evtl. Gegensätzlichkeit der Berufsanforderungen und seiner eigenen Fähigkeiten. Die Arbeit, der Beruf, der ihm in der Jugend als der liebste erschien, mutet ihm jetzt fremd an — zum ersten Mal empfindet er die Tragik einer verkehrten Berufswahl. Der Wille, der soviel zu überwinden vermag, erlahmt, die Leistungen nehmen ab und statuiren dann das Gegenteil der Eignungsprüfung. Die Eignungsprüfung ist an dieser Tragik einer verkehrten Berufswahl oft schuld. Ueber der Betonung des Gegenwärtigen vergißt sie das Zukünftige. Sie ist zufrieden, wenn sie im Moment der Prüfung ein labiles Gleichgewicht zwischen Anforderungen und Eignung festgestellt hat. Ob es so bleiben wird, sich in ein stabiles umwandelt, das kümmert sie nicht. Die ideale Lösung wäre, die Eignungsprüfung soweit sie noch gehandhabt werden müßte, erst nach Vollendung der Pubertätszeit durchzuführen. Das hieße aber der Jugend bis dahin einen Freibrief auszustellen. Bei dem heutigen Wirtschaftssystem bei den hohen Anforderungen betr. Vor- und Ausbildung, die im Interesse baldigen Erwerbs möglichst früh begonnen werden muß, wird dieser Wunsch wohl immer ein utopischer bleiben. (s. a. Kap. X)

Wenn Verfasser die „Intelligenzprüfung" als Hilfsmittel für die Berufsberatung auch anerkannt hat, so hat doch große Vorsicht zu walten. Denn wenn bis heute die Begriffe „Intelligenz", oder „Temperament" etc. noch nicht einwandfrei feststehen, wie kann man dann wissen wieviel Einzeltests nötig sind, um auch tatsächlich die Intelligenz feststellen zu können. — Alle derartige Prüfungen versagen bei der Diagnose des Charakters. Die Erforschung des emotionalen Seelenlebens bleibt der Psychotechnik bei ihrer heutigen Methodik versagt. Anhänger der Psychotechnik versuchen diesen Mangel dadurch zu verwischen, indem sie darlegen, daß die Psychotechnik gar nicht die Absicht habe, Tiefenpsychologie zu treiben, sondern lediglich die verschiedenen Formen der praktischen Intelligenz festzustellen habe. Hinter jeder Arbeitsverrichtung steht aber der lebendige Mensch. Um diese Feststellung kommt auch die Psychotechnik nicht herum und auf dem letzten V. Intern. Kongreß für Psychotechnik trug man auch dieser Tatsache Rechnung; einige Teilnehmer machten sogar den Vorschlag, den Namen Psychotechnik in „Biotechnik umzutaufen, um so die neuen Ziele auch äußerlich zur Geltung zu bringen. Bereits auf dem IV. Internationalen Konferenz für Psychotechnik in Paris wurde auf die Notwendigkeit der Erfassung der Gesamtpersönlichkeit besonders von Stern und Giese hingewiesen. Doch haben die Forschungen zur Ermittlung des menschlichen Charakters bis heute keine wesentlichen Fertschritte gemacht und man muß zu dem Schluß kommen, daß es wohl unmöglich ist, mit den heute bestehenden psychotechnischen Methoden den Ausbau der Charakterologie zu fördern. Damit entfällt auch ihre Bedeutung für die Berufsberatung. — Auch wegen der fehlenden Berufskunde ist es heute noch unmöglich, die Untersuchungen den Bedürfnissen der einzelnen Berufe anzupassen. Es ist unsinnig, durch Tests z. B. den Ueberblick, organisatorisches Denken, Kombinationsfähigkeit, sprachliche Befähigung, Anpassungsfähigkeit etc. festzustellen versuchen, bei günstigem Ausfall der Prüfung nun zu behaupten, daß der Prüfling für den Posten eines Direktors oder Abteilungsleiters nun geeignet sei. Hier sind gerade ethische Eigenschaften, Willenskraft, Taktgefühl, Menschenkenntnis, die Kunst, Führer zu sein und nicht Gewalthaber, ausschlaggebend, — Eigenschaften — deren Feststellung jenseits der Grenzen psychotechnischen Könnens liegen. — Es gibt keine allgemeine kaufmännische Begabungsprüfung. Ein Kaufmann ist ein vielfältig Ding. Er kann als Lagerhalter tüchtig sein, aber als Buchhalter versagen. Er mag ein guter Einkäufer sein, als Verkäufer aber die Firma zugrunde richten. Wo liegen da die Grenzen! Weder Berufsberatung noch Psychotechnik können hier Antwort geben. Die Berufsberatung hat aber den Vorsprung, daß sie bestrebt ist, die Eigenart des Menschen festzustellen, um darauf fußend z. B. zum Beruf eines Dekorateurs zu raten, weil der Betreffende gute Menschenkenntnis, gutes Einfühlungsvermögen in die Psyche des Menschen besitzt, und an Hand von Zeichnungen, Aussagen der Eltern und des Lehrers künstlerisches Raum- und Farbenempfinden festgestellt wurde. Die Psychotechnik kann hierbei nur ein Hilfsmittel sein, indem sie Farbenempfinden, Raumphantasie etc. nochmals im Speziellen nachprüft. Sie kann somit nur nachprüfen, nicht aber von sich aus den geeigneten Beruf für den Ratsuchenden herausfinden. Im Hinblick auf diesen Mangel warnt auch Huth vor einer Ueberschätzung der Eignungsprüfungen, „denn sie vermögen nicht alle Gebiete des Seelenlebens zu erfassen, außerdem legen sie stets nur einen Querschnitt durch das Seelenleben, so wie es sich eben am Prüfungstag darstellt, während eine gute Lehrerbeobachtung einen Längsschnitt zeichnet, der von zufälligen Dispositionsschwankungen uanbhängig ist.“ [34])

Neue Wege der Psychotechnik.

Die Berufsberatung geht vom Einzelnen aus und sucht den seinen Anlagen entsprechenden günstigsten Arbeitsplatz. Die Berufsberatung wurde geschaffen, weil in der Allgemeinheit Bedürfnis danach bestand. Die Eignungsprüfungen wurden aus kal-

[34]) Huth: Die Förderung der Psycholog. Eignungsprüfung. S. 425. Döftl. A. N. Jg. 5. Nr. 8.

kulatorischen Gründen geschaffen, als ein Teil der Rationalisierung. Sie hat mit einem Bedürfnis der Allgemeinheit nichts zu tun. Eine gesunde Volkswirtschaft ist auch ein gesunder Wirtschaftskörper, der aus der Summe der Einzelwirtschaften besteht. Die Eignungsprüfung will ja dazu beitragen, eine glückliche Kombination von Boden, Arbeit und Kapital zu erzielen. Sie vergißt dabei nur das seelische Moment. Denn Volkswirtschaft ist nicht die Summe der Einzelwirtschaften, sondern umfaßt auch die Seele, den Willen, die Lust und Unlust einer Gemeinschaft. — Aus einer bunten Menge von Bewerbern sucht sich der Betrieb vermittels der Eignungsprüfung die besten heraus, fragt nicht nach Motiven, nach Arbeitsfreude. Sie treibt so eine der Berufsberatung entgegengesetzte Politik, schadet dem Einzelnen, und der Volkswirtschaft, der oft Kräfte dadurch verloren gehen, die auf einen anderen Platz gestellt, reichere produktive Arbeit leisten würden. — Die Reaktion, die in der Beurteilung der Eignungsprüfung langsam, aber sicher einsetzt, ist die Folge der übermäßigen reklamemäßig aufgezogenen Propagierung des Eignungsprüfungsgedankens. In der künstlich geförderten Entwicklung mußten Mißstände die Begleiter sein. Ein Teil dieder verfehlten Entwicklung ist auch dem großen Publikum zu danken, daß diese Prüfungen, geblendet durch die Neuerscheinung, als lauteres Gold hinnahm. „Die Folgen davon sind die Mißstände, die heute noch bestehen, die zum größten Teil daran liegen, daß Eignungsprüfungen in die Welt gesetzt wurden, ohne daß man sagte, was sie eigentlich prüften, weil man den Beruf nur oberflächlich kannte, ohne sich über seine psychologische Struktur klar geworden zu sein.“ [35])

Wenn die Psychotechnik so für die Berufsberatung im Allgemeinen versagt und auch durch Einführung der Berufsberatung als Eignungsprüfung mit der Zeit entbehrlich werden wird, so gibt es doch noch Gebiete, wo sie sich erfolgreich betätigen kann. Als Subjektspsychotechnik kann sie der Berufsberatung große Dienste leisten indem sie das Problem der Uebungsfähigkeit klar zu legen versucht. Hierdurch kann eine Produktionsverbilligung erreicht werden durch bessere Ausbildung der Anlernungsmethoden, bessere Ausgestaltung von Aus- und Fortbildungskursen. Eine schnelle, auf psychologischer Kenntnis beruhende Anlernmethode bezeichnet man allgemein als „Drill“ oder „Training“. Wenn diese Methode auch nur im Dienst der Produktionsverbilligung steht und im Grunde arbeiterfeindlich ist, weil so die Arbeitszeit und damit der Lohn gekürzt wird, so verhilft sie andererseits dem Arbeiter auch zu schnellerem Verdienst. Sie unterstreicht auch die Wichtigkeit der Berufsberatung, da solch eine Drillmethode bestgeeignetes Menschenmaterial voraussetzt. Eine Reform der Drillmethode könnte m. E. darin

[35]) Wilh. Weber: . . . S. 270.

bestehen, daß man mehr das Prinzip des individuellen Ehrgeizes, weniger die Technik des Lernens zur schnellen Erlernung der Arbeit hereinnimmt. —

Wirklichen Wert wird aber die Psychotechnik nur in der Ausgestaltung der Objektspsychotechnik erlangen, indem sie ihre Kräfte nicht in den grob-materiellen Dienst des Kalkulationsbüros stellt, sondern versucht, dem Arbeiter von der menschlichen Seite näher zu kommen. Hier würde sie die Ziele der Berufsberatung unterstützen und dazu beitragen, daß die durch das Berufsamt angestrebte Freude am Beruf durch Erleichterung der Arbeit gewahrt und erhöht wird. Dies kann geschehen durch einen Ausbau der Arbeitspsychologie. Alle, die ihre besten Kräfte dem Beruf opfern, sind dienende Glieder einer großen nationalen Wirtschaft. Wenn allgemein die Forderung laut wird, daß jeder Mann am richtigen Arbeitsplatz stehen soll, dann muß auch verlangt werden, daß der Arbeitsplatz und die Arbeitsbedingungen der menschlichen Struktur angepaßt werden. Zweckmäßigste Gestaltung der Arbeitszeit, der Pausen, der Unfallverhütungsmaßnahmen, Berücksichtigung des Monotoniefaktors, des lebenden Arbeitsrhythmus, die beste Gestaltung der Arbeitsgeräte, der Ventilation, der Beleuchtung, des Lohnsystems etc. sind die hauptsächlichsten Aufgaben der Arbeitspsychologie. Sie können nur auf Grund eingehender Arbeitsstudien, tiefschürfender Berufskunde, weitgehender Analyse der psychischen und physischen Struktur des Menschen gelöst werden. Eine solche Psychotechnik, die im Sinne Münsterbergs nicht von der Technik, sondern vom Menschen ausgeht, wird für die Zwecke der Berufsberatung außerordentlich fruchtbar sein und mit dazu beitragen, den Menschen wieder zum Mittelpunkt der Wirtschaft zu erheben. —

IX. Kapitel.

Die Berufsberatung in der Landwirtschaft.

Wenn Verfasser die Berufsberatung in der Landwirtschaft als besonderes Kapitel behandelt, so geschieht es in der Erkenntnis des ungeheuren Wertes der Landwirtschaft für die Deutsche Volkswirtschaft. Deutschland ist seinen Bodenverhältnissen nach für eine ausgesprochene agrartreibende Wirtschaft nicht geeignet. Aber doch ist die Förderung der Landwirtschaft gerade in heutiger Zeit zur schnelleren Gesundung unseres kranken Wirtschaftskörpers so ungemein wichtig. Hebung der Inlandproduktion zwecks Verminderung der Einfuhr überflüssiger, die Handelsbilanz ungünstig gestaltende Agrarerzeugnisse sind nötig, um der Verschuldung der deutschen Wirtschaft Einhalt zu gebieten. Die landwirtschaftliche Bevölkerung bildet stets die Quelle gesunder Volkskraft und gerade heute bei dem allgemeinen rapiden Geburtenrückgang ist aus bevölkerungs- und sozialpolitischen Gründen einer Neubelebung der Volkskraft größte Beachtung zu schenken und auf eine Erhöhung der Fruchtbarkeitsziffer hinzuarbeiten. —

Die mannigfaltigen Probleme der zweckmäßigsten Förderung stehen hier nicht zur Erörterung. Die Berufsberatung bekämpft die Verschwendung der Arbeitskraft, die durch Lässigkeit und Gleichgültigkeit in Bezug auf die Berufswahl entsteht. Sie muß somit Stellung zu dem Landarbeiterproblem nehmen, das heute dringender Lösung erheischt. — Eine Landflucht hat eingesetzt, um deren Eindämmung man sich schon seit Jahren bemüht. Es mutet volkswirtschaftlich gesehen unsinnig an, wertvolle Arbeitskräfte in der Stadt brach liegen zu sehen, eine dauernde Anschwellung der „industriellen Reservearmee" durch die Landflucht, steigende Wohnungsnot konstatieren zu müssen, während auf dem Lande ein Mangel an Arbeitskräften herrscht, die intensive Kultur darunter leidet und das Hereinziehen ausländischer Wanderarbeiter wirtschaftlich und sozial bedenkliche Folgen für die Volkswirtschaft zeitigt. „Wir haben in Deutschland z. B. nahezu 2000 000 Arbeitslose und dennoch besteht in der Landwirtschaft ausgesprochener Mangel an Arbeitskräften. Sie beschäftigt 130 000 ausländische Wanderarbeiter und erklärt, damit noch nicht auszukommen. Hier hat also die öffentliche Berufsberatung zunächst ihr Betätigungsfeld." [1]) Da es nicht Aufgabe der Berufsberatung ist, eine augenblickliche Diskrepanz zwischen Angebot und Nachfrage von Arbeitskräften auszugleichen, sondern vorbeugend zu wirken, so kann sich ihre Arbeit auf dem Lande nur darauf beschränken, Aufklärung zu leisten, die Landbewohner vor Zuzug in die Stadt zu warnen, auf die Einrichtungen, die einen intellektuellen Aufstieg der ländlichen Bevölkerung und eine gründliche Fachausbildung des Landwirts erstreben, hinzuweisen — und endlich mit den städtischen Berufs- und Jugendämtern zwecks Verpflanzung von Städtern auf das Land, zusammenzuarbeiten. — Für die Berufsberatung auf dem Lande gibt es für die nächste Zeit nur ein Ziel: die Bekämpfung der Landflucht. Sie wird dadurch ihrem Prinzip, den Einzelnen nach seinen Fähigkeiten zu beraten, nicht untreu; denn die Landflucht beruht auf rein äußeren Ursachen. Eignung Lust und Liebe zum landwirtschaftlichen Beruf ist durch jahrhundertlange Tradition fast immer vorhanden. Trotzdem soll nicht abgestritten werden, daß gerade die Leute vom Lande auch in der Stadt brauchbares Menschenmaterial darstellen und sich in der Hauswirtschaft in Gärtnereien, handwerklichen Betrieben bewähren. Der Berufsberater hat aber nicht nur die Eignung zu berücksichtigen, sondern auch die Entwicklungsmöglichkeiten des betr. Berufes und die Motive, die dem Berufswunsch zu Grunde lie-

[1]) Busold: Berufsberatung und Berufsauslese. S. 12. München 1928.

gen. Abgesehen von der Gesetzesvorschrift, die ja den Berufsberater verpflichtet, auch die Interessen bedrängter Wirtschaftszweige wahrzunehmen, wird er es auch voller Ueberzeugung tun. Gerade die landwirtschaftliche Arbeit steigert sie zu einer schöpferischen. Sie verursacht wohl viel Mühe und kostet viel Schweiß, aber sie läßt auch die Freude über das eigene Werk emporkeimen. Der Bauernstolz, die Freude am eigenen Werk, die Erdverbundenheit, wie sie so herrlich in Immermanns „Oberhof" geschildert wird, bildet gleichzeitig das Rückgrat des Deutschen Volkstums. So wächst die Bekämpfung der Landflucht über das volkswirtschaftliche zum nationalen Problem heraus. —

Es ist wichtig, die Ursachen festzutellen, die zu der Landflucht führten, um Gegenmaßnahmen treffen zu können. Die Auseinandersetzung hiermit kann im Rahmen dieser Arbeit nur soweit interessieren, als eine wirksame Berufsberatung ohne Reformen in den landwirtschaftlichen Verhältnissen nicht möglich ist. — Trotz Hagelwetter, Feuer, Mißernte, Viehsterben wird es im allgemeinen dem Bauer nicht einfallen, sein Anwesen zu verkaufen und in die Stadt zu ziehen. Die Liebe zur Scholle ist tief verwurzelt. Landarbeit ist heilige Arbeit. Es wird ihm nie einfallen, die Arbeit oder seinen Besitz als alleiniges Instrument zwecks Erzielung eines Einkommens anzusehn. Diese Freude am Besitz spornt zu höchster Schaffenskraft an, oder um mit Ad. Weber zu reden: „Bei der landwirtschaftlichen Arbeit bedeutet die Lust und Liebe zur Sache weit mehr als sonst in einem Betrieb. Wenn der Bauer mit seiner Familie auf eigener Scholle im eigenen Betriebe zu schaffen in der Lage ist, dann wird sich in der denkbar besten Weise Arbeitskraft in praktische Werte umsetzen lassen." [2])

Wie steht es aber nun mit den Landarbeitern, denjenigen, die keinen Landbesitz ihr eigen nennen? Immer wieder ist es die eigene Scholle, die zur höchsten Schaffenskraft anspannt. Im letzten Jahrhundert hat die landwirtschaftliche Bevölkerung infolge hoher Fruchtbarkeitsziffer und Zuzugs aus der Stadt schnell zugenommen. Nicht zugenommen aber hat die Zahl der landwirtschaftlichen Betriebe. Einführung der Maschine auf kapitalkräftigen Gutsbetrieben, Ausbildung der landwirtschaftlichen Betriebslehre, die damit einhergehenden Arbeitsteilung ließen das moderne Landarbeiterheer heranwachsen. Durch die intensive Kultur, die nun betrieben werden konnte, wuchs der Bedarf an Landarbeitern, der bes. bei den Saisonarbeiten wie Zuckerrübenbau ein Höchstmaß erreichte. Zur Deckung des dringenden Bedarfs führte man die Wanderarbeiter ein. Jn diesem Augenblick begann auch der Zersetzungsprozess des Landarbeitertums. Die durch das niedrige Kulturniveau bedingten geringen Bedürfnisse des Wan-

[2]) Ad. Weber: Allgem. Volkswirtschaftslehre. S. 183.

derarbeiters wurden Anlass zur Lohndrückerei. Die Errichtung von Schnitterkasernen, die auf allerprimitivste Bedürfnisse zugeschnitten waren, trug zur Unzufriedenheit der Einheimischen bei." Weil man die ausländischen Wanderarbeiter zugelassen hatte, deswegen wurden die einheimischen Landarbeiter in die Stadt getrieben; weil die einheimischen Arbeiter durch die Ausländer zum großen Teil verdrängt waren, deshalb wurden letztere zur Aufrechterhaltung des Betriebes auf gleicher Intensitätsstufe immer unentbehrlicher." [3]) Heute, in einer Zeit besonderer Notlage der Landwirtschaft, hat sich der Unterschied im Lohnniveau zwischen Stadt und Land bedeutend vergrößert. Dazu kommt der Unterschied der Entlohnungsart: Jn der Stadt Leistungslohn (Akkord), auf dem Lande Zeitlohn. Die Nachkriegszeit brachte wohl insofern eine Besserung, als Tarifabkommen geschlossen wurden. Die Löhne waren als Mindestlöhne vorgesehen - wurden aber durch gegenseitiges Abkommen der Arbeitgeber gleichzeitig zu Höchstlöhnen umgewandelt. Man konnte sich diese Tarifpolitik leisten, da die ausländischen Wanderarbeiter eine Anpassung der Landarbeiterlöhne an die Jndustrielöhne künstlich verhinderten. Ein weiterer Grund für die geringe Lohnhöhe ist die steigende Tendenz zur Ausschaltung des Deputatarbeiters und Heranziehung des sog. Freiarbeiters und Gesinde, das nur Geldlohn bezieht und infolge mangelhafter Organisation sich keine bessere Lohnbedingungen erkämpfen konnten. „Z. Zt. gibt es in Mecklenburg Güter, auf denen der Stundenlohn der Freiarbeiter nur halb so hoch ist, wie der der Gutstagelöhner. Dabei sind die Leistungen der letzteren obendrein geringer. Solche Verhältnisse müssen naheliegenderweise dahin wirken, daß die Gutsbesitzer den Bau von Wohnungen zwecks Vermehrung der Gutstaglöhner scheuen, lieber Freiarbeiter und ausländische Wanderarbeiter anstellen. Auch die allmähliche Umsiedelung der mit Menschen überfüllten großenteils arbeitslosen Großstädter aufs Land wird durch diese Entwicklung äußerst behindert." [4]) — Die höheren Löhne in der Stadt, die besseren Wohnungsverhältnisse, die leichteren Aufstiegsmöglichkeiten, die kürzere Arbeitszeit waren die Hauptanreize, die in die Stadt lockten. Aereboe sieht die Hauptmaßnahmen für eine Besserung der Arbeitsverhältnisse in einer möglichst schnellen Anpassung der Lohnhöhe an die der Stadt, 2. weitgehende Anwendung der Leistungslöhne, 3. Schaffung von Aufstiegsmöglichkeiten und eine reichere Gestaltung des Inhalts, des Landlebens, Ausschluß der Wanderarbeiter und der Bau von Leutewohnungen. Besonderen Wert legt Aereboe auf die Aufstiegsmöglichkeiten: „Dieselben müssen vornehmlich in dem allmählichen Uebergang der tüch-

[3]) Aereboe: Agrarpolitik. S. 164/65. P. Parey, V. Berlin 1928.

[4]) Aereboe: Agrarpolitik. S. 540. s. a. S. 562, 559, 563, 560.

tigsten Landarbeiter in den Stand der Kleinpächter gesucht werden. Diese Möglichkeiten aber müssen in erster Linie durch Ueberlassung von Lohnland geschaffen werden." (S. 563) Als Muster führt er die westfälischen Heuersleute und die Holsteinischen Landinsten an. — Das Lohnland darf nicht als ein Teil des Lohnes betrachtet werden, sondern ist zur freien Pacht zu geben. Ein solches Arbeitspachtverhältnis erfordert aber Geld zum Bau von Wohnungen und Wirtschaftsgebäuden, zur Beschaffung von Inventar. Die Finanzierung erachtet Aereboe im Interesse der Volkswirtschaft als eine Staatsaufgabe. Er hat die Mittel für Siedlungszwecke zur Verfügung zu stellen." Es gibt keinen zweckmäßigeren Weg einer schmerzlosen, allmählichen Verkleinerung der großen Besitzungen, einer raschen Vermehrung der Menschen auf dem Lande, als den der Einrichtung von Arbeitspachtstellen. Kommt man erst dahin, daß man jedem tüchtigen Burschen auf dem Lande sein eigenes Heim in Aussicht stellen kann, das ihn auch in den Stand setzt, sein Mädel heimführen zu können, sich an Garten und Viehzucht zu erfreuen und in beiden vorwärts zu streben, so ist damit der wichtigste Damm gegen den Abfluß der Landbevölkerung in die Städte errichtet." [5])

Verfasser hat diese kurzen Ausführungen für notwendig erachtet. Denn erst auf Kenntnis der tatsächlichen Verhältnisse lassen sich Gegenmaßnahmen treffen. Die Berufsberatung ist natürlich nur ein schwaches Glied in der Kette dieser Maßnahmen. Sie kann sich nur auf die erwähnte Aufklärungsarbeit beschränken. Sie weiß aber, worauf es ankommt, z. B. auf den Bau von Wohnungen und Wirtschaftsgebäuden, sei es nun, um den bestehenden Mißständen abzuhelfen oder Neubauten für die zu schaffenden Arbeitspachtstellen zu errichten. So kann die Berufsberatung den Rat geben, Bau- und Zimmermann zu werden, die Ratsuchenden auf ihre Eignung darauf hin prüfen und geeignete Lehrstellen nachweisen. — Außer diesen primitiven Wohnungsverhältnissen, den sozialrechtlichen Beschränkungen, dem Mangel an „Lohnland" scheint Verfasser ein Hauptgrund für die Landflucht die mangelnde Wertschätzung der ländlichen Arbeit zu sein. — Besonders der Städter sieht die ländlichen Arbeiter gern als „ungelernte Arbeiter" an und doch trifft dies nicht zu, denn die landwirtschaftliche Arbeit setzt ein großes Maß von Kenntnissen voraus. Die Eigenart der landwirtschaftlichen Verhältnisse brachte es mit sich, daß der ganze Ausbildungsgang unregelmäßig, keinen festen Regeln unterworfen ist. Allmählich wächst das Landkind in seinen Beruf hinein. Es hilft erst zu Hause, arbeitet infolge der meist bestehenden Familienarbeitsverträge auf dem Gutshof mit, wird Hütejunge, dann Kleinknecht etc. — Durch

[5]) Aereboe: . . . S. 568/69.

fortschreitende Rationalisierung und Arbeitsteilung in den Großbetrieben ist nun die Möglichkeit einer geordneten Ausbildung gegeben und es ist besonders der Berufsberatung zu verdanken, daß sie in eifriger Zusammenarbeit mit den landwirtschaftlichen Vertretungen (Landwirtschaftskammer, Deutsche Landwirtschafts-Gesellschaft), mit privaten Verbänden und Bauernvereinen die Einrichtung einer regelrechten Lehre propagiert und schon nennenswerte Erfolge erzielt hat. Allerdings sind der Ausbreitung des Lehrlingswesens durch die beschränkte Anzahl geeigneter Lehrbetriebe Schranken gesetzt. Außerdem waren die Lehrlingsentlohnungen während der zweijährigen Lehrzeit sehr niedrig bemessen. Der jugendliche Landarbeiter kann aber in der Regel auf den früheren hübschen Verdienst nicht verzichten — und so setzte ein Zustrom von der Stadt ein. Meistens waren es nicht gerade die besten Elemente. Der Erfolg war, daß der Landwirt einen landwirtschaftlichen Lehrling mit Mißtrauen betrachtete, zumal er weiß, daß in zwei Jahren nur ein Teil der nötigen Kenntnisse errungen werden kann. — So wird sich eine allgemeine landwirtschaftliche Lehrlingsausbildung nicht recht durchsetzen können. Für die Berufsberatung folgt daraus, bei der Eignungsprüfung für landwirtschaftl. Lehrlinge besonders sorgfältig zu verfahren, um das Mißtrauen zu beseitigen. Gleichzeitig hat sie ihr Augenmerk dem ungelernten Arbeiter zuzuwenden, der ja im Grunde ein hoch qualifizierter ist. Weil dies so oft verkannt wird, muß die Berufsberatung auch hier aufklärend wirken und auch diese angehenden Arbeiter auf ihre Eignung untersuchen. Die Anforderungen sind so groß, daß nur ein intelligenter geweckter und kräftiger Mensch diesen gerecht werden kann. Die Aufklärung über den Wert der ländlichen Arbeit, Hebung der Allgemeinbildung tragen auch dazu bei, daß der Landarbeiterstand selbstbewußter wird und sich bessere Bedingungen erringen kann. Durch die Arbeitsteilung und die Einführung landwirtschaftlicher Maschinen ergeben sich neue Berufsmöglichkeiten wie Melker, Schweizer, Schäfer, Kuhfütterer, Aufseher der verschiedensten Art, Viehpfleger, Kutscher etc. Die zahlreichen Maschinen zur Lastenförderung (Lastwagen, Schlepper, Lokomobilen), dann die zur Ackerbestellung und Ernte nötigen (Dreschmaschine, Schneide- Mäh- Kartoffellege- Rübenschnitzel- Hackmaschinen, dann die elektrischen Kraftmaschinen erfordern geschultes Bedienungspersonal und erfahrene Instandsetzungskräfte. Diese finden nicht nur in Großbetrieben, sondern auch bei den zahlreichen Maschinengenossenschaften Anstellung. — Für die höheren Stellungen gibt es viele höhere und niedere Fachinstitute wie Ackerbauschulen, Molkereischulen, Landwirtschaftsschulen, Gärtnereischulen, Imker- Wiesenbau- Forst- Reit- und Fahrschulen, Forstakademien und endlich landwirtschaftl. Hochschulen. Nicht nur im praktischen Betrieb, sondern auch in der Verwaltung wie Landwirtschaftskammer, Revisionsverbänden, landwirtschaftlichen Wohlfahrtsämtern ergeben sich viele Berufsmöglichkeiten. Auch die zahlreichen Genossenschaften, die zahlreichen Fachschulen, die Nebenbetriebe, wie Brennereien etc., benötigen tüchtiges Personal. — So hat die ländliche Berufsberatung auch großes Betätigungsfeld und ist durchaus keine Stadtangelegenheit. Die Propaganda für die ländliche Siedlung ist für die Berufsberatung so wichtig, weil sie den in einigen Jahren einsetzenden Handwerksbedarf der Landwirtschaft zur Verfügung stellen muß. „Die wirtschaftliche Bedeutung der landwirtschaftlichen Siedlung besteht unmittelbar in der Hebung der landwirtschaftlichen Erzeugung; unterbewirtschaftete Großgüter sollen an besonders tüchtige Bauernsöhne, an denen auch bei schärfsten Ansprüchen kein Mangel ist, aufgeteilt werden und es muß dann auf der gleichen Fläche mehr erzeugt, ja trotz dichterer Bewohnung mehr für den Markt geleistet werden als zuvor im Großbetrieb. Jede ländliche Siedlung bedeutet ferner Neuerrichtung von Gebäuden. Bei 5000 Siedlerstellen bedeutet das Vollbeschäftigung von 40 000 Bauarbeitern in einem Baujahr. Zur Beschaffung des Inventars, seine industrielle Erzeugung und seinen Transport werden wieder 10 000 Arbeiter beschäftigt.“ [6]) — Da aber Siedlungsstellen nur nach und nach errichtet werden können, so empfiehlt es sich, Handwerker auf dem Lande anzusiedeln oder jugendliche Landarbeiter umzuschulen, um so den Bedarf an Ort und Stelle decken zu können. In Zeiten, in denen nichts zu tun ist, kann der Maurer oder Zimmermann landwirtschaftliche Arbeit verrichten. Gute Zimmerleute (schon für die vielen Scheunen, Wirtschaftsgebäude), Spengler, Schuster, Schmiede sind auf dem Lande stets gesucht. Natürlich ist das Dorfhandwerk nicht mit gleichem Maß wie das Stadthandwerk zu messen. Infolge der anspruchsloseren Bevölkerung muß die Ausbildung speziell auf die Bedürfnisse der Landbewohner hin geschehen. Durch die Expansion der Städte, die besseren Verkehrseinrichtungen von Land zu Stadt erwachsen dem Dorfhandwerker durch die vielen Verkaufsläden eine lebhafte Konkurrenz. Als Ausgleich betreibt dafür der Dorfhandwerker meist einen landwirtschaftlichen Nebenbetrieb. In Zeiten mangelnden Verdienstes steht ihm die schon erwähnte Verdienstmöglichkeit als Taglöhner offen. — Das Feststellen geeigneter Lehrbetriebe, besondere Abmachungen mit den Handwerksmeistern, Zusammenarbeit mit den Gewerbelehrern nimmt genau wie in der Stadt einen großen Teil der Berufsberaterischen Tätigkeit ein. — Für die weibliche Bevölkerung gilt dasselbe wie für die männliche im Hinblick auf die Steigerung des Bildungsgrades und

[6]) Ponfick: Wirtschaft, Arbeitslosigkeit und Siedlung, s. Nr. 38 der „Wirtschaftlichen Nachrichten von Rhein und Ruhr“.

Besuch der Fachschulen. Die Beratung der Mädchen mit höherer Schulbildung bietet auf dem Lande wenig Schwierigkeiten. Als Gutsbeamtin, Sekretärin, als Wirtschafterin, als Gemeindeschwester, Lehrerin (auch Wanderlehrerin), in Genossenschaften, Molkereien, Geflügelzüchtereien bietet sich ihr ein reiches Arbeitsfeld. Auch hier ist auf die Fachschulen besonders hinzuweisen.

Der Berufsberater auf dem Lande braucht weniger ein guter Pädagoge oder Psychologe als ein guter Wirtschaftskenner zu sein. Die Bauern wollen in erster Linie praktische Beratung haben. Sie sehen ihn als einen Ratgeber in allen Dingen an. So will der Bauer wissen, was das Handwerkszeug für seinen Sohn kosten würde, wie er Baugelder erhalten kann, wo er sein Geld am besten anlegt etc. Kann der Berufsberater keine Auskunft geben, so ist er eben kein „verlässiger Mann", dem man seine Kinder zur Beratung nicht gern anvertraut. Eine oben erwähnte Tätigkeit des Berufsberaters fällt wohl aus dem eigentlichen Rahmen, ist aber zwecks Popularisierung der Berufsberatung unerlässlich. — Besonders die ländliche Berufsberatung ist ohne eine Mitarbeit der Lehrer und Geistlichen undurchführbar. Wie das Verhältnis der Arbeiter, des Gesindes kein reines Arbeitsverhältnis, sondern mehr ein patriarchalisches ist, so ist auch das Verhältnis zwischen Lehrer, Pfarrer, und Schüler ein ganz anderes, als in der Stadt. Sie sind diejenigen Personen, die an allen Sorgen und Nöten, aber auch an allen freudigen Ereignissen teilnehmen und so einen tiefen Einblick in die landwirtschaftlichen Verhältnisse erhalten. Das Berufsamt, das ja dem Arbeitsamt angegliedert ist, sitzt zentral in einem Städtchen und fungiert für die umliegenden Dörfer und Flekken. Hieraus erhellt schon, daß das Berufsamt Zweigniederlassungen in Gestalt ehrenamtlicher Tätigkeit der Lehrer und Geistlichen errichten muß. Der Weg zum Berufsamt ist meist weit und den meisten unbequem; so kommt denn der Berufsberater oft auf die Dörfer hinaus und veranstaltet im Verein mit Lehrer und Pfarrer Schulbesprechungen, Fachvorträge etc. Die eigentliche persönliche Werbung wie Besuche in den Familien, Teilnahme an Veranstaltungen aller Art bleibt dem Lehrer überlassen.

Das wichtigste Mittel der Aufklärungsarbeit ist wohl die „Schulbesprechung." Schon frühzeitig muß dem Kind der Sinn für die Natur, für die Schönheit des Landlebens geweckt werden, ihm auf der anderen Seite auch die Schattenseiten des Stadtlebens (das Wohnen in Hinterhäusern, die monotone Arbeit in den Fabriksälen, das Fehlen von Luft und Sonne) eindringlich gezeigt werden. Nur so wird es gelingen, die Liebe zur ländlichen Heimat noch mehr zu kräftigen und dadurch die nötige Kraft geben, die Schwere der landwirtschaftlichen Arbeit mit Liebe zu ertragen. Einen Einfluß wie in der Stadt wird die ländliche Berufsberatung nie gewinnen können. Dafür sind die persönlichen Bindungen zu groß. Oft ist das halbe Dorf verwandt und wenn der Berufsberater z. B. einem Ratsuchenden abrät, den gewünschten Beruf zu ergreifen, so wird er nicht damit durchdringen und sich womöglich die ganze Verwandtschaft zum Gegner machen. — Ein großer Teil der landwirtschaftl. Bevölkerung scheidet von vornherein aus. Es sind die Personen, die von Geburt aus dazu bestimmt sind, einmal den väterlichen Hof zu übernehmen. Die Gebräuche und Sitten sind durch jahrhundertlange Tradition bestimmt und in den einzelnen Teilen Deutschlands ganz verschieden. Sie verfolgen den Zweck, den Besitz in einer Familie zu erhalten. Da oft ein Landbesitz mit einem Handwerksbetrieb verbunden ist, so wird es als selbstverständlich aufgefaßt, daß der jüngste oder älteste Sohn auch hierin die Tätigkeit seines Vaters fortsetzt. Die Berufsberatung muß also hier in Bezug auf ihre Hauptaufgabe, die Menschen ihrer Eignung gemäß einem Beruf zu zuführen, versagen. Wenn durch die viele Menschenalter überdauernde Tradition auch die Fertigkeiten auf die Nachkommen übertragen werden (Verfasser denkt z. B. an die Herrgottschnitzer, Geigenbauer, Diamantschleifer, Teppichknüpfer, an die große Hausindustrie in Posamentier- und Klöppelarbeiten, Spielwaren etc.), so gibt es doch viele Ausnahmen und das Ziel der ländlichen Berufsberatung muß es sein, daß nur die Geeigneten die Nachfolge übernehmen.

Jede übereilte Tätigkeit, die als Bevormundung ausgelegt werden könnte, muß nachteilig wirken. So fällt der Berufsberatung auf dem Lande vorläufig die Aufgabe zu, Aufklärungsarbeit zu leisten, die Landflucht einzudämmen und für eine Ausgestaltung des landwirtschaftlichen Lehrlingswesens zu sorgen. Erst nach einer Gesundung der Landwirtschaft kann die eigentliche berufsberaterische Tätigkeit einsetzen; vorläufig bleibt diese eine cura posterior. —

X. Kapitel.

Kriterium der Berufsberatung.

a. Die Berufsberatung im Dienste des Einzelnen.

Unter Benutzung der neuesten Erfahrungen hat Verfasser versucht, einen Abriß von dem Wesen der Berufsberatung ihrer Entwicklung, ihrer Einstellung zum Individium und zur Wirtschaft, ihrer zukünftigen Aufgaben zu geben. Abschliessend seien noch einmal die Vorzüge und Schwächen sorgfältig gegeneinander abgewogen, um auf diese Weise die Daseinsberechtigung der Berufsberatung, ihren Wert für den Einzelnen wie für die Volkswirtschaft zu erweisen. Die Berufsberatung ging von den Bedürfnissen des Einzelnen nach einer Erleichterung der Berufswahl aus; auch heute muß sie diesem Weg treu bleiben. — Die Wirtschaft ist ein Konglomerat verschiedenartigster Faktoren und sie büßt durch Versagen eines dieser Faktoren wohl an Lebenskraft und Produktivität ein, behält aber trotzdem ihre Lebensbeständigkeit. Die Wirtschaft kann nicht untergehen, solange es Menschen mit den verschiedensten Bedürfnissen gibt, — wohl aber der einzelne Mensch in der Wirtschaft. Schwächeerscheinungen der Wirtschaft äussern sich in „Krisen“. Das Merkmal einer Krise ist aber die Beschränkung auf eine mehr oder weniger lange Frist. Der Mensch dagegen besitzt normalerweise nur seine Arbeitskraft als einzigstes Kapital. Setzt er diese in ein falsches Feld, treibt er va banque Spiel mit dieser, so gilt meist sein ganzes Leben als Einsatz. Eine verfehlte Berufswahl bedeutet nicht nur eine Minderung des Einkommens, sondern läßt den Beruf als eine Bürde empfinden, unter der ein schwacher Mensch verkümmert oder zerbricht. — Und wenn nun die Berufsberatung daran arbeitet, dem Einzelnen durch richtige Platzzuweisung das Leben lebenswert zu gestalten, dann erfüllt sie gleichzeitig eine hohe volkswirtschaftliche Aufgabe. Eine Wirtschaft ist nur gesund, wenn die Kräfte, die in ihr schaffen, körperlich und seelisch gesund sind. Denn jeder Einzelne leistet durch seine Arbeit Dienst an der Gemeinschaft. „Wir sind nicht geschaffen, um unseretwillen, nicht um in uns oder in unseren Gefühlen aufzugehen, sondern um aus uns herauszutreten und Hand anzulegen — wo es fehlt. Irgendwo fehlt unsere Hilfe, gerade die unsere und wir sollen den Posten finden und nicht verlassen, wo sie fehlt. Wir finden ihn; es genügt zu wollen und bereit zu sein; ja es genügt schon, nicht zu fliehen und sich aufzulehnen. In jedem Augenblick strecken sich Hände suchend nach uns aus, Hände der Menschen und Hände der Dinge.“ [1]) Diese tiefinnerlichen Worte schrieb W. Rathenau einst an einen Ratsuchenden! — Diese Erkenntnis des hohen ethischen Gehaltes der Arbeit, die Verbreitung dieses Gedankens muß die Lebensenergie eines Volkes stärken und dem Gedanken der Gemeinschaft als Schicksalsschlaggemeinschaft nicht nur in der Nation, sondern auch in der Wirtschaft zum Leitmotiv verhelfen.

So scheint die Frage geklärt zu sein, ob die Berufsberatung von den Bedürfnissen der Wirtschaft oder von denen des Einzelnen auszugehen hat. Beide sind aufs engste verbunden und der volkswirtschaftliche Wert der Berufsberatung wird durch Betonung des Dienstes am Menschen eher gehoben als gemindert. —

In normalen Zeiten wird sich die berufsberaterische Tätigkeit fast nur der Jugend zuwenden. Deshalb ist die recht-

---

[1]) W. Rathenau: „Briefe“ Bd. II. S. 231. Reißner-Verl. Dresden 1926.

zeitige Aufklärung so wichtig. Denn es ist nicht nur die Aussicht auf hohen Lohn, auf leichte Arbeit etc., welche die Jugend einem Modeberuf in die Arme treibt, sondern sehr oft das Nichtwissen der Vielgestaltigkeit des Berufslebens. Die Berufsberatung verschafft aber nicht nur solcherlei Kenntnisse, sondern gibt über Lehrzeit, Kosten, Fortbildungsmöglichkeiten erschöpfend Auskunft. Hier ergeben sich auch neue Perspektiven für die Schullaufbahn-Beratung. Heute ist es doch so, daß die Eltern glauben, wenn sie ihre Tochter auf das Lyceum oder den Sohn auf das Gymnasium schicken, alles für diese getan zu haben. Die Schulbildung schafft aber meist erst die Grundlage zu weiterer Ausbildung. Eine solche Ausbildung kann oft kostspielig sein und scheitert deshalb wegen schlechter Vermögenslage. Der Ehrgeiz der Eltern zwingt andererseits viele, sich durch eine höhere Schule zu schleppen, ein Studium ohne inneren Drang zu ergreifen etc. Deshalb ist auch hier eine frühe Beratung am Platze. Bedenkt man, wieviel Aerger, Sorgen und Kummer den Eltern dadurch erspart bleibt, wie dem Schüler eine freudigere Jugend, eine gesichertere Zukunft geschaffen wird, dann muß jedem Einsichtigen eine Schullaufbahnberatung als notwendige Ergänzung erscheinen. Volkswirtschaftlich fällt weiter die erhebliche Ersparnis öffentlicher Mittel, die doch letzten Endes der Wirtschaft entzogen werden, ins Gewicht. „Nach den kürzlich von Benecke für Preußen bekanntgegebenen Zahlen betragen die Staatszuschüsse jährlich für ein Volksschulkind 105 Mark, einen Schüler höherer Lehranstalten 457 Mark, Universitätsstudenten 1700 Mark, Studierenden einer Technischen Hochschule sogar 1862 Mark. Bei so hohen Summen, die von der Allgemeinheit doch schließlich mitgetragen werden, ist die Forderung nach Auslese der Begabten dringend.“ [2])

Wie eine Schullaufbahnberatung zu erfolgen hat, ob die Methoden der Begabtenprüfungen die richtigen sind, vermag Verfasser hier nicht zu entscheiden. Die Berufsberatung kann aber mit Erfolg die Eignung für eine akademische Laufbahn feststellen und kann ebenso erfolgreich den vorzeitig die Schulzeit abgebrochenen Schülern zur Seite stehen, um für die aufgewandte Zeit und Geld den besten Gegenwert zu finden. — Der Besuch einer höheren Schule, das Ergreifen eines bestimmten Studiums hängt meist nicht von dem Willen der Jugendlichen ab. Jeder Vater wünscht, daß sein Kind es einmal besser hat, dies ist meist gleichbedeutend einem Wunsch nach sozialem Aufstieg. Derartige Wünsche zeitigen dann die verhängnisvollen Folgen einer falschen Berufswahl. Durch rechtzeitige Aufklärung erspart die Berufsberatung Enttäuschungen und hilft mit dazu, daß in unserer schwe-

[2]) E. Sander: Einiges Grundsätzliches zur Berufsberatung der Schüler und -innen höherer Lehranstalten. S. 364. DöffAN. 5. Jg. Nr. 7b.

ren Zeit wenigstens der häusliche Friede, das Familienglück gesichert bleibt. —

Die Berufsberatung kann keine Erfolgskontrolle in der Gestalt treiben, daß sie den Ausgaben die Einnahmen gegenüberstellt. Erfolg ist es für sie, wenn sie dem Menschen die göttliche Idee der Arbeit wieder zum Bewußtsein gebracht hat. Leben heißt arbeiten. Ohne Arbeit kann keiner leben — und der, der ohne Arbeit lebt, fristet sein Leben von der Arbeit anderer. Erkennt man die Arbeit als etwas Heiliges und Naturgewolltes an, so erfüllt nur der seine Mission, der wenigsten das Streben zeigt, eine Arbeit zu verrichten die ihm Freude macht und seiner Eignung entspricht. „Einen Beruf kann man nur dann betreiben, wenn man sich innerlich ihm zugetan fühlt." (Rathenau. Briefe. II. S. 238). Dieses bewußte Schaffen, diese Harmonie von Mensch und Materie strebt die Berufsberatung an und darin liegt ihr hoher ethischer Wert.

Die Berufsberatung kämpft gegen die Anschauung, daß die Arbeit nur Mittel zum Zweck sei. Eine Berufsausübung lediglich um materieller und gesellschaftlicher Vorteile willen drückt unser Dasein zu einem animalischen Dasein herab. Hellbach kennzeichnet das trefflich: Es ist ein Dasein, das viele Momente physischer u. materieller Schönheit bieten mag, es ist ein Dasein, das sicher nach vielen Richtungen hin weniger Leiden, als frühere Daseine bietet, aber ein Dasein, das seelisch ohne Zweifel leerer als selbst die Daseine einer unvollkommeneren Zeit." [3])

Alles Streben der Berufsberatung geht dahin, den rechten Mann an den rechten Platz zu stellen und damit zwei Funktionen zu erfüllen: Dienst am Einzelnen, Dienst an der Wirtschaft. Die Einzelwirtschaft, die Betriebe sind die Zellen, aus denen sich die Gesamtwirtschaft zusammensetzt. Nur Betriebe, die über zufriedene und geeignete Mitarbeiter verfügen, können auf die Dauer lebenskräftig bleiben. „Betrieb ist die kleinste Organisationseinheit, aus der größere aller Grade, auch die größten sich bilden... Immer aber ist in ihr der Mensch. Ohne ihn das Gebilde die Organisationseinheit —, die Lebenseinheit, als die „Betrieb" zu begreifen ist, nicht, ohne ihn ist es Apparatur und sonst nichts; durch den Menschen erst ist es lebendig, ist es Betrieb." [4]) — So ist das Gedeihen der Einzelunternehmung aufs engste mit der Leistungsfähigkeit der in ihr Arbeitenden verbunden. Trotz dieser Erkenntnis setzten erst vor dem Krieg Bestrebungen ein, die Begabtenauslese in Gestalt der Eignungsprüfungen auf eine breitere Grundlage zu stellen. Heute, wo die deutsche Wirtschaft um ihre Geltung auf dem Weltmarkt ringt, wo fremde

[3]) Hellpach: Das Problem der Industriearbeit. S. 53. Springer-Berlin.

[4]) Niklisch: Wirtschaft. Betriebslehre. S. 36. 1922. Poeschel-Stuttgart 25.

Erzeugnisse den Inlandsmarkt überfluten, kann nur hochwertigstes Erzeugnis bei billigster Preisstellung der drohenden Erdrosselung der Wirtschaft Einhalt tun. Die Herstellung hochwertiger Erzeugnisse setzt aber hochwertige Arbeiter voraus. Die künstlich gesteigerten Löhne tragen das ihrige dazu bei, daß der Unternehmer die Arbeitskraft als besonders wichtiges Kalkül behandelt. — Um Spezialisten für die stark differenzierten Tätigkeiten heran zuziehen, sind all die kostspieligen Einrichtungen wie Werkschulen, Lehrlingswerkstätten, psychotechnische Laboratorien geschaffen worden. Auch Einrichtungen wie Bäder, Sportplätze, Werkzeitungen Kasinos etc. sind in diesem Rahmen zu nennen, denn sie sollen die Leistungsfähigkeit fördern. Diese Einrichtungen sind aber nur rentabel, wenn die Benutzer die Eigenschaften aufweisen, die bei Schaffung der Einrichtungen vorausgesetzt wurden. Man versucht sich gegen den Eintritt Ungeeigneter auf alle mögliche Art und Weise zu schützen. Ein Mittel ist die Eignungsprüfung. Aber auch Zeugnisse, Empfehlungen, Anstellung auf Probe etc. sind derartige Schutzmittel. Doch geben sie alle keine Gewähr dafür. Ist die Probezeit einmal vorüber, so ist die Firma an den Vertrag gebunden (besonders bei Lehrlingen), wenn sich auch eine Ungeeignetheit nachträglich herausstellt. — Die besten Einrichtungen müßen Ungeeigneten gegenüber versagen. Der erhoffte wirtschaftliche Erfolg bleibt aus. Aber auch, wenn der Lehrling nach der Probezeit ausscheidet, besteht noch eine hohe Unwirtschaftlichkeit, denn gerade in den ersten Monaten ist die Produktivität eines Lehrlings gleich Null. Er genießt alle Einrichtungen und Vorzüge, die die Leitung als Anreiz geschaffen hat, — ohne diese später durch erhöhte Leistung wieder wett zu machen. Das Gleiche gilt auch für den Arbeiter und Angestellten. Jede Neueinstellung verursacht Kosten, bedingt durch die unproduktive Zeit der Einarbeitung, durch erhöhte Verwaltungstätigkeit, Umdisponierungen im Betrieb etc. Aus diesen Gründen muß jedem Betrieb daran gelegen sein, einen für ihre Zwecke geeigneten Personalstamm zu besitzen. Die Berufsberatung bildet somit einen wichtigen Faktor bei der Produktionsverbilligung. — Die Betriebe, die ihren Bedarf vom Berufsamt beziehen, haben so die Gewähr, das geeignete Personal zu erhalten, das die volle Ausnutzung der geschaffenen Einrichtungen gestattet. Rein äußerlich kommt der Erfolg zum Ausdruck:

I. Rückgang der Entlassungen wegen Ungeeignetheit. (dadurch Kostenersparnis)

II. Materialersparnis. (Der Arbeiter, der Interesse für seine Arbeit hat, wird gewissenhafter mit Material und Arbeitsgerät umgehen.)

III. Sinken der Ausschußziffer. (Hierdurch gleichzeitig Material- und Lohnersparnis.)

IV. Erhöhte Verzinsung des Anlagekapitals. (Die Produktionseinrichtung wird besser ausgenutzt. Die Maschinen werden mehr geschont etc.)

Die Aufzählung dieser Vorteile soll keine erschöpfende sein. Ein Rad greift ins andere. Der Betrieb bildet eine Einheit und genießt als solcher die Vorteile einer Berufsberatung. Es sei hier eingeschoben, daß die Wirtschaft sich hüten muß, nochmals unter den vom Berufsamt Zugewiesenen Bestauslese zu treiben. Denn „verwendet man nur Bestgeeignete zu Berufsbetätigungen, die auch von weniger Guten mit dem gleichen Erfolg geleistet werden können, ohne daß Aufstiegsmöglichkeiten gegeben sind, so wird man unbefriedigte Arbeitskräfte heranziehen, die immer bereit sind, abzuspringen, sobald sich Berufsmöglichkeiten bieten, die ihren Kräften mehr angemessen sind.“ [5]) Man redet heute soviel von einem „Werksgeist“. Es ist richtig: die Unternehmung bildet eine Gemeinschaft, eine Schicksalsgemeinschaft. Jede Unternehmung hat ihre eigene „Werkseele“. Diese gilt es zu pflegen; dies ist aber nur möglich, wenn jeder Arbeitende mit seiner Arbeit sich innig verbunden fühlt. Wieder ist es die Berufsberatung, die diese Verbundenheit herbeiführen will. —

Schwächen der Berufsberatung.

Wenn Verfasser in vorliegender Arbeit die Aufklärungsarbeit, resp. die vorbereitende Tätigkeit wie Fachvorträge, Betriebsführungen, das von einem hohen Idealismus getragene Eintreten für eine Veredelung der Arbeit, des Berufes, so häufig betonte, so geschah es auch aus der Erkenntnis von der Unzulänglichkeit der heutigen Untersuchungsmethoden heraus. Die Berufsberatung ist noch im Werden begriffen u. es wäre töricht, sie deshalb nur ihrer augenblicklichen Schwächen wegen, zu verurteilen. Es muß aber an dieser Stelle gesagt werden, daß die Berufsberatung stets nur ein Helfer sein kann. Ein goldenes Zeitalter, in dem jeder nach seiner Neigung und Eignung schaffen kann, wird es nie geben. Zu einer restlosen Erfüllung des Schlagwortes „Freie Bahn dem Tüchtigen“ wird es nie kommen. — Wir besitzen heute das System der freien Berufswahl, wir fühlen uns als freie Menschen — und sind im Grunde doch nur Sklaven unserer Zeit. „Am Gelde hängt, zum Gelde drängt sich alles!“ Auch daran scheitern die Bestrebungen der Berufsberatung. Was nützt die schönste Eignungsfeststellung, wenn die Eltern nicht das Geld für eine Lehre oder für den Besuch eines Technikums aufbringen können. Einen Hinweis auf die Hilfe des Staates möchte Verfasser unterlassen, denn der Staat soll kein Versicherungsinstitut auf Gegenseitigkeit sein. Seine Hilfe könnte immer nur Teilhilfe sein. Eine Aenderung wäre nur möglich,

[5]) List: Menschenökonomie vom Standpunkt der Berufsberatung. Arbeit und Beruf. 6. Jahrg. Heft 10. S. 319.

wenn die Gesinnungsart der Menschen sich ändern würde. Da dies nie der Fall sein wird, muß alle Hilfe Bruchwerk bleiben. — So kann die Berufsberatung den Ratsuchenden nur einem Beruf zuweisen, der seiner materiellen Lage angemessen ist. So sind der Berufsberatung enge Grenzen gezogen.

Die Berufsberatung soll weiter vorbeugende Arbeitsmarktpolitik treiben. Dies ist aber nur möglich, wenn sich der zukünftige Bedarf an Arbeitskräften überblicken läßt. Die Verflechtung der Volkswirtschaft mit der Weltwirtschaft, die Internationalität des Kapitals sprechen auf der einen Seite für eine gewisse Stetigkeit im Wirtschaftsleben, gestalten aber auf der anderen Seite die Volkswirtschaft abhängig von den Bewegungen am Weltmarkt und lassen sie plötzlichen Krisen und Schwankungen auf dem Arbeitsmarkt empfänglicher erscheinen. — Die Erfindung neuer Maschinen, neuer Kraftmittel, neue Arbeitsmethoden, der schnelle Wechsel in den Bedürfnissen des Publikums tragen das ihrige dazu bei, Unsicherheit auf dem Arbeitsmarkt zu steigern. — So ist es für die Berufsberatung sehr schwierig, zu einem Beruf zu raten, weil die Entwicklungsmöglichkeit eine sehr verschiedene sein kann.

Auf das Fehlen einer wissenschaftlich ausgebauten Berufskunde ist schon mehrfach hingewiesen worden. Solange diese fehlt, muß die Berufsberatung Flickwerk bleiben. Sie versagt heute noch ganz bei „höheren Berufen". Sie kann dem Ratsuchenden wohl Information geben, feststellen, zu welchem Arbeitstypus er gehört, aber auch nicht mehr. — Aus diesem Grunde ist die Berufsberatung heute meist nur „negative Auslese", da es bekanntlich leichter ist, die Geeignetheit für einen bestimmten Beruf festzustellen, als den geeignetsten aus der Unmenge von Berufen heraus zu finden. —

Das Gutachten, das der Berufsberater abgibt, setzt sich aus den Urteilen von Lehrer, Eltern, Arzt, evtl. Psychologe und seinem eigenen Eindruck zusammen. Die Unzulänglichkeit des Zeugnisses des Beobachtungsbogens, der ärztlichen Diagnose und Prognose ist bereits behandelt worden. Alle diese Gutachten weisen Fehlerquellen auf, die aufzudecken, dem Berufsberater unmöglich ist. In den zwei Stunden, in denen ihm der Ratsuchende gegenüber sitzt, soll er sich nun sein eigenes Urteil bilden, es mit dem Gutachten der anderen vergleichen und schließlich das Facit daraus ziehen. Es scheint fast unmöglich zu sein. Eins kommt noch hinzu, so paradox es erscheinen mag. Wer garantiert, daß der Berufsberater die geeignete Persönlichkeit ist? Stillschweigend nimmt man an, daß der Berufsberater auf Grund seiner Bewährung in der Praxis und seiner jugendkundlichen Kenntnisse etc. auch geeignet ist, sich rasch ein präcises Urteil bilden zu können. Denn die Tätigkeit eines Berufsberaters „setzt nicht nur ziemlich tiefgehende psychologische und allgemeine Menschenkenntnis voraus, sondern darüber hinaus auch die angeborene Fähigkeit, sich in andere Menschen einfühlen und alle auf dem beschriebenen analytischen Wege gewonnenen Einzelheiten zu einem ganz einheitlichen Bilde zusammenfassen zu können." [6])

Der hohe Grad der Unsicherheit der Berufsberatung wird verstärkt durch die Unreife, in der sich noch die meisten Ratsuchenden befinden. Sie sind meist noch keine vierzehn Jahre alt, wenn sie zur Beratungsstelle kommen. Anlage für gewisse Fähigkeiten ist wohl immer vorhanden. Ist es aber schon schwierig, diese heraus zu kristallisieren, so bereitet die Unübersehbarkeit der einsetzenden inneren seelischen Wandlungen der zuverlässigen Charakterbeurteilung kaum zu überwindende Schwierigkeiten. Näheres ist bereits im Kap. VII behandelt worden. — Das ebenfalls schon behandelte Problem der Uebungsfähigkeit spielt für die Berufsberatung keine so dominierende Rolle, denn es soll jeder an den Platz kommen, der ihm auf Grund seiner augenblicklichen Fähigkeiten gebührt. Verfasser betont das Wort „augenblickliche" Fähigkeiten. Denn wenn das Berufsamt einem Schmied einen Jungen mit schwächlicher Muskulatur überweist, so wird dieser ihn zurückweisen — auch wenn der Berufsberater versichert, die Muskulatur werde sich bestimmt stärken. Die Praxis will eben greifbare Resultate sehen, sie hat keine Zeit, auf ein Ergebnis zu warten.

Die Schwächen verbieten, die Berufsberatung zu einer Zwangs-Einrichtung zu gestalten. Sie kann nur Helfer sein, denn eine Garantie kann sie nicht übernehmen, daß das von ihr gefällte Gutachten auch tatächlich zutrifft. Die Fehler und Schwächen der Berufsberatung veranlassen auch Petersen zu folgender pessimistisch gestimmten Kritik: „Der Mangel an bestimmten Anhaltspunkten, durch den die Schwierigkeiten bei der Berufsberatung sich so stark häufen, zeigt sich darin, daß die bisher als richtig unterstellte wirtschaftliche Zielsetzung im Grunde genommen sehr problematisch ist. Die Berufsauslese ist ein Vorgang, der nicht mit der Durchführung der Berufsberatung aufhört, sondern sich mit dem Eintritt in das Erwerbsleben fortsetzt und gerade erst in dieser Zeit gelangen häufig die Berufenen zu ihrem wahren Beruf. Das Berufensein erweist sich erst, wenn die in einem Menschen schlummernde Energie in lebendige Körper- und Geisteskraft umgesetzt worden ist. Die Beendigung dieses Umsetzungsvorganges bis zum größtmöglichen Erfolg ist aber bei vielen Menschen von der harten Einwirkung äußeren Zwanges abhängig. Der Kampf ums Dasein erweist sich zusammen

[6]) Liebenberg: Berufsberatung. Methode und Technik. S. 62. Quelle u. Meyer 1925.

mit der allgemeinen Entwicklung des Menschen auch noch über die Pubertätszeit hinaus, häufig erst als die wahre Berufsauslese und es ist daher nicht ohne weiteres richtig, wenn durch die Berufsberatung die Vermeidung einer Kraftvergeudung angestrebt wird." [7]) — Diesem Hinweis, daß erst der Daseinskampf den Menschen völlig ausreifen läßt, ist wohl bedingt beizustimmen. Es ist aber besser, daß die schlummernde potentielle Energie sich im rechten Beruf, der von vornherein durch die Berufsberatung bestimmt wird, Luft macht, anstatt sie erst einen Teil ihrer Kraft in nutzlosen Versuchen, die sich z. B. in verschiedenen Berufswechseln äussern können, verpufft. —

Und wenn die Berufsberatung auch wirklich einen falschen Rat geben sollte, so hat sie doch fruchtbare Arbeit geleistet. Sie hat in dem Jugendlichen den Sinn für das Leben erweckt, ihm die Vielgestaltigkeit des Schaffens gezeigt und die Brücke zwischen seiner Kinderwelt und der grausamen Realistik des Berufslebens gebildet. — Vielfältig ist das Leben, vielfältig die Berufsberatung in ihrer Tätigkeit. — Sie kann ihre umfangreiche Aufgabe nur erfüllen, wenn alle Kreise hinter ihr stehen. Vom Vertrauen des ganzen Volkes muß sie getragen sein. Trotzdem wird es lange währen, ehe sie alle Bevölkerungsschichten erfaßt. Denn es werden nur diejenigen die Beratungsstelle aufsuchen, die den wirtschaftlich schwächsten Kreisen entstammen oder durch irgend einen geistigen oder körperl. Mangel dem Erwerbsleben hilflos gegenüber stehen. Diese Personen kommen weniger, um sich beraten zu lassen, sondern um durch Vermittlung des Berufsamtes eine Stelle zu erhalten. — „Aus der Not wird eben eine Tugend gemacht!" Wieder eine bedenkliche Nähe zur Stellenvermittlung! So gilt es, das Interesse der besser gestellten Kreise zu erwecken, um dadurch die Berufsberatung wirklich ihrem Zweck zuzuführen und nicht zur Stellenvermittlung herabsinken zu lassen. Trotz dieser Schwächen bleibt die Notwendigkeit einer Berufsberatung für den Nutzen des Einzelnen und der Volkswirtschaft bestehen. Für die Pessimisten gelte das Wort Friedrich Schlegels: Dafür ist das Zeitalter noch nicht reif, sagen sie immer. Soll es deswegen unterbleiben? Was noch nicht sein kann, muß wenigstens immer im Werden bleiben! —

b. Die Berufsberatung im Dienste der Volkswirtschaft.

Zu Beginn dieser Arbeit kennzeichnete Verfasser die Berufsberatung als einen Teil der Sozialpolitik. Sie verfolgt in erster Linie den Zweck, die Spannung zwischen der arbeitenden und besitzenden Klasse zu verringern, beiden Gerechtigkeit angedeihen zu lassen und sie von der Notwendigkeit

[7]) Petersen: Monographie eines Deutschen Arbeitsamtes. S. 81/82. Kohlhammer-Stuttgart 1928.

des Zusammenarbeitens zu überzeugen. Im Mittelpunkt aller sozialpolitischen Arbeit steht die — Arbeiterfrage. Der Arbeiter ist der wirtschaftlich schwächste Spieler, denn er besitzt nur seine Arbeitskraft als einzigstes Kapital. Da die Arbeiterklasse den größten Prozentsatz der Bevölkerung stellt und damit auch den größten Konsumenten darstellt, ist es Aufgabe des Staates, durch eine geschickte Arbeitsmarktpolitik dem Arbeiter dauernde Beschäftigung zu gewähren und einen Lohn anzustreben, der stabil, keinen Schwankungen unterworfen ist. — Zweck der Arbeitsmarktpolitik ist es, Angebot und Nachfrage in das günstigste Verhältnis zu setzen. Eine zielbewußte Arbeitsmarktpolitik ist undenkbar ohne eine weitschauende Berufspolitik, deren bedeutendster Träger die Berufsberatung ist. Letztere versucht, auf Grund sorgsamen Studiums der Veränderungen in der Bevölkerungsstruktur, durch Aufdeckung der Ursachen von Berufsüberfüllung oder Mangel an Nachwuchs die Mittel und Wege zu finden, die zwecks Erreichung eines ausgeglichenen Arbeitsmarktes notwendig sind. — Eine Harmonie im Wirtschaftsleben, ein natürlicher Ausgleich auf dem Arbeitsmarkt, ein Einschlafen des Klassenkampfes wird von selbst eintreten, wenn jeder Mensch nach der „ratio" leben würde — ein Ziel, das ja die praktische Volkswirtschaftslehre, zu der auch die Berufsberatung gehört, anstrebt. — Besonders bei der Berufswahl dieser einmaligen Entscheidung für das ganze Leben, zeigt sich dieser Mangel an Vernunft und Ueberlegung. Wenn die Berufsberatung dieser Unüberlegtheit, dieser Vergeudung des kostbarsten volkswirtschaftlichen Gutes planmäßig entgegenarbeitet, so beseitigt sie damit gleichzeitig einen Hauptfehler der uneinheitlichen Gestaltung des Arbeitsmarktes — treibt somit praktische Arbeitsmarktpolitik. Hierin liegt der hohe volkswirtschaftliche Wert der Berufsberatung.

Die Berufsberatung ist mit dem Schicksal der Wirtschaft aufs engste verbunden. Je gesünder und reicher eine Wirtschaft, um so mehr wird Spielraum für die Wünsche der Berufsberatung und des Einzelnen sein. Je ärmer und kränker, umsomehr werden persönliche Wünsche zurücktreten müssen. Darum darf in der Zeit der Not die Berufsberatung über ihrem eigenen Wohl nicht das der Wirtschaft vergessen. Gerade jetzt kann sie ihren Wert für eine Regulierung des Arbeitsmarktes erweisen. Die Anschauungen über die Gestaltung des Arbeitsmarktes in den Jahren 1930—35 sind verschieden. In diesen Jahren treten die Geburtenjahrgänge der Kriegszeit in das Erwerbsleben ein. Der Geburtenausfall in der Kriegs- und Nachkriegszeit war im Verhältnis zu den starken Geburtenjahrgängen der Vorkriegszeit ein großer. — Ueber 2,5 000 000 Menschen werden in den Jahren 1930—35 weniger zur Verfügung stehen. Trotzdem die Schulentlassungsjahrgänge der letzten Jahre infolge der hohen Geburtenziffern der Vorkriegsjahre sehr stark waren, wird der Bedarf an jugendlichen Lehrlingen nicht gedeckt werden können. Vielerorts ist die Meinung verbreitet, daß infolge des großen Geburtenausfalles im Kriege ein Mangel an Arbeitskräften überhaupt eintreten wird. So entwirft Amelung in der Sozialen Revue ein pessimistisches Bild: „Da der Mensch ein und zwar der wichtigste Wirtschaftsfaktor ist, ergeben sich daraus wenig günstige Perspektiven für die europäische Wirtschaft. Dies mag heute, da sich speziell in Mitteleuropa schwere Arbeitslosigkeit bemerkbar macht, anachronistisch erscheinen; doch ist zu bedenken, daß die heutigen Zustände nicht ewig bleiben, daß sie sich schon nach wenigen Jahren ändern müssen. Schon für die Jahre 1930—35 wird sich als Folge des Geburtenausfalls während des Krieges ein starker Ausfall an jugendlichen Arbeitskräften ergeben und in den kommenden Jahren ein solcher Ausfall an Vollarbeitern.“ [8]) Dem ist entgegenzuhalten, daß diese Feststellung für Deutschland in diesem Umfange nicht zutrifft. Die starken Geburtenjahrgänge der Vorgriegszeit, die Sterblichkeitsminderung in der Nachkriegszeit haben die Kriegsverluste rasch ausgeglichen. Durch die Not der Zeit stieg die Zahl der Erwerbstätigen. Die starke Betätigung der Frau, die Verschiebung im Altersaufbau der Erwerbstätigen durch starke Beteiligung der in normalen Zeiten nur konsumierenden Altersklasse, haben dazu beigetragen, die Arbeitslosenziffer zu erhöhen und sind Kennzeichen unserer Zeit. „In den Jahren 1925—1929, wo die den noch geburtenreichen Jahren 1910—14 entstammenden männlichen Jugendlichen das 15. Lebensjahr überschreiten, übertrifft der Zugang an erwerbsfähigen Männern den gesamten natürlichen Abgang um durchschnittlich jährlich 270 000. Die Gesamtzahl 15—65 jähriger Männer steigt daher vom 1. 1. 25 —1. 1. 1930 um 1360 000 oder 7% auf 21 620 000 an. In den Jahren 1930—34 wird der Geburtenausfall der Kriegsjahrgänge zwar eine vorübergehende Verschiebung innerhalb des Altersaufbaues der Beschäftigten herbeiführen, aber die Zunahme der Kerngruppe der 25—45 jährigen Männer nicht verhindern.“ [9]) — Nur auf dem Lehrlingsmarkt wird somit ein fühlbarer Mangel eintreten. Doppeltes Bestreben der Berufsämter muß es demnach sein, alle Schulentlassenen in dieser Zeit zu erfassen, um sie gelernter Arbeit zuführen zu können. Hiermit ist die Aufgabe jedoch noch nicht beendigt. Da der %-Satz der Jugendlichen, die zur Verfügung stehen, sich durch Ungeeignetheit irgend welcher Art für gelernte Arbeit verringert, muß die Wirtschaft darauf dringen, daß ein Teil der jugendlichen Arbeitslosen und der jugendli-

[8]) Amelung: Der bedrohte europäische Arbeitsmarkt. S. 450 in: der „Sozialen Revue“ Heft 10, 1928.

[9]) Dierkes: Die Organisation der Arbeit. S. 13/14. Volksvereins-Verlag, M.-Gladbach. 1927.

chen ungelernten Arbeiter durch Um- und Nachschulung gelernter Arbeit zugeführt wird. Um diese Jugendlichen zu ererfassen, wird es nötig sein, den Berufsberatungsstellen die Arbeitsvermittlung für jugendliche Ungelernte anzugliedern. Ob dies eine dauernde Einrichtung werden soll, möchte Verfasser hier nicht entscheiden. Die Gefahr liegt nahe, daß durch eine zu große Ausdehnung des Arbeitsbereiches eine Zersplitterung und ein Herabsinken zur Stellenvermittlung droht. Nicht nur der vorübergehende Mangel an Jugendlichen, sondern auch das Ueberhandnehmen des 1 und 2 Kinder-Systems und die damit verbundenen Geburtenrückgänge auf dem Land und in der Arbeiterschaft zeigen neue drohende Gefahren und ergeben immer mehr die Notwendigkeit einer Steigerung der persönlichen Leistung im Interesse des Volksganzen." Sorgsame Pflege des kleiner werdenden Nachwuchses durch Hygiene und soziale Fürsorge, durch bestmögliche Erziehung und zweckmäßige Berufsausbildung, durch Verbesserung der Arbeitsvermittlung und Berufsberatung usw . . . ." sind die Mittel zu einer Leistungssteigerung. —

Durch die Tendenz der Berufsberatung, jeden Ratsuchenden einem Beruf, also einer gelernten Arbeit zuzuführen, erwächst ihre Bedeutung für die Produktionpolitik. — Wohl noch nie ist es für ein Land solch eisernes „Muß" gewesen, die gesamte Produktion quantitativ und qualitativ zu steigern. Der Friedensvertrag von Versailles schwebt als Damoklesschwert über der Deutschen Volkswirtschaft u. gestaltet die deutsche Wirtschaft zur einzigen großen Arbeitskaserne, in der jedes Streben nach Freiheit und Originalität verkümmern muß. Alles Neuorganisieren, der Zug nach Typung, Normung, Rationalisierung steht unter dem Einfluß des großen Konkurrenzkampfes der Völker um wirtschaftliche Vormachtstellung. Deutschland verfügt nicht über solch reiche Bodenschätze wie seine Konkurrenten. Seine Hauptstütze liegt in der schöpferischen Intelligenz und in der Güte seiner Arbeitskräfte. Eine blinde Uebernahme amerikanischer Arbeitsmethoden, in deren Mittelpunkt die Verdrängung des gelernten, qualifizierten Arbeiters steht, hieße Deutschland seines wertvollsten Gutes berauben. — Größtmögliche Produktion im Verein mit einer Steigerung der Qualität sind die einzigsten Mittel, die Ausfuhrziffer zu der benötigten Höhe zu bringen. — Deutschland ist arm geworden. Es hat nur noch seine Volkskraft, die trotz aller Entbehrungen und fremder Einflüsse ungeschwächt ist. — Die besondere Aufgabe der Berufsberatung ist es, diese Volkskraft zu pflegen und all ihr Interesse dem ungelernten Arbeiter zuzuwenden. Ungelernte Arbeit bedeutet eine Vergeudung der Volkskraft. Heute, wo auch dem ungelernten Arbeiter ein auskömmlicher Lohn gewährleistet ist, fällt es natürlich doppelt schwer, die breite

Masse von der Notwendigkeit einer geeigneten Arbeit zu überzeugen. „Die Frage des Facharbeiternachwuchses ist eines der ernstesten Probleme deutscher Produktionspolitik.“ [10]) Die deutsche Qualitätsindustrie leidet unter dem Mangel an gelernten Arbeitern. Der oben behandelte Rückgang der Jugendlichen Ziffer 1930—35, der allgemeine Geburtenrückgang überhaupt, werden den Mangel an Facharbeitern verschärfen und so einen ernstlichen Hinderungsgrund für eine Entwickelung der deutschen Wirtschaft bilden. — Für die Berufsberatung ergibt sich hier aufs glücklichste eine Verbindung ihrer Interessen — nämlich dem Einzelnen ein vollwertiges Betätigungsfeld zu verschaffen und der Volkswirtschaft zu helfen. Gelingt es der Berufsberatung der Wirtschaft nicht nur Fachkräfte, sondern auch geeignete Arbeitskräfte zuzuführen, so wäre nicht nur der Facharbeitermangel behoben, sondern es würde eine Produktionsverbilligung durch Verminderung des Unkostenkontos die Folge sein. — Erhöhte Leistungsfähigkeit, geringere Ausschußzahlen, Fortfall des Kosten verursachenden Berufswechsels würden so auch im Endergebnis dem ökonomischen Prinzip zu seinem Recht verhelfen. —

Wie sehr die Berufsberatung als Teil der Berufspolitik von einer Veränderung in der Bevölkerungsstruktur abhängig ist, soll noch folgende Betrachtung erweisen. Bei vorhergehenden Ueberlegungen ging Verfasser von dem zukünftig zu erwartenden Facharbeitermangel infolge Geburtenrückgang aus. Durch Eindämmen des Geburtenrückganges, Regelung der landwirtschaftlichen Verhältnisse etc. liegt es durchaus im Bereich der Möglichkeit einen Nachwuchsmangel zu verhüten. Verwendet nun die Berufsberatung weiter ihr ganzes Interesse darauf, die Produktivität des Einzelnen durch sorgfältige Beratung und Ausbildung zu erhöhen, so muß man sich doch die Frage vorlegen, ob durch diese Vermehrung der Produktivität nicht die Arbeitslosigkeit gesteigert wird. Wenn die Leistungsfähigkeit des Einzelnen durch Beratung, gute Anlernmethoden etc. z. B. um das Doppelte gesteigert wird, so heißt das doch, einen oder mehrere Arbeiter überflüssig machen. Denn die Wirtschaft besitzt auch einen obersten Totpunkt der Aufnahmefähigkeit an Arbeitskräften. Da der Arbeitslose nicht verhungern kann, wird er durch die doppelte Leistungsfähigkeit des anderen erhalten, ein Fortschritt wäre demnach nicht erreicht. Wäre die Aufnahmefähigkeit der Wirtschaft an gelernten Arbeitskräften erschöpft, so würden auch die Löhne in einem Mißverhältnis zu den Kosten der langen Ausbildungszeit stehen. In einem solchen Fall müßte die Berufsberatung von ihrer Politik Abstand nehmen und versuchen, auch dem ungelernten Arbeiter einen höheren Geltungsgrad zu verschaffen. Hierzu bemerkt Feld: „Es wird

[10]) v. d. Wyenbergh: Leitsätze. S. 290. „Arbeit u. Beruf. Nr. 10. 6. Jg.

natürlich immer eine niedrigst bezahlte Schicht geringst Entlöhnter geben. Aber die Frage scheint mir immerhin erwähnenswert, ob die Wirtschaft einen größeren Lohnaufwand für die durch die bessere Ausbildung „produktiver" gemachten Ungelernten tragen kann." [11]) — So sind auch der Berufsberatung in der Aufnahmefähigkeit der Wirtschaft Grenzen gesetzt. Denn soweit ist die Zeit noch nicht vorangeschritten, daß der Einzelne sich einer sorgfältigeren Ausbildung freiwillig unterzieht — wenn keine Aussicht auf erhöhte Entlohnung vorhanden ist. Die Berufsberatung soll jedem einen Beruf nachweisen, der seiner Eignung entspricht. Damit ist nicht gesagt, daß jeder einen „gelernten" Beruf ergreifen kann. Es gibt einfachste Arbeiten und hochgradig machanisierte Arbeiten, die keinen Beruf mehr darstellen — und doch getan werden müssen. *) Die Berufsberatung bewährt sich aber auch hier, indem sie wertvolle Menschen von solchen Arbeiten abhält. —

Eine Steigerung der Produktivität ist nicht allein abhängig von der Eignung des Einzelnen für seinen Beruf, sondern auch von der Ausbildung, die er in der Lehre genießt. Der Reichsverband der deutschen Industrie, der Allg. Deutsche Handwerkerbund, die Gewerkschaften und Angestelltenverbände haben sich wiederholt für die volkswirtschaftliche Notwendigkeit einer gründlichen Berufsausbildung ausgesprochen und die Lehrlingspolitik in den Vereinigten Staaten als für die deutschen Verhältnisse nicht geeignet abgelehnt. „Der vollkommene Zerfall des Lehrlingswesens in den Vereinigten Staaten hängt mit der allgemeinen Zerrütterung des Arbeitsmarktes unter dem Einfluß der Masseneinwanderung zusammen; die Unternehmerschaft hat die Heranbildung und Sicherung einer qualifizierten Arbeiterschaft als gänzlich unprofitabel vernachlässigt. Die Zahl der Lehrlinge betrug nach dem Zensus von 1929, als 12,8 000 000 Arbeiter in der Fabrikindustrie beschäftigt waren, nicht einmal 150 000." [12])

Der Berufsberatung ist die Lehrstellenvermittlung angegliedert und es erwächst ihr dadurch eine außerordentlich fruchtbare Aufgabe. Die Allgem. Best. schreiben vor, daß nur beruflich und sittlich einwandfreie Lehrstellen vermittelt werden dürfen. Um diesen Bestimmungen zu genügen, muß die Berufsberatung sich intensiv mit dem Lehrlingswesen beschäftigen und Einblick in die tatsächlichen Verhältnisse nehmen. Sie ist allerdings nicht befugt, Abänderungen vornehmen zu lassen oder Lehrbetriebe zu prüfen. Formalrechtlich steht dies nur den amtlichen Vertretungen, den Handels- und Hand-

[11]) Feld: Zur Frage des ungelernten Jugendlichen. S. 566 in: „Jahrb. für Nationalökonomie u. Statistik". 129 Bd. III Folge, 74. Bd. Oktob. 28

*) s. a. Dunckmann: Die Lehre vom Beruf. Trowitsch & Sohn. Berlin 1922.

[12]) Pollack: Die Gewerkschaftsbewegung in den Vereinigten Staaten. S. 135 Fischer-V. Jena 1927.

werkskammern zu. — Genugsam bekannt ist die „Lehrlingszüchterei." Durch die starken letzten Schulentlassungsjahrgänge hat sich das Angebot auf dem Lehrstellenmarkt stark vergrößert. Die Folge ist, daß der Arbeitgeber die Auswahl unter den Bewerbern hat und sich natürlich die nimmt, die schon Vorkenntnisse besitzen, womöglich in Schreibmaschine, Stenographie, Buchführung fertig ausgebildet sind. Da diese Lehrlinge bald produktive Arbeit leisten und eine vollwertige Kraft ersetzen, so werden letztere auf die Straße geworfen. Der augenblickliche Ueberfluß an Lehrlingen gestattet auch, diese nach vollendeter Lehrzeit sofort zu entlassen. So wird heute ein Mißbrauch mit den Rechten und Pflichten eines Lehrherrn getrieben, aus dem alleinigen Bestreben heraus, das Lohnkonto zu drücken. Es vergrößert sich nicht nur die Zahl der Arbeitslosen, sondern es leidet darunter die Berufsausbildung. Darum wäre es im Interesse einer guten Lehrausbildung und Herbeiführung geregelter Verhältnisse notwendig, daß die Berufsberatung auf Grund eines besonderen Lehrausbildungsgesetzes formalrechtlich mit der amtl. Beaufsichtigung der Lehrstellen betraut wird. So erfüllt die Berufsberatung durch Einwirkung auf das Lehrverhältnis und auf den Lehrstellenmarkt ebenfalls volkswirtschaftliche Bedeutung.

Die Ausgaben für die Berufsberatung wären herausgeworfenes Geld, wenn auf eine mit Verständnis und Sorgfalt vorgenommene Berufs- und Laufbahnberatung eine Lehrzeit folgen würde, die alle edlen Regungen, alle Begeisterung des jungen Berufsanwärters, die der Berufsberater und Lehrer mit unendlicher Geduld in der Seele des Jugendlichen gepflanzt hat, im Keim erstickt würden. Ist eine gute sorgfältige Lehrausbildung schon im Interesse eines tüchtigen Facharbeiternachwuchses, so muß dieselbe auch im Interesse einer gedeihlichen Entwicklung der Berufsberatung angestrebt werden. — Es seien kurz die heutigen gewerblichen Lehrverhältnisse gestreift. Wir unterscheiden heute eine Meisterlehre und eine Industrielehre. Die Industrie verfügt im Allgemeinen über ausgezeichnete Lehrwerkstätten, gute Bibliotheken und andere Fortbildungsmöglichkeiten. In der Industrie fühlt sich der Lehrling bald als vollwertiges Mitglied. Die Maschinen, die durch Einfachheit der Handgriffe leicht zu bedienen sind, gestatten, daß die Lehrwerkstätten sich durch ihre eigene Produktivität erhalten. Der Unterschied zwischen Lehrwerkstatt und Fabriksaal ist meist nur der, daß im letzten im Akkord gearbeitet wird. Die Industrie hat somit ein Interesse an einer möglichst hohen Lehrlingszahl, weil die Lehrlingseinstellung sich reichlich bezahlt macht. Trotzdem die Ausbildung bei intensiven Fleiß und genügendem Interesse der Werkleitung oft in zwei Jahren leicht bewerkstelligt werden könnte, wird an der drei-, ja vierjährigen Lehrzeit festgehalten. Der Industrielehrling unterscheidet sich in nichts von seinem älteren Arbeitskollegen. Ist die Ausbildung beendet, so tritt er sang- und klanglos in den Kreis der Erwachsenen ein. Nur die höhere auf der Lohntüte vermerkte Lohnziffer bringt ihm zum Bewußtsein, daß er nun ausgelernt hat. Genau so liegen die Verhältnisse in kaufmännischen und Bankbetrieben. — Gute technische Einrichtungen erlauben eine gute Erlernung der Technik des Berufes. Von der Seele, dem Wesen des Berufes ahnt der Lehrling nichts. Kalt — öde — schematisch — sang- und klanglos wie der Uebertritt in den Kreis der Erwachsenen erfolgt, verläuft auch die Lehrzeit. — Wie ist es nun mit der Meisterlehre bestellt? Der Meister verfügt nicht über einen so vollendet technischen Apparat. Er hat meist nur ein kleines Betätigungsfeld, begrenzt wie sein Arbeitsplatz. In dieser Beziehung tritt die Bedeutung der Meisterlehre hinter die Industrielehre zurück. Als reichlichen Ersatz dafür nimmt der Meisterlehrling aber an allen Geschehnissen Anteil. Er sieht den Raum, in dem er arbeitet, nicht nur mit Material und Arbeitsgerät angefüllt, sondern er empfindet den Pulsschlag des Lebens, spürt den Kontakt, der zwischen seinem Beruf und dem Leben da draußen besteht. Der Industrielehrling ist seelisch eine Mumie und betrachtet seinen Beruf als unabwendbares Schicksal. Der Meisterlehrling erkennt aber die enge Verbindung zwischen Arbeit und Lohn. Durch das Zusammenarbeiten mit dem Lehrherrn empfängt er manche wertvolle Anregung für das Leben. Er lernt das Eigentum achten, den Wert des Materials schätzen. Er sieht, wie alles mühselig erarbeitet und errungen werden muß. In Lehrlingswerkstätten spielt dagegen das Material keine Rolle. Persönliche Bedingungen fehlen. Nur die Betriebsordnung ist maßgebend. Ein weiterer Vorzug der Meisterlehre ist, daß die Beendigung der Lehrzeit nicht so freudlos verläuft. Die Gesellenprüfung, die Ansprache des Innungsvorsitzenden, die Glückwünsche des Meisters, der Kundschaft tragen zu seelischer Erhebung bei, bekräftigen den Stolz und die Freude an einem „gelernten" Beruf. — Natürlich ist die Meisterlehre nicht immer so ideal. Verlängerung der Arbeitszeit, Mißhandlungen, Ausnutzung der Arbeitskraft für anderweitige Verrichtungen etc. sind bekannte Erscheinungen der Meisterlehre. Darum muß die Berufsberatung immer auf die Unterbringung der Jugendlichen in anerkannt gute Lehrstellen bedacht sein. — Die seelische Verkümmerung des Industrielehrlings schadet den Zwecken der Berufsberatung und so ist es auch hier ihre Aufgabe, den maßgebenden Stellen Vorschläge für eine Reform des Lehrlingswesens zu machen und durch persönliche Fühlungnahme mit der Werksleitung auf eine Ausgestaltung des Werksgeistes zu dringen. Einige große Firmen haben die Bedeutung des Werksgeistes zur Steigerung der Schaffensfreude erkannt und Verbesserungen eingeführt. Die Osram-A. G. z. B. gewährt besonders tüchtigen Lehrlingen die Mittel zu nachfolgendem Besuch einer Technischen- oder Handelshochschule. Auch Zeiß in Jena hat vorbildliche Einrichtungen für die Lehrlinge geschaffen, Turnstunden, Prämien, Abschlußfeiern etc. eingeführt. —

Die Berufsberatung ist so von universaler Zweckdienlichkeit. Sie ist nicht nur eine pädagogische, wirtschaftspolitische Angelegenheit, sondern in ihrer Gesamtheit ein nationales Problem. So ist es selbstverständlich, daß auch der Staat das größte Interesse an ihr hat. Er wird nicht nur in der Lage sein, seinen eigenen großen Verwaltungsapparat von geeigneten Kräften bedienen zu lassen, sondern wird durch die erhöhte Leistungsfähigkeit des Einzelnen und damit der Wirtschaft, eine ergiebigere Steuerquelle vorfinden, die eine größere Gleichmäßigkeit im Staatshaushalt ermöglicht. Mit der Abnahme des Heeres der ungelernten Arbeiter geht auch eine Abnahme der Verbrechen Hand in Hand. Denn das Unbefriedigtsein im Beruf, die Ruhelosigkeit des ungelernten Arbeiters, seine häufige Arbeitslosigkeit sind die Triebfedern zu vielen Lastern. Eine Verminderung der Straffähigkeit bedeutet ein Sinken der Polizeilasten. — Nicht unerwähnt geblieben sei auch das Zurückgehen der Armenlasten durch Unterbringung der Erwerbsbeschränkten. —

Die staatspolitische Bedeutung der Berufsberatung liegt aber in der staatsbürgerlichen Erziehung. Sie bringt in die Masse die Erkenntnis, daß der Beruf nicht nur Broterwerb bedeutet, sondern Lebensinhalt und Dienst an der Volksgemeinschaft. Durch die Freude am Beruf und Beherrschung desselben erschließt sich der Mensch das Leben von seiner Seite und er findet, daß die Regeln und Erkenntnisse, die er in seiner Berufstätigkeit gesammelt hat, meist auch im Leben draußen Geltung haben. Der wird Sinn für die Einordnung in die Gesamtheit und die Gesetze des staatlichen Lebens haben, das Ineinanderwirken der politischen wirtschaftlichen sozialen und kulturellen Strömungen erfassen, der aus der Zwangsmäßigkeit und Widerständen, den Gestaltungsmaßregeln und Verflochtenheiten seines eigenen Berufes die großen und allgemein gültigen Gesetze des organischen Werdens kennengelernt hat."[13]) Diese Erkenntnis des engen Zusammenhanges zwischen Staat, Gesellschaft, Wirtschaft und Beruf ist so unendlich bedeutsam für die deutsche Wirtschaft. Es hat Jahrhunderte gebraucht, ehe der erzieherische Wert der Arbeit erkannt wurde. Der Beruf war es, der die Stände gebildet, die trotz vieler hier nicht zur Erörterung stehenden Nachteile, die europäische

[13]) v. d. Wyenbergh: Schule und Berufsberatung. S, 16. Paderborn 1927.

Kultur zu ihrem hohen Stand gebracht haben. Je mehr sich die Beziehungen zum Beruf lockern, um so mehr schwindet auch das Zugehörigkeitsgefühl zu Volk und Staat. Wie der Bauer stolz auf sein Besitztum ist, durch den Boden, den er beackert, sich eng mit der Vergangenheit verbunden fühlt, in ihm Heimatland, Vaterland erblickt, so stolz ist auch derjenige, der mit echter Berufsgesinnung die Ehre seines Berufes pflegt und das Vaterland achtet, das ihm eine Berufsausübung schützt und seine Arbeit als volkswirtschaftlich wertvoll anerkennt. — Ein ungelernter Arbeiter hat keine Tradition. Er ist ein Söldner, ein fahrender Landsknecht, der seine Dienste dem anbietet, der sie am höchsten bezahlt. Der Boden, auf dem er lebt, bedeutet ihm nichts. Ruhlos, unstet, ewig unbefriedigt, immer bereit, die bestehende Staats- und Wirtschaftsordnung zu durchbrechen. „Ein Minimum von eigener Initiative, ein Minimum von geistiger, oft auch körperlicher Betätigung, ein Minimum von Entschädigung und all das Zusammen ein Minimum von Daseinsfreude, so kennzeichnet Stocker das Los des Ungelernten. Und gerade jetzt, wo Deutschland alle seelischen und körperlichen Kräfte zu Höchstleistungen anspannen muß, drohen die Wellen des Fordismus und Taylorismus Deutschland zu überschwemmen. Die Entseelung, Entpersönlichung der Arbeit feiert ihre höchsten Triumphe. Man ist wieder auf dem Urstand angelangt, bei dem die Arbeit Notstand war. Der Deutsche unterliegt allzuleicht dem Nachahmungstrieb und es ist allerorts zu beobachten, wie man bestrebt ist, Arbeit und Leben als etwas Gegensätzliches, zu demonstrieren. In den Bestrebungen der Berufsberatung, den Beruf zum Lebensinhalt zu gestalten, liegt ihr hoher ethischer Wert. — Die Beachtung des Seelischen muß auf allen Gebieten umformend wirken. Als Beispiel ist die Psychotechnik schon angeführt worden, denn dann würde ihr Werk nicht mehr Selbstzweck, sondern Dienst am Menschen sein. Braun weist besonders auf die Bedeutung des Seelischen für die Volkswirtschaft hin: „Sehr bedeutsam ist die Entwicklung für die Nationalökonomie. Ihr entsteht in der Beachtung des seelischen Kapitals eines Volkes ein umfangreiches Zweiggebiet, sie muß ihr bisheriges Erforschen der äußeren Lebensbedingungen durch ein Erkennen der seelischen Förderungen und Hemmnisse ergänzen. Denn das Seelische ist kein geringeres Nationalkapital als das Materielle.“ [14])

[14]) Stocker: Die erzieherische und volkswirtschaftliche Bedeutung der Berufslehre. S. 7. Verl. Art. Institut, Orele Füssli, Zürich 1917.

Schlußwort.

Verfasser ist am Schluß seiner Ausführungen. Er versuchte, die Ziele und den Wert der Berufsberatung dem Außenstehenden vor Augen zu führen und ihn für eine Förderung der Berufsberatung empfänglich zu machen. Es bedarf noch vieler Anstrengungen, ehe das Bäumchen zu einem Stamm gewachsen ist, unter dessen Krone sich Arbeitgeber und Arbeitnehmer die Hände zu gemeinsamer Arbeit reichen. Die Berufsberatung muß vom Vertrauen aller getragen sein. Nur so ist es möglich, dem Ratsuchenden den Platz im Leben anzuweisen, der seine Kräfte zur vollen Entfaltung bringt.

Liebe zum Beruf an Stelle von Freudlosigkeit, Gemeinschaft anstatt Isolierung, schöpferisches, bewußtes Schaffen anstelle monotoner Zwangsarbeit will die Berufsberatung den Menschen geben — wahrlich ein großes und schönes Ziel.

Wer die Berufsberatung in diesem Sinne auffaßt, wird sie nie als Tendenzbetrieb betrachten. Sie will weder das kapitalistische System stützen, noch einseitige Interessen der Arbeitnehmer vertreten. Die Wirtschaftsform ist Nebensache. Von Wichtigkeit ist doch schließlich nur: „ob der wichtigste Bestandteil des menschlichen Tuns, die wirtschaftliche Tätigkeit, dem Bereiche der Seele oder dem Bereiche des Geistes angehören soll.“ [1]) — Die Freude ist ein Ausdruck der Seele und Arbeitsfreude ist nötig, um darauf den Arbeitsfrieden zu gründen, den der Mensch um seiner selbst, den die Wirtschaft um ihrer Entwicklung willen begehrt. Dies Ziel ist nur zu erreichen, wenn man in jedem den arbeitenden Menschen sieht und nicht den Vertreter einer Klasse oder den Besitzer eines Bankkontos.

Die Berufsberatung möchte hierzu ein Helfer sein!

[1]) Sombart: Das Wirtschaftsleben i. Zeitalter des Hochkapitalismus. S. 1017. München-Leipzig 1927.

Literatur-Verzeichnis

Zeitschriften.

Arbeit und Beruf, Halbmonatsschrift für Fragen des Arbeitsmarktes, der Erwerbslosenfürsorge, der Berufsberatung und verwandter Gebiete im Deutschen Reich und in Oesterreich mit der ständigen Anlage „Berufskundliche Nachrichten". (Herausgeber Dermietzel, Schindler, Uranitsch, Ziertmann.) — Grüner-Verlag, Berlin, 6. und 7. Jhg. —

Archiv für Sozialwissenschaft und Sozialpolitik. 43. Bd. 1916/17. Mohr-Verlag, Tübingen.

Daheim, Jhrg. 65, Nr. 15, Leipzig.

Der öffentliche Arbeitsnachweis, Herausgeber Fischer, 5. Jhrg., Verlag Kohlhammer-Stuttgart.

Die Arbeit, 4. und 5. Jhrg., Berlin, Verlag und Herausgeber: A. D. G. B.

Die Reklame, 21. Jhrg., Verlag Franken und Lang-Berlin.

Jahrb. für Nationalökonomie und Statistik, 129. Bd., III. Folge, 74. Bd. 1928.

Industrielle Psychotechnik, (Herausgeber Moede). Springer-Berlin. 5. Jhrg.

Leipziger Neueste Nachrichten. Nr. 251, 1928.

Magazin für Arbeitsrecht, Sozialpolitik und verwandte Gebiete. 8. Jhrg., Nr. 19, Berlin.

Münchner Neueste Nachrichten, Nr. 329, 343, 355. — 1928. —

Pädogogische Post, 4. Jhrg., Nr. 26.

Pädagogisches Zentralblatt. 8. Jhrg., Heft 10, Verl. Beltz-Langensalza.

Praktische Psychologie, (Herausgeber Moede und Piorkowski). Jhrg. I—IV, Leipzig.

Psychotechnische Zeitschrift, 3. Jhrg., (Herausgeber Rupp u. a.), München.

Reichsarbeitsblatt, 1925—28. — Berlin. —

Soziale Revue, 1928, Heft 19.

Volkswirtschaftliche Blätter, 22. Jhrg., Nr. 5/6, (Herausgeber Krüger de Corti) — Berlin-Wilmersd.

Weltwirtschaftliches Archiv, 27. Bd., 1928. Verl. Fischer-Jena.

Zeitschrift für pädagogische Psychologie und experimentelle Pädagogik. (Herausgeber Neumann, Scheibner und Stern) 23. und 27. Jhrg., Quelle und Meyer-Leipzig.

Zeitschrift für angewandte Psychologie, (Herausgeber Stern und Lipmann), 1927 und 1928. — Verl. J. Amb. Barth.-Leipzig.

Bücher.

Aereboe: Agrarpolitik, Berlin 1928.

Altenrath und Wolff: Berufsberatung und Berufsvermittlung für die Volksschuljugend. — Berlin 1914.

Baumgarten, Fr.: Die Berufseignungsprüfungen, Theorie und Praxis. München 1928.

Berger E.: Arbeitsmarktpolitik, Göschen Bd. 928. — 1926.

Bobertag: Ueber Intelligenzprüfungen nach der Methode von Binet und Simon. Leipzig 1928.

Braun: Die Macht des Seelischen. München 1927.

Bogen, Hellm.: Die Psychologie in der Praxis der Berufsberatung. Berlin 1925.

Busold: Berufsberatung und Berufsauslese. München 1928.

Dierkes: Die Organisation der Arbeit. — M.-Gladbach 1928.

Dunkmann: Die Lehre vom Beruf. — Berlin 1922.

v. Düring: Grundlagen der Heilpädagogik. — Erlenbach-Zürich 1925.

Egger: Die Belastung der deutschen Wirtschaft durch die Sozialversicherung. — Jena 1929.

Erismann: Psychologie der Berufsarbeit und der Berufsberatung. Berlin und Leipzig 1922. Slg. Göschen Nr. 851/52.

Firestone: Mein Kampf um den Erfolg. — Stuttgart 1928.

Ford: Mein Leben und mein Werk. — Leipzig. 19. Aufl.

Frey, John: Die Wissenschaftliche Betriebsführung und die Arbeiterschaft. — Leipzig 1919.

Gelfius, Fr.: Ueber die psychotechnische Eignungsprüfung und ihre wirtschaftliche Bedeutung. — Berlin 1927.

Giese: Handbuch psychotechnischer Eignungsprüfungen.— Halle 1925

Giese: Psychotechnik. — Breslau 1928.

Günther, Rud.: Berufsberatung für Mädchen. — Düsseldorf 1928.

Handwörterbuch der Staatswissenschaften. 2. Bd. — Jena 1924.

Handwörterbuch der Arbeitswissenschaft. — Halle 1925.

Handwörterbuch der Betriebswirtschaft. — Stuttgart 1927.

Held, Rich.: Die Berufsberatung auf dem Lande. — Berlin 1927.

Herkner: Die Arbeiterfrage. I. Bd., 7. Aufl. Berlin und Leipzig 1921.

Hertel, Phil.: Führer durch das R. G. über A. V. u. A. Vers. — München 1927.

Heyde, L.: Abriß der Sozialpolitik. — Leipzig 1923.

Jores, H.: Die bedeutsamsten Versuche zur Lösung des Problems der Arbeitslosigkeit in Deutschland. Krefeld 1927.

Jülich, H.: Oeffentlicher Arbeitsnachweis und Wirtschaft. Stuttgart 1927.

Kleeis, Fr.: Arbeitsvermittlung und Berufsberatung. Leipzig 1928.

Kutzner, K.: Eignungsprüfungen in den Schulen bei geringem Personalbestand des Berufsamtes. — Stuttgart 1928.

Langenberg: Die praktische Durchführung der Berufsauslese. Leipzig-Berlin 1926.

Liebenberg, Rich.: Berufsberatung. Methode und Technik. — Leipzig 1925.

Liebenberg, Rich.: Die Praxis der Berufsberatung. — Berlin 1925.

Münsterberg, Hug.: Grundzüge der Psychotechnik. — Leipzig 1914.

Münsterberg, Hug.: Psychologie und Wirtschaftsleben. Leipzig 1912.

Neuburger, Ot.: Bedeutung und Umfang der Berufsberatung. — München 1926.

Neuburger, Ot.: Handwörterbuch der Berufsberatung. — München 1924.

Niklisch, H.: Wirtschaftliche Betriebslehre. — Stuttgart 1922. 6. Aufl.

Petersen, Eg.: Monographie eines deutschen Arbeitsamtes: Das Arbeitsamt Stuttgart. — Stuttgart 1927.

Pollack: Die Gewerkschaftsbewegung in den Vereinigten Staaten. Jena 1927.

Rathenau: Briefe. — Dresden 1926.

Reemtsen, K.: Volkswirtschaft und Berufsberatung. — Berlin 1918.

Rienhardt, Alb.: Beiträge zur Berufsberatung und Berufskunde in Württemberg. — Stuttgart 1920.

Roloff: Ueber Eignung und Bewährung. (41. Beiheft zur Z. f. angew. Ps.) Leipzig 1928.

Roß, Col.: Das ABC der wissenschaftlichen Betriebsführung. Berlin 1917.

Riedel, Joh.: Grundlagen, Bedingung und Ziele der wirtschaftlichen Arbeit. — Leipzig 1925.

Schweizer. Verband für Berufsberatung und Lehrlingsfürsorge: Berufsberatung und Berufsbildung. — Solothurn 1923.

Stern, E.: Angewandte Psychologie. — Leipzig 1921. (Aus Natur und Geisteswelt, Bd. 771).

Stern, E.: Berufswahl und Berufsberatung. — Dresden 1927.

Stern, E.: Differentielle Psychologie. — Leipzig 1921.

Stern, E.: Die menschliche Persönlichkeit. — Leipzig 1923.

Stern, E.: Vorgedanken zur Weltanschauung. — Leipzig 1915.

Stocker, Ot.: Die erzieherische und volkswirtschaftliche Bedeutung der Berufslehre. — Zürich 1917.

Verein für ländliche Wohlfahrts- und Heimatspflege: Die Berufsberatung auf dem Lande. Bonn 1919.

Schießer: Der berufskundliche Fachvortrag. (Heft 9 der Bücherei des öffentlichen Arbeitsnachweiswesens) Stuttgart 1926.

Sombart: Das Wirtschaftsleben im Zeitalter des Hochkapitalismus. München-Leipzig 1927.

Tollkühn: Die planmäßige Ausbildung des gewerblichen Fabriklehrlings. — Jena 1926.

Tyszka: Statistik, II. Bd. — Jena 1924.

Weber Adolf: Allgemeine Volkswirtschaftslehre. — München und Leipzig 1928.

Weber, Wilh.: Praktische Psychologie im Wirtschaftsleben. — Leipzig 1927.

Wilbrandt, Rob.: Die moderne Industriearbeiterschaft. Stuttgart 1926.

Weigert: Gesetz über A. V. u. A. Vers. v. 16. VII. 27. Berlin 1927.

Weigl, Fr.: Berufsanalyse als Grundlage einer psycholog. und pädogog. eingestellten Berufsberatung. — München 1926.

van d. Wyenbergh: Schule und Berufsberatung. — Paderborn 1927.

www.ingramcontent.com/pod-product-compliance
Lightning Source LLC
LaVergne TN
LVHW042244300926
849161LV00003B/465